Werner Schäfke

Kölns romanische Kirchen

Architektur, Geschichte und Ausstattung

Mit Fotos von
Florian Monheim und Roman von Götz

DUMONT

Kunst-Reiseführer

In der vorderen Umschlagklappe:
Köln, Übersichtsplan der Innenstadt

In der hinteren Umschlagklappe:
Architektonische Fachbegriffe

Wichtige Sehenswürdigkeiten auf einen Blick

☆☆
keinesfalls versäumen

☆
sehr sehenswert

ohne Stern
interessant

Vollständiges Verzeichnis im hinteren Registerteil

Inhalt

Kunstgeschichtliche und andere **Fachbegriffe,** die im Text erscheinen, werden auf den Seiten 244–249 erläutert. Vorschläge für **Kurzaufenthalte** befinden sich auf Seite 259.

Vorwort

Für
Katharina
Bernhard
Georg
Hildegard
Werner

Kölns romanische Kirchen sind mehr als eine Generation nach den Zerstörungen des Zweiten Weltkrieges wiederhergestellt. Die Zeugen der größten Zeit der Stadt Köln, des hohen Mittelalters, erscheinen in neuem Glanz. Das wurde mit kunsthistorischen Ausstellungen, architektonischen Untersuchungen und Rückblick auf den Wiederaufbau 1985 ausgiebig gewürdigt. Dies war zugleich Anlaß, die Untersuchungsergebnisse der vergangenen Jahrzehnte zu Architektur, Geschichte und Ausstattung der Kirchen zusammenzufassen. All das wäre nicht möglich gewesen ohne Gespräch und Diskussion mit den Kollegen, ohne die Hilfsbereitschaft und Gastfreundschaft der Pfarrer und Küster der Kirchen. Ihnen allen sei gedankt, ebenso Frau Ingeborg Mauz, die das Glossar erstellte. Besonders aber sei denen gedankt, die in jahrzehntelangen Mühen diese Bauten wiederhergestellt haben. Mit meinen Kindern freut sich schon die nächste Generation an dieser Leistung aus Vergangenheit und Gegenwart. Ihnen ist das Buch gewidmet.

Mehr als ein halbes Jahrhundert ist nun seit Kriegsende vergangen. Bereits 1985 konnte Köln mit einem ›Jahr der Romanischen Kirchen‹ die Wiederherstellung der zwölf Kirchen feiern, der inzwischen eine manchmal heftige Diskussion um die ständig wachsende neue Ausstattung der Bauten gefolgt ist. In neuer, anschaulicher Gestalt, mit neuen Abbildungen, für die Florian Monheim und Roman von Götz zu danken ist, kann nun auch ein gründlich überarbeiteter Text vorgelegt werden. Vielen ist hier wieder für ihre Unterstützung zu danken: Kolleginnen und Kollegen, den Pfarrern der Kirchen und ihren Mitarbeiterinnen und Mitarbeitern, besonders aber dem Verlag, der sich mit Werner Preuß als Lektor engagiert der neuen Ausgabe angenommen hat.

Zeittafel

313	Kölns erster namentlich bekannter Bischof Maternus nimmt an einer Synode in Rom teil.
um 400	Bischof Severin
um 520	Der hl. Gallus setzt Kölns letzten heidnischen Tempel in Brand
nach 648	Bischof Kunibert stirbt und wird in seiner Gründung St. Clemens begraben, die später nach ihm benannt wird
717	Plektrudis wird in St. Maria im Kapitol begraben
um 795	Hildebold, der geistliche Berater Karls des Großen, wird der erste Kölner Erzbischof
818	Erzbischof Hildebold (787–818) wird im spätantiken Bau von St. Gereon begraben
866	In der Güterumschreibung Erzbischof Gunthars werden die großen Stifte aufgezählt
881/882	Plünderung Kölns durch die Normannen
922	Die adligen Kanonissen des Stifts Gerresheim übernehmen St. Ursula
vor 948	Die ›Altstadt‹ zwischen römischer Stadtmauer und Rhein wird befestigt
953	Der jüngste Bruder Kaiser Ottos des Großen,

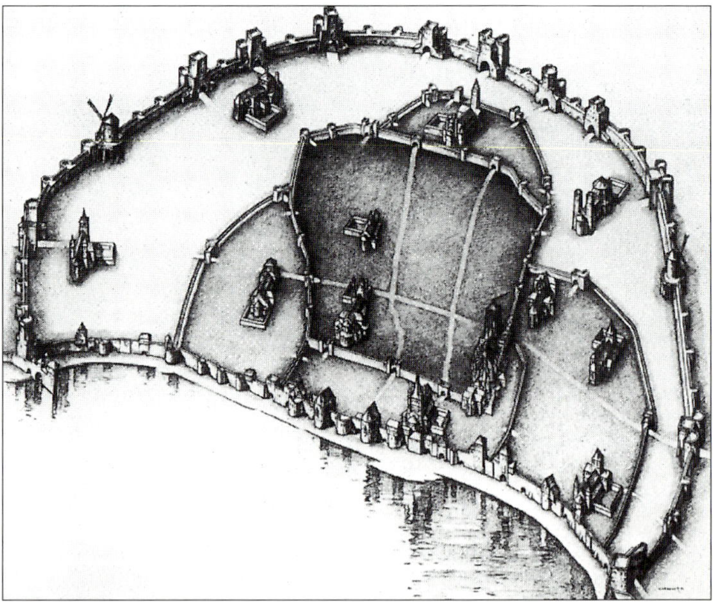

Die Befestigung Kölns im Mittelalter. Zeichnung von W. Wegener, 1950, Kölnisches Stadtmuseum
• Römische Mauer
• Einschließung der Rheinvorstadt um 950
• Befestigung der Stadterweiterung von 1106 im Süden, Westen und Norden
• Mauer von 1180

	Bruno, wird Erzbischof und gleichzeitig auch weltliches Oberhaupt von Köln
964	Erzbischof Bruno setzt den Trierer Mönch Christian als ersten Abt von St. Pantaleon ein
966	Bei den Bauarbeiten an St. Pantaleon werden die Reliquien des hl. Maurinus ›entdeckt‹
980	Erzbischof Warin weiht St. Pantaleon
1003	Erzbischof Heribert stiftet die Benediktinerabtei in Deutz, die später seinen Namen trägt
1021–36	Erzbischof Pilgrim gründet das Stift St. Aposteln
1043	Der salische Bau von St. Severin wird geweiht
1049	Papst Leo IX. weiht den Kreuzaltar in St. Maria im Kapitol
1056–75	Erzbischof Anno II.
um 1059	Erzbischof Anno II. gründet das Stift St. Georg
1065	Erzbischof Anno II. weiht die Stiftskirche St. Maria im Kapitol
1074	Aufstand der Kölner gegen Erzbischof Anno II.
1106	Die Vorstädte im Süden, Westen und Norden werden mit Wall und Graben umgeben
nach 1114	Die Bürger Kölns führen als erste in Europa ein Stadtsiegel
1121	Norbert von Xanten ›findet‹ die Gebeine des hl. Gereon in St. Gereon
um 1145	Der reiche Hermann vom Neumarkt stiftet St. Mauritius als Pfarrkirche und Kloster
1147	Bernhard von Clairvaux hält Kreuzzugspredigten in Köln
vor 1156	Chor von St. Gereon
1164	Erzbischof Rainald von Dassel bringt die Reliquien der Hl. Drei Könige nach Köln
um 1170	Maurinusschrein in St. Pantaleon
1172	Weihe des Kleeblattchors von Groß St. Martin
um 1176	Die ›Gildhalla‹ der Kölner Kaufleute in London wird erstmals erwähnt
1180	Erzbischof Philipp von Heinsberg nimmt seinen Einspruch gegen den Bau der neuen Stadtmauer gegen eine Zahlung von 2000 Mark zurück; die Stadt ist erstmals gleichberechtigter Partner neben dem Erzbischof
1186	Albinusschrein in St. Pantaleon
1188	Dekan Isfrid stiftet Mittel für den Altar und die Beleuchtung des neuen Westbaus von St. Georg

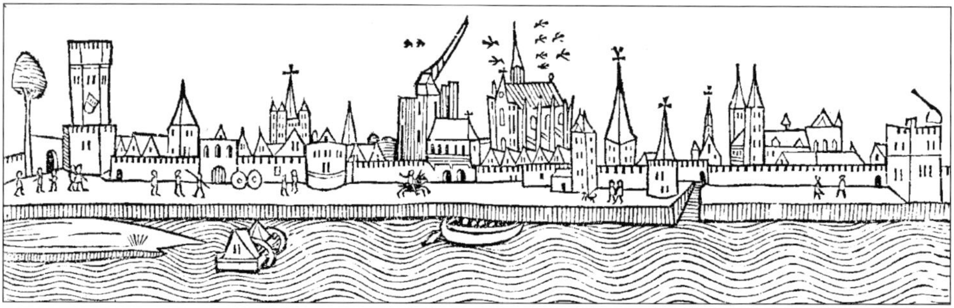

Das Kölner Rheinpanorama. Holzschnitt aus: Werner Rolevinck, Fasciculus temporum, bei Heinrich Quentel, Köln 1480

1221	Blitzschlag in den neuen Vierungsturm von St. Andreas
vor 1222	Baubeginn an St. Kunibert
1225	Erzbischof Engelbert wird ermordet
1227	Das Dekagon von St. Gereon ist vollendet
um 1230	Glasfenster für St. Kunibert
1237	Bischof Balderich von Semgallen weiht den romanischen Chor von St. Severin
1247	Weihe der Stiftskirche St. Kunibert
1248	Grundsteinlegung des gotischen Doms; Albertus Magnus begründet das Studium Generale der Dominikaner in Köln
1259	Erzbischof Konrad von Hochstaden beurkundet das Stapelrecht der Kölner
1262	Die erzbischöflichen Befestigungen Bayenturm und Kunibertsturm werden von den Kölnern erobert, nachdem Erzbischof Engelbert II. von Falkenburg versucht hatte, das städtische Steuereinkommen zu vereinnahmen
1268	In der Nacht vom 14. auf den 15. Oktober versuchen bewaffnete, mit Erzbischof Engelbert II. verbündete Patrizier in die Stadt einzudringen. Sie werden jedoch zurückgeschlagen
1280	Am 15. November stirbt Albertus Magnus in Köln
1288	In der Schlacht bei Worringen am 5. Juni um die Vorherrschaft am Niederrhein wird Erzbischof Siegfried von Westerburg von den Kölnern besiegt; Köln wird damit faktisch freie Stadt des Reiches
bis 1325	Die städtische Führungsschicht hat nach der Vertreibung des Erzbischofs die Macht in der Stadt übernommen und schließt sich stän-

Die zwölf romanischen Kirchen auf einen Blick
(Maßstab 1:650)

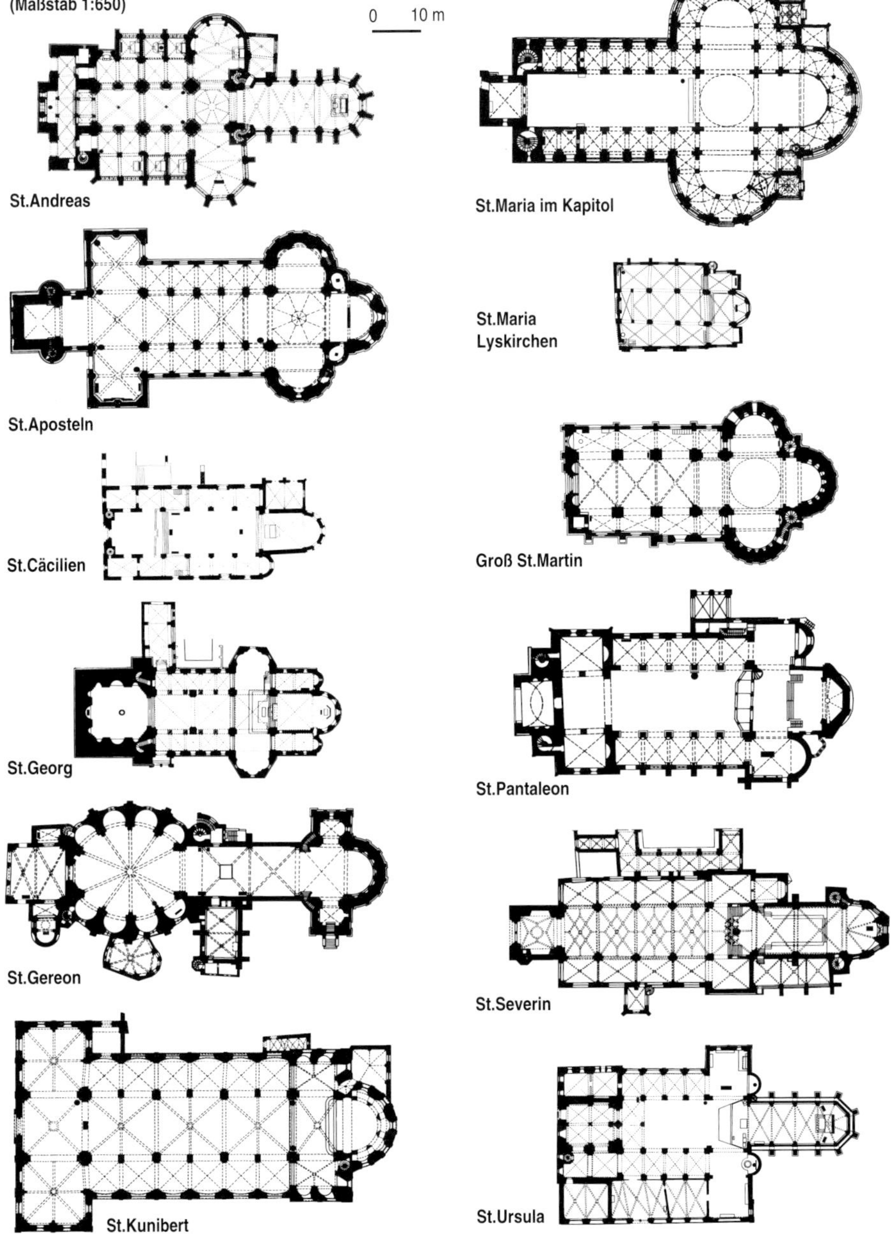

	disch ab. Sie besteht aus fünfzehn Patrizierfamilien, die sich ›Geschlechter‹ nennen
1370/71	Der Aufstand der Weberzunft gegen die Herrschaft der Patrizier scheitert
1376	Brand des Westturms von St. Kunibert
1378	Der Helm des Vierungsturms von Groß St. Martin wird durch Feuer vernichtet
1388	Auf Betreiben der Patrizier wird die Kölner Universität gegründet; dies ist die erste städtische Universitätsgründung im deutschsprachigen Raum
1396	Die Revolution gegen die Herrschaft der Patrizier ist erfolgreich. Im Verbundbrief geben sich die Kölner eine neue Verfassung
1406–14	Bau des Rathausturms als Symbol des Sieges über die Patrizier
1414	An St. Andreas wird der Bau des gotischen Chors begonnen
1439	Dombaumeister Konrad Kuyn fertigt die Verkündigungsgruppe für St. Kunibert
1475	Köln erhält die Reichsfreiheit durch Kaiser Friedrich III.
1505	Kaiser Maximilian I. hält den Reichstag in Köln ab
1512/13	Der Verbundbrief wird durch den sogenannten ›Transfixbrief‹ ergänzt, der die Stadtverfassung in 41 Artikeln festlegt
1542/43	Erzbischof Hermann von Wieds Versuch, in Köln die Reformation einzuführen, scheitert
1618–22	Christoph Wamser, Architekt von St. Mariae Himmelfahrt, entwirft und leitet die Einwölbung von St. Pantaleon
1618–48	Köln bleibt im Dreißigjährigen Krieg als wichtiges Handelszentrum vor Zerstörungen bewahrt

St. Pantaleon von Südosten, 1946

Toni May, ›Kölns romanische Unendlichkeit‹, Gemälde, 1985/86, Kölnisches Stadtmuseum

1794	Am 6. Oktober besetzen französische Revolutionstruppen Köln
1802/03	Säkularisation der Stifte und Klöster; die kirchlichen Besitztümer werden vom Staat vereinnahmt
1814	Ende der französischen Herrschaft
1830	Einsturz des Westturms von St. Kunibert
1890–92	Restaurierung des Westwerks von St. Pantaleon
1946/47	Die Vortragsreihe ›Kirchen in Trümmern‹ diskutiert den Wiederaufbau
1956	Am 5. Mai Eröffnung des Schnütgen-Museums in der Kirche St. Cäcilien
1963	Vollendung des Vierungsturms von Groß St. Martin
1985	Jahr der romanischen Kirchen
1992	Der Westbau von St. Kunibert ist vollendet

Von der bewunderungswürdigen Größe Kölns

TEMPLV S.PETRI ET
S.TRIVM REGVM
S. GEREON
S. CLARA
AD MARIE GRADVS

Auf dem Weg zur mittelalterlichen Metropole

»Colonia est civitas maxima, totius Germaniae metropolis, conferta mercimoniis, referta sanctorum patrociniis.«
Wilhelm von Malmesbury, Gesta Pontificum Angliae V, 268

Der Kölner Gelehrte Aegidius Gelenius, Stiftsherr an St. Andreas, hat diesen Titel 1645 für eines seiner Bücher, die für uns heute wertvolle Quellen sind, noch ausführlicher gefaßt: ›De admiranda, sacra, et civili magnitudine Coloniae …‹. Er fügt weltliche und geistliche Bedeutung, die gemeinsam Kölns Größe ausmachen, bewußt zusammen. Nur so ist der Glanz Kölns zu seiner Zeit, heute oder im hohen Mittelalter zu verstehen. Aus den Wurzeln des geistlichen und weltlichen Lebens ist der Ruhm Kölns erwachsen, den Aegidius Gelenius schildert und der als ein Zeugnis dieses Glanzes mit den romanischen Kirchen Kölns erhalten ist.

Das sahen, wie der englische Benediktinermönch Wilhelm von Malmesbury oder Bischof Otto von Freising, schon die Zeitgenossen nicht anders. Für Wilhelm von Malmesbury ist Köln die größte Stadt, die Metropole Deutschlands zu Beginn des 12. Jh. Seine englische Kirchengeschichte ist etwa um 1125 geschrieben, und er sieht Köln ebenso erfüllt von Heiligen wie von Handelsgütern. Das ist kein Gegensatz. Ohne den Schutz der Heiligen des ›Heiligen Köln‹ ist der Reichtum nicht denkbar, und ohne den gewaltigen Reichtum der Bürger Kölns wäre weder der Ruhm der Heiligen so groß noch ihre Verehrung so glanzvoll. Diese Entwicklung des Zusammenklangs weltlichen und geistlichen Glanzes setzt mit dem ersten Erzbischof Kölns, Hildebold (um 787–818), ein. In seinen Urkunden Ende des 8. Jh. wird Köln, Agrippina, erstmals als heilig bezeichnet.

Die Grundlagen hat die Spätantike gelegt. Märtyrergräber, wie sie die Clematius-Inschrift für St. Ursula belegt oder der Gründungsbau von St. Gereon vermuten läßt, und die frühen Kirchen von St. Severin oder St. Kunibert stehen am Anfang. Im spätantiken Köln, in den griechisch-römischen Mischgemeinden des Rheingebietes, hat sich, wie Achim Masser festgestellt hat, unser Wort Kirche gebildet. Das nur kurze Zeit für das Haus des Herrn gebrauchte griechische χυριχόν wurde hier aufgegriffen. Vom Rhein aus verbreiteten es die Franken in alle germanischen Sprachen. Das läßt die tiefen Wurzeln spüren, aus denen die romanischen Kirchen Kölns erwachsen sind. Erst mit den Namen Solatius und Remedius in den Kölner Bischofslisten zu Beginn des 7. Jh. klingt der Einfluß dieser romanisierten Bevölkerung aus. Das mindert nicht den Glanz der Stadt am Rande des fränkischen Reiches. Bischof Kunibert (v. 627–n. 648) ist kurz nach ihnen einer der politischen Berater König Dagoberts I. Und auch als die Stadt kaum noch Stadt zu nennen ist, das Siedlungsschwergewicht sich rings um sie auf fränkische Höfe verlagert, die Bauten und Straßen verfallen: mit den Anfängen des Doms, mit dem Ruhm St. Gereons, mit der Gründung von St. Maria im Kapitol durch Plektrudis bleibt man sich der Möglichkeiten Kölns bewußt.

Mittelalterlicher Baubetrieb in Köln. Holzschnitt aus der Koelhoff'schen Chronik, Köln 1499

Erst Hildebold, wie gesagt, kann sie verwirklichen. Entscheidend ist, daß Köln nun nicht mehr Grenzstadt am Rande des Reiches ist. Mit der Eroberung Sachsens Ende des 8. Jh. wird Köln Metropole. Da spielen die politischen Beziehungen über den Rhein hinweg ebenso eine Rolle wie die wirtschaftlichen oder die geistlichen als Zentrum eines weiten Missionsgebietes. Entscheidend ist zum anderen, daß Hildebold der erste Geistliche am Hofe Karls des Großen ist. Das sichert auch seiner Stadt in diesen Anfängen eines neuen

Aufschwungs im Reich den notwendigen Rang. Damit ist der Verlust für Köln, den die Verdrängung des Bonifatius Mitte des 8. Jh. auf den Bischofssitz von Mainz bedeutete, wieder wettgemacht. Die Konkurrenz der beiden Erzbistümer, mit Trier als drittem im Bunde, prägt die nächsten Jahrhunderte. Aber ohne Hildebold hätte Köln kaum einen solchen Einflußbereich gewinnen können. Er sammelt eine Bibliothek, die den Grundstock der Dombibliothek bildet. Sein Grab findet er in St. Gereon, nahe den Gräbern der Heiligen, auf deren Fürsprache er baut und für die er einen neuen Chor ihrer Kirche errichtet hat.

Weder die Schwierigkeiten, in die Erzbischof Gunthar (850–70) durch die nicht vom Papst anerkannte Ehescheidung König Lothars II. gerät, noch die in ihren Auswirkungen unterschiedlich eingeschätzten Zerstörungen durch die Normannen im Winter 881/82 vermögen den Aufstieg Kölns zu bremsen. Städtisches Leben entwikkelt sich, Handel und Handwerk treten an die Stelle der reinen Selbstversorgung. Die Schiffahrt auf dem Rhein blüht auf. Wein wird exportiert – und sei es teils auch nur für die Liturgie der jungen Kirchen. Gewänder, Bücher, Waffen oder Keramik werden transportiert und gehandelt. Mit Kölner Schwertern verbindet sich der Begriff von sagenhaftem Glanz, die ›Chansons des Gestes‹ preisen ihre Qualität.

Mit der wirtschaftlichen Blüte beginnen auch die geistlichen Institutionen für uns erkennbare Konturen zu gewinnen. Eine ruhmreiche Kirche wie St. Gereon wird zwar mehrfach im Laufe der ersten Jahrhunderte nach der Völkerwanderung erwähnt, Bauarbeiten am Chor werden durchgeführt, auch von St. Severin können wir ähnliches aus den Grabungen ablesen, aber erst mit der berühmten Güterumschreibung Erzbischof Gunthars treten die Stifte uns 866 als Institutionen entgegen. Die eigentliche Beschreibung der Güter, deren Besitz den Stiften bestätigt wird, ist verloren. Das ist zwar äußerst bedauerlich, aber die Bestätigung, die König Lothar II. am 15. Januar 866 in Aachen seinem Erzbischof dafür ausstellt, ist erhalten. Neben den Stiften in Xanten und Bonn werden in Köln das Domstift, St. Gereon, St. Severin, St. Kunibert, das Jungfrauenstift, das erst später St. Ursula heißt, und St. Pantaleon erwähnt. St. Pantaleon gehört noch zum Dom, ist noch nicht selbständig. Ungeklärt ist, ob die Stifte damit nun erstmals eigene Güter zur Verwaltung zugewiesen bekommen oder nur ältere Zustände bestätigt werden. Aber an allen wirkten jeweils mehrere Geistliche, um für Bezirke weit über Köln hinaus Seelsorge zu betreiben. Daneben mag es die eine oder andere in der Urkunde nicht erwähnte Eigenkirche gegeben haben. Vielleicht war St. Kolumba ein Beispiel einer solchen Kirche, die von einem großen Herrn erbaut, unterhalten und auch mit einem Geistlichen versehen wurde. Aber wir können – wie Hugo Borger ausführlich diskutiert hat – neben den Stiften keine weitere Kirche als zu dieser Zeit benutzt nachweisen. Das gilt auch für St. Maria im Kapitol. Erst zur Zeit Erzbischof Brunos (953–65) wird sie wieder erwähnt.

Unter seiner Herrschaft über Köln nehmen die Stadt und der Baumarkt einen glänzenden Aufschwung. Bruno ist ein Bruder Kaiser Ottos I., des Großen. Er ist des Kaisers Stütze in den Auseinandersetzungen mit den Stammesherzögen, mit der eigenen Familie und mit dem Nachbarn im Westen, Frankreich. Unter seiner Schulung wachsen die Bischöfe heran, auf deren Treue sich in den nächsten Jahrzehnten das ottonische Reichskirchensystem stützt. Sie stehen dem König oder Kaiser als getreue Diener zur Seite.

Köln ist für mehr als ein Jahrzehnt die Residenz des mächtigsten Mannes im Reich neben dem König und Kaiser selbst. Das Händlerviertel, unterhalb der römischen Stadtmauer gelegen, wird wohl schon kurz vor seiner Zeit mit einer Mauer in die Befestigungen einbezogen. Hier hatte man endgültig den Rheinarm, der der römischen Stadt als Hafen diente, zugeschüttet und den gewonnenen Raum als Marktplatz und Handelssiedlung genutzt. Hier formulierte Bruno mit Groß St. Martin Anfänge kirchlichen Lebens, die sich auf den Mauern römischer Lagerhäuser gebildet hatten, neu. Doch das gilt nicht nur hier. Auf seine Veranlassung hin müssen einige Kanoniker, die ihren Dienst an St. Maria im Kapitol versehen, die Kirche verlassen und sich an St. Andreas niederlassen. St. Maria im Kapitol wird Benediktinerinnenkloster. An beiden Stellen wird neu gebaut. St. Pantaleon wird als erstes Benediktinerkloster Kölns Brunos Lieblingsgründung und Grabstätte. Früh gestorben, nach gerade zwölf Jahren Amtszeit, läßt er in seinem Testament weitere Absichten erkennen, die vielleicht wie St. Pantaleon begonnen, aber noch nicht vollendet waren. Er setzt Gelder ein für die Vollendung von St. Severin, St. Maria im Kapitol und St. Caecilien.

Das Heilige Köln formiert sich. So, als SANCTA COLONIA AGRIPPINA, erscheint es seit Anfang des 10. Jh. auf den Münzen, die in Köln geprägt werden. Der Handel trägt sie bis nach Skandinavien, wo sie sich in den Nibelungenhorten der Normannen zu Tausenden erhalten haben. Die Heiligkeit Kölns wird von Bruno gesteigert. Er bringt Stab und Ketten Petri nach Köln, und zahlreich sind die Reliquien von Heiligen, wie Patroklus, Eliphius, Privatus, Christophorus und Pantaleon, die er erwirbt. Die Gebeine des Bischofs von Köln, Eberigisil (Evergislus), meint er gefunden zu haben und gibt sie ins Stift St. Caecilien. Romgleich mit den Petrusreliquien wird der Dom zur Fünfschiffigkeit erweitert. Das Bild seiner Stadt, von dem Bruno offensichtlich geträumt hat, verwirklichen seine Nachfolger.

Für uns ist noch wichtiger, daß mit der kurzen Regierung Brunos das Zeitalter großer Architektur begonnen hat. Aus seinem Impetus des Bauens, des Formens der erwachenden Stadt sind Spuren weltlicher Bauten am Quatermarkt, gegenüber von Alt St. Alban, von Hansgerd Hellenkemper aufgedeckt worden. Bedeutender noch als die Erweiterung des Doms ist der Kirchenbau von *St. Pantaleon* für Kölns erstes Benediktinerkloster. Es ist ein großartiger Bau, der dabei entsteht. Schon der erste Versuch, bald nach Brunos Amtsantritt in Köln begonnen, zeigt den einschiffigen Saal, die Wände mit

Reliquiar in Gestalt eines Kirchenbaus. Bronze, Köln (?) um 1100, Schnütgen-Museum, Köln

Lisenen gegliedert, die durch Rundbögen miteinander verbunden werden. Das erste Westwerk, das vielleicht nicht vollendet wurde, erinnert noch an das karolingische Westwerk der Lorscher Klosterkirche, der Bruno vor seinem Kölner Amtsantritt als Abt vorstand. In seinem Testament setzt er die größte Summe, die überhaupt genannt wird, für die Erweiterung der Kirche ein. Die Apsis der Kirche stürzt kurz nach seinem Tode ein und wird in fast gleicher Gestalt wieder aufgebaut. Entscheidender sind die Verlängerung des Saalbaus nach Westen (wobei man zugleich einen erfreulichen Reliquienfund macht) und das neue Westwerk. Kreuzförmig umgeben die Flügelbauten den hohen Schacht des Mittelturms. Zwei Treppentürme vervollständigen die Dreiturmgruppe. Sie entspricht der mittelalterlichen Vorstellung vom Himmlischen Jerusalem. Noch denkt man dabei an eine feste Stadt; erst im Barock entwickelt sich unsere zartblaue, grenzenlose, mit ein paar Wattewolken bestückte Vorstellung von ›Himmel‹. Als Burg, als Stadt mit Mauern, Türmen und (zwölf) Toren stellte man sich nach der geheimen Offenbarung des Johannes das Himmlische Jerusalem vor. Zur Zahl der Bürger dieser neuen Gemeinschaft nach Vollzug des Jüngsten Gerichts wünschte natürlich jeder – gemeinsam mit allen offiziellen Heiligen – zu gehören. So war auch die Gestalt der Reliquienschreine wie der Kirchen, ja oft selbst kleiner Reliquiare, von dieser Vision geprägt.

Dies Bild hatten die Erzbischöfe der Jahrtausendwende mit den Gründungen ihrer Stifte und Klöster für Köln verwirklicht. Ein Kranz von Kirchen wird von St. Kunibert über St. Ursula, St. Gereon und St. Aposteln hinüber zu St. Severin mit St. Pantaleon geschlossen.

Erzbischof Heribert formuliert mit der Gründung von St. Heribert 1002/03 ein weiteres Zeichen bischöflicher Stadtplanung der Ottonenzeit. In Lüttich, Hildesheim, Fulda, Bamberg, Utrecht oder

Paderborn werden Kirchen in Form eines Kreuzes in die Stadt gesetzt. Ein Kreuz entsteht mit St. Heribert auch in Köln: mit Groß St. Martin im Mittelpunkt, mit St. Heribert im Osten, St. Aposteln im Westen und St. Kunibert und St. Severin in Norden und Süden. Inmitten bescheidener Wohnbauten und weiter Flächen von Gartenbau waren diese bischöflichen Vorstellungen für Besucher und Bewohner der Stadt ablesbar, nicht verdeckt vom weltlichen Hochbau des 19. und 20. Jh. Bald werden die Bürger Kölns sich diese Vorstellung auf ihre Weise zu eigen machen.

Der saubergeschnittene Tuff der glatten Wände von St. Pantaleon wird in den Bögen mit Ziegeln als Schmuckelement abgewechselt. Und die Großgliederung der Wände, Pilaster und zierliche Rundbogenfriese, ist schon Vorzeichen romanischen Schmuckbedürfnisses. Mit der Weihe des endlich vollendeten Baus im Jahre 980 ist die Grundlage der Blüte romanischer Architektur nicht nur in Köln gelegt.

Dazu kommen die ausdrucksstarken Skulpturen der Westfront des Westwerks, mit denen die Anfänge der Skulptur in Stein gewagt worden sind. Noch klingt das Bild römischer Bildhauerkunst der Rheinprovinz nach, aber welche Wandlung ist schon geschehen. Der Blick des Christuskopfes versucht nicht mehr Gegenwart festzuhalten, er umspannt die neuentdeckte Ewigkeit, auf die das Sinnen und Trachten der Christen gerichtet ist. So, wie es Brunos Biograph Ruotger von seinem verehrten Kölner Erzbischof zu schildern weiß.

Der Einsturz der Apsis beim ersten Bauversuch, die Verlängerung des Baus nach Westen, mitten im Baugeschehen, sind keine ungewöhnlichen Ereignisse. Architektur ist noch ein Abenteuer für Architekten und Bauherrn. In den ersten Jahren des nächsten Jahrhunderts, zu Beginn des neuen Jahrtausends, als Erzbischof Heribert (999–1021) in den Jahren 1002/03 sein Benediktinerkloster in Deutz gründet, stürzt kurz vor der Vollendung die Kirche in sich zusammen. Erst mit der Hilfe erfahrener Architekten, von weit her geholt, gelingt ihm der zweite Anlauf. Der Bau selbst, ein Gegenstück zum spätantiken St. Gereon und zur karolingischen Architektur der Pfalzkapelle in Aachen, ist leider verloren, untergegangen in den Kriegen vor den Mauern Kölns.

Aus der Erfahrung des Einsturzes hatte man gelernt. Der nächste Großbau in Köln, die Kirche des von Erzbischof Pilgrim (1021–36) gegründeten *Stiftes St. Aposteln*, verzichtet auf wagemutige Kuppelarchitektur. Der Typus der römischen Basilika mit durchgehendem Querschiff im Westen dient als Vorbild. ›Rom des Nordens‹ zu werden war ja mit der Erwerbung der Petrusreliquien ein Programm für Köln, das man schon bei Bruno vermuten muß. Wieder ein anderes Vorbild tritt mit dem Bau von *St. Maria im Kapitol* in den Vorstellungskreis. Im Westbau wird zwar noch einmal die Aachener Pfalzkapelle zitiert, aber den Bau prägt die Nachfolge der Geburtskirche in Bethlehem. Die Erinnerung an das Geheimnis der Menschwerdung Gottes wird, auf diese Weise übertragen, für Köln in Architektur festgehalten. So variationsreich sind die Absichten und Vorstellungen, die mit Architektur verbunden werden können. Bauherr war neben seiner Schwester, Äbtissin Ida, auch Erzbischof Hermann II. (1036–56), der auch St. Severin mit einem großzügigen Neubau versieht. Sie erleben noch, daß Papst Leo IX. im Jahre 1049 den Kreuzaltar der Kirche St. Maria im Kapitol weiht, aber nicht mehr die Weihe der vollendeten Kirche. Diese vollzieht 1065 Erzbischof Anno II. (1056–75).

Anno, Kirchenfürst und Kirchenreformer, unbequem und herrschsüchtig, von manchmal zorniger Frömmigkeit, ist der letzte große bischöfliche Bauherr Kölns. Er gründet schon 1057 das Stift St. Maria ad Gradus vor dem Chor des Doms, spurlos untergegangen zu Beginn des 19. Jh. Um 1059 folgt in der südlichen Vorstadt Kölns das Stift St. Georg. Außerdem baut er einen neuen Chor für *St. Gereon*, nachdem ihn die dort ruhenden Märtyrer handgreiflich im Traum bedroht hatten. Und als sich der heilige Eliphius ebenfalls im Traum bei ihm beklagt, daß er vernachlässigt werde, wird auch seine Kirche, *Groß St. Martin*, mit zwei Türmen geschmückt. Am Chor erbaut (wie auch der annonische Langchor für St. Gereon zwei Flankentürme besaß), kann man an ihnen die Grundstruktur der Kölner Chorfassade erkennen.

Damit endet die erste große Baukonjunktur in Köln. An die Stelle einer verfallenen, ausgeplünderten römischen Stadt, voller Ruinen, dazwischen das eine oder andere kleine Kirchlein, mehr Weideland als Kulturzentrum, an die Stelle dieses traurigen Bildes ist eine Kirchenburg getreten. So hat Hugo Borger kennzeichnend den neuen Zustand der Stadt beschrieben.

Sancta Colonia – Heiliges Köln

Die römischen Mauern sind wieder gepflegt. Die Rheinvorstadt, aufblühendes Zentrum bürgerlichen Reichtums, ist durch neue Mauerzüge in die Befestigungen einbezogen. Ringsum sind die Kirchen neu gebaut oder renoviert. Ihre Türme beherrschen die Silhouette der Stadt für jeden, der sich »der schönsten Burg näherte, die in deutschem Land je wurde«, wie es wenig später im Annolied heißt.

Das ist die Stadt, die Otto von Freising und Wilhelm von Malmesbury preisen. Reich an Architektur und Kapital, an Reliquien und Handelsgütern.

Das hat Folgen, von denen Erzbischof Anno im Jahre 1074 überrascht wird. Wie die Bürger ringsum in Europa entdecken auch die reichen Kölner ihr Selbstbewußtsein und ihre Macht. Ein erster Aufstand wird geprobt und mißlingt. Anno ist nur auf einem Schleichweg durch die römische Stadtmauer dem Zorn der Kölner entkommen. Er sammelt seine Vasallen und hält ein für mittelalterliche Verhältnisse mildes Strafgericht. Man spürt im Bericht Lamperts von

Erzbischöflicher Palast. Aus dem Skizzenbuch von J. Finckenbaum, um 1660, Kölnisches Stadtmuseum

Hersfeld das Unbehagen der Landbewohner gegenüber der neuen Lebensweise der Stadt. Plötzlich ist hier ein bisher unvorstellbarer Reichtum entstanden. 600 der reichen Kaufleute fliehen, die Bleibenden werden zu hohen Geldstrafen verurteilt, die Rädelsführer geblendet. Aber den Geflohenen verzeiht Anno bald, ertragreiches Leben kehrt schnell in die Mauern Kölns zurück. Das haben die Kölner wieder einem Traum zu verdanken. Darin betritt Anno einen mit Gold und Edelsteinen geschmückten Saal, den Himmel, in dem Bischöfe, Annos Vorgänger und andere Bekannte, zu Tische sitzen. Anno möchte sich auf einen freien Platz dazusetzen. Das wird ihm wegen eines Flecks auf seinem Gewand – heute würde man auf der Weste sagen – verweigert. Damit ist sein Strafgericht über die Kölner gemeint. Vom Traum erwacht, verzeiht er ihnen und sichert sich so seinen Platz im Himmel. Sehr eindringlich hatte Anno damit eine Situation kennengelernt, die einigen seiner Amtsbrüder in Europa in diesen Jahren und Jahrzehnten sogar das Leben kostete.

Die mittelalterliche Welt hatte ihren ersten epochalen Wandel durchgemacht. Die fast untergegangenen Städte, die manchmal nur noch aus Ruinen, belebt mit Ziegen oder Schafen, und einem kümmerlichen bischöflichen Hof bestanden, waren wieder erwacht. Handel und Handwerk, Warenexport und Kapitalanhäufung, Arbeitsteilung und Reichtum hatten die neue und mächtige Gesellschaftsschicht der Patrizier entstehen lassen. Aber ihre reale Macht hatte noch keine legale Form gefunden. In Verschwörungen und blutigen Aufständen, neben denen sich der Kölner Aufstand des Jahres 1074 harmlos ausnimmt, wird ein neues gesellschaftliches Gleichgewicht gesucht. Langsam entsteht die Selbstverwaltung der Städte. In

Köln herrscht nach dem Fehlschlag des Jahres 1074 erst einmal Ruhe. Man lernt aus seinen Fehlern. Dem nahenden Heer des Erzbischofs wären die aufblühenden Vororte im Westen, Süden und Norden der Stadt, vor römischen Mauern, wehrlos ausgeliefert gewesen. Das war das erste, was geändert werden mußte.

Die Gelegenheit bot sich Köln 1105/06 in den Auseinandersetzungen zwischen Kaiser Heinrich IV. und seinem Sohn Heinrich V. Die jugendlichen Hitzköpfe des Jahres 1074 waren inzwischen zu den Honoratioren der Stadt herangereift und unterstützten den Vater, während Erzbischof Friedrich I. (1100–31) zur Partei des Sohnes zählte. Die Bürger schworen dem alten Kaiser, ihm die Stadt zu sichern. Mit Wall und Graben wurden rasch die Vorstädte befestigt, und einen Monat lang konnte man erfolgreich der Belagerung durch Heinrich V. trotzen. Erst nach dem Tode Heinrichs IV. unterwarfen sich die Bürger seinem Sohn und erkauften seine Gnade mit 5000 Mark Silber. Mit dieser Aktion, die im ganzen Reich Beachtung fand, hatten die Bürger endgültig ihre Selbständigkeit neben dem Stadtherrn errungen. In den Jahren danach entstanden die Richerzeche und das erste Siegel der Stadt. Die Honoratiorenschicht der Bürger erhielt willig oder widerwillig aus der Hand des Erzbischofs die Formalisierung ihrer Macht. Mit diesen Zugeständnissen (und vielen, die später noch folgen werden) gelang es den Kölner Erzbischöfen, sich noch bis weit ins 13. Jh. als Stadtherren zu behaupten. Aber ihre Macht wurde ständig weiter eingeschränkt. An der Spitze der Richerzeche standen jeweils für ein Jahr zwei Bürgermeister. Sie waren die Leiter der Bruderschaft der reichen Bürger, die sich als die eigentlichen Bürger Kölns betrachteten. Zumindest waren sie es, die etwas zu sagen hatten.

Abdruck des romanischen Stadtsiegels, 12. Jh., Kölnisches Stadtmuseum

Das Stadtsiegel zeigt den Apostel Petrus im Gehäuse der Türme und Mauern der Stadt mit der Umschrift: »Sancta Colonia Dei gratia Romanae ecclesiae fidelis filia‹« – Heiliges Köln aus Gottes Gnade der römischen Kirche getreue Tochter. Bei der Formulierung der Umschrift haben sicher gelehrte Geistliche ihre Hand im Spiele gehabt. Den Bürgern wurden die Pflichten als Einwohner des Heiligen Köln präzise vor Augen geführt. Aber schon in der Größe des Siegels zeigen sie sich als neureich. Mit 10,4 cm Durchmesser ist es merklich größer als das Siegel des Erzbischofs von 9 cm Durchmesser oder das Kaiser Heinrichs V. von gleichem Maß.

Das Stadtbild auf dem zwischen 1114 und 1119 angefertigten Siegel ist Abbild des Heiligen Köln und mit dem darin thronenden Apostel Petrus zugleich Abbild des Himmlischen Jerusalem. Das hört sich so fromm an, daß man es kaum zu glauben wagt und sich leise Zweifel regen, ob es den Eigentümern des Siegels damit wirklich ernst war.

Aber man muß sich eines anderen belehren lassen. Es war ihnen ernst damit, so ernst, daß sie es sich teures Geld kosten ließen, ihre Vorstellungen zu verwirklichen. Schon die erste *Stadtmauer*, 1106 begonnen, die in diesen Jahren wohl ihrer Vollendung entgegenging,

Weyertor. Aus dem Skizzenbuch von J. Finckenbaum, um 1660, Kölnisches Stadtmuseum

besaß zwölf Tore wie das Himmlische Jerusalem. Eventuell ist später ein weiteres hinzugekommen. Noch deutlicher wird diese Absicht bei der großen Stadterweiterung und Stadtmauer, mit der man 1179 beginnt, die aber schon seit der Mitte des Jahrhunderts im Gespräch ist. Bewußt wird die neue halbkreisförmige landseitige Stadtmauer mit *zwölf Toren* versehen. Sie erinnert damit an die großen Radleuchter, wie z. B. den Barbarossa-Leuchter in Aachen, mit denen das Himmlische Jerusalem repräsentiert wurde. Udo Mainzer hat zuletzt darauf aufmerksam gemacht, daß einige der Tore, wie das Gereonstor, von Beginn an reine Dekoration waren. Andere, wie die Ulrepforte, das Kahlenhausener Tor oder das Pantaleonstor, wurden später geschlossen oder sogar abgerissen. Hier hatte man sich offensichtlich die Bedeutung der Torzahl Geld kosten lassen. Kruzifixe in den Tordurchfahrten, von denen mehrfach berichtet wird, oder die berühmte *Madonna vom Friesentor*, die heute zu den Schätzen des Schnütgen-Museums in St. Caecilien zählt, betonen den Frömmigkeitsaspekt der Befestigung. Wie bei anderen Stadtbefestigungen auch wird es mehr an Skulpturen gegeben haben. Sie waren Schutz und zugleich Bewohner des dargestellten Himmlischen Jerusalem.

Bewohner des Himmlischen Jerusalem zu werden, war auch das Ziel der Bürger Kölns. Dem widerspricht nicht, daß wir gerade in diesen Jahren und Jahrzehnten von Erfolgen der Ketzer in Köln hören. Es sind Katharer, die durch ihr vorbildliches, asketisches Leben und den bewußten Gebrauch der Volkssprache Zulauf haben. Aus ihrer Selbstbezeichnung, die ›die Reinen‹ bedeutet, hat sich unser Wort Ketzer entwickelt. Sie predigen vom Kampf des Bösen und Guten in der Welt, die gleichberechtigt nebeneinander bestehen und in der man seine Seele durch eigenes Tun, und sei es auch erst auf dem Totenbett, retten könne. Sie preisen die Ehelosigkeit für alle, lehnen die Sakramente ab, verurteilen den Genuß von Fleisch, von tierischen Produkten überhaupt. Ihre Strenge hatte Erfolg. In fast schon höchster Not rief man die hl. Hildegard von Bingen, um mit ihrem Wort die Bevölkerung wieder zu erreichen. Kurz nach 1160 ist sie in Köln gewesen und hat der Bevölkerung und noch mehr dem Klerus ins Gewissen geredet. Ihr Brief an den Dekan des Domkapitels, den späteren Erzbischof Philipp von Heinsberg, und an den Klerus von Köln geißelt das Wohlleben der Geistlichkeit als eine der Ursachen des Erfolgs der Katharer. Er wiederholt anscheinend Teile ihrer Predigt. Ihre flammenden Worte, Verfolgung der Katharer durch die weltliche Gewalt und die Auseinandersetzungen mit ihren

St. Mauritius. Zeichnung von Thomas Cranz, aquarelliert von Adolph Wegelin, um 1840, Kölnisches Stadtmuseum

Lehren haben auf Dauer Erfolg, und zu einer ernsthaften Bedrohung, wie im Süden Frankreichs, sind die Katharer in Köln nie geworden. Die große Mehrzahl der Kölner folgt den Lehren der Kirche, sieht hier den Weg ins Himmlische Jerusalem. Die Bürger treten im Bemühen, von Mönchen und Nonnen, von Stiftsherren und Stiftsdamen Fürbitte für ihr Seelenheil zu erlangen, nun nachweislich neben Adel und hohe Geistlichkeit. Sie erscheinen mit kleinen und größeren Stiftungen in den Memorialbüchern der Klöster und Stifte. In diesen wird kalendarisch zum jeweiligen Tagesdatum Name und meist auch die Gabe des Stifters notiert, dessen im Gebet des Tages zu gedenken ist. Dabei beschränken sich die Kölner nicht auf Kölner Empfänger. Ihre Gaben gehen an viele Stellen, z. B. nach Hirsau im Schwarzwald oder ins Kloster Nonnenwerth, wo auch manche Kölner Tochter untergebracht wird. Der Kölner Goldschmied Albertus kann es sich Ende des 12. Jh. leisten, Kreuzgang und Klostergebäude für Knechtsteden zu stiften.

Der Reichtum der Kölner ist so weit gewachsen, daß der reiche Hermann vom Neumarkt in den vierziger Jahren des 12. Jh. einen Neubau der Pfarrkirche St. Mauritius stiften und zugleich dort ein Kloster einrichten kann. Ein erstaunlicher Vorgang, den Wolfgang Peters untersucht hat. Man hatte Geld, aber nicht immer guten Gewissens. Caesarius von Heisterbach hatte als Novizenmeister seines Klosters, für Gewissensschulung zuständig und intimer Kölnkenner, hier einen vorzüglichen Einblick. So erzählt er, allerdings als Wundergeschichte, von zwei Kölner Kaufleuten, die ihrem Pfarrer in Verzweiflung beichten, Verkauf sei nur als Betrug des Kunden möglich. Der Pfarrer verpflichtet sie zur Ehrlichkeit, und die Geschäfte scheitern mit Hilfe des Teufels. Als die beiden auch nach der nächsten Beichte im folgenden Jahr fortfahren, ehrliche Geschäfte zu tätigen, gelingt ihnen nun alles, und sie werden reich. Nicht alle werden dieses Erfolgserlebnis gehabt haben. Um so dringlicher empfanden sie die Notwendigkeit von Fürbitte der Heiligen, der Mönche und Nonnen, der Stiftsherren und Stiftsdamen. Ähnliches wie die beiden Kaufleute mag den Zolleinnehmer Karl, der zu den reichsten Kölnern des 12. Jh. gehört, bewogen haben, eine ganze Schiffsladung Steine für die Fundamente des Neubaus von St. Aposteln zu stiften. Das sind Werte, die sich sehen lassen können. Als Ergänzung des Gesagten mag jedem ein Blick auf die romanischen Glasfenster in St. Kunibert genügen, wo immer wieder Kölner Bürger flehend die Hände erheben; es sind die Stifter, die so die Aufmerksamkeit der dargestellten Heiligen erwarten und fordern.

Trotzdem sind und werden Stifte und Klöster nicht Teil der Stadt. Das sind die Reichen, die sich als Bürger bezeichnen und die Geschicke der Stadt bestimmen. Nur wenige Männer aus den vornehmsten Familien haben Zutritt zu diesem Kreis. Das gleiche gilt für die Stifte und Klöster. An der Immunitätsgrenze endet der Einfluß der Bürger. Ihre Steuern werden jenseits nicht erhoben, ihre Rechtsprechung hat keinen Zugriff ohne Absprache mit Dekan oder

Abt. Ähnlich, als Körperschaft eigenen Rechts, steht ja auch später die Universität da. So lebt man innerhalb einer Stadtmauer miteinander, teilt oft das gleiche Schicksal, aber behält sein eigenes, an die Person gebundenes Recht unabhängig nebeneinander.

Das große Jahrhundert der Kölner Kirchenbaukunst

Der Reichtum des hohen Mittelalters macht sich in der Architektur bemerkbar. Während des großen Jahrhunderts der Kölner Kirchenbaukunst, von der Mitte des 12. bis zur Mitte des 13. Jh., wird nicht, wie in den Generationen zuvor, hier oder da eine Kirche gebaut. Man baut fast gleichzeitig an allen Kirchen, und das sind neben den zwölf, die im Vordergrund unserer Betrachtungen stehen, noch einige mehr. Hans Vogts hat einmal achtundzwanzig kirchliche Neubauten, zwei Erweiterungen und vier durchgreifende Umbauten gezählt. Daneben wissen wir von einem guten Hundert prunkvoller Privathäuser der Reichen, in Stein und in den gleichen anspruchsvollen Architekturformen wie die Kirchen erbaut. Einziger, letzter Zeuge ist das Overstolzenhaus in der Rheingasse. Vom Aussehen des Rathauses, des ältesten in Deutschland, das in den Quellen als Haus der Reichen bezeichnet wird, wissen wir nichts. War seine Architektur der Anlaß dafür, daß sich Erzbischof Rainald von Dassel um 1164 verpflichtet fühlte, einen neuen erzbischöflichen Palast südlich des Doms zu errichten? Dazu gab der Bau der zweiten Stadtmauer, der größten nördlich der Alpen mit fast 8 km Länge, ständige Belebung des Baumarktes. Das Bild der Stadt wandelte sich ein zweites Mal. Und diesmal wurde ein Stadtbild geschaffen, an dem sich bis ins 18. Jh. nichts Wesentliches mehr ändern sollte. Nur der gotische Dom gibt ihm noch einen neuen Akzent.

Overstolzenhaus, Ansicht von Nordwesten. Zeichnung von Thomas Cranz, aquarelliert von Adolph Wegelin, um 1840, Kölnisches Stadtmuseum

Der Wandel des Erscheinungsbildes gilt auch für Straßen und Plätze. Man beginnt, sie zu pflastern. In der Bezeichnung Steinweg ist das an der einen oder anderen Stelle noch heute abzulesen. Die Abwasserbeseitigung wird zumindest teilweise durch Rinnen, in der Mitte der Straßen, mit Steinplatten abgedeckt, erleichtert. Diese Aduchte, abgeleitet vom lateinischen Aquaeduct, leiteten ihre Inhalte in den Rhein. War das Gelände nicht so günstig, wurde der flüssige Unrat an einer Stelle zusammengeführt. Aber sonst kann von Müllabfuhr noch keine Rede sein. Schweine durchwühlen alles auf der Suche nach Nahrung. Erst im 19. Jh. verschwinden sie aus dem Kölner Straßenverkehr. Wasser wird aus den Brunnen, oft nah dem nächsten Plumpsklosett, im Hinterhof geholt. Offenes Herdfeuer füllt das Haus mit Rauch. Kamine gehören noch zum Luxus, und die großen Festsäle der reichen Patrizier sind nur bei warmem Wetter zu

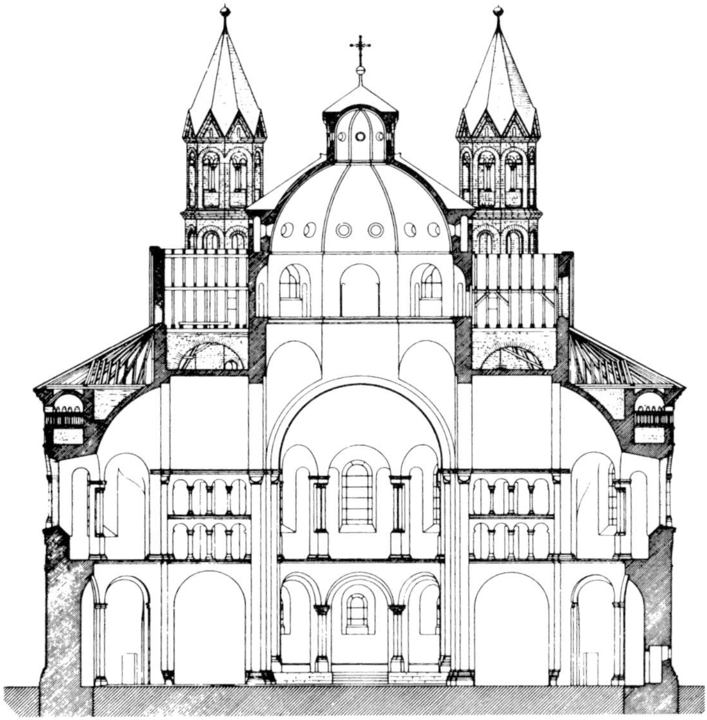

St. Aposteln, Schnitt durch den Kleeblattchor. Zeichnung von Gustav Krause, 1907, Kölnisches Stadtmuseum

benutzen. Verglasung für Fenster beginnt erst langsam den Markt zu erobern. Noch zählt Glas zum höchsten Luxus, zum Schmuck der Kirchenbauten. Und neben dem guten Hundert Steinbauten der Patrizier stehen die Tausende der Fachwerkhäuser, niedrig, schäbig, meist mit Stroh gedeckt. Eine äußerst feuergefährliche Angelegenheit, die manche Chance für den Neubau von Kirchen bot.

Die Fülle von Kirchenbauten, die in kurzer Zeit entstehen, nacheinander und nebeneinander begonnen und hochgeführt werden, gibt Bauherren und Architekten die Freiheit, verschiedenste Lösungen architektonischer Probleme vorzustellen. Denn diese Blüte ist nicht auf Köln allein beschränkt. Der Sitz des Erzbischofs ist Mittelpunkt einer riesigen Diözese, die von hier aus ihre Impulse auch auf architektonischem Gebiet erfährt. Das reicht, wie das von Hans Erich Kubach und Albert Verbeek so beeindruckend vorgestellt worden ist, vom Mittelrhein mit z. B. St. Kastor in Koblenz als südlichem Beispiel bis Limburg im Osten, im Norden bis weit an den Niederrhein, im Westen bis tief nach Holland und Belgien hinein. Es ist ein weites Gebiet an Rhein und Maas, das durch kirchliche und politische Organisation, durch architektonische Formen und Details der Dekoration zusammengefaßt wird. Köln mit seinem Reichtum an

Bauten und geistlichem Leben können wir als Mittelpunkt in Anspruch nehmen. Hier wird in den Jahren, als auch am Chor der Kathedrale von Speyer eine Apsis mit Flankentürmen gebaut wird, unter Erzbischof Anno (1056–75) an St. Martin und an St. Gereon die Kölner Chorfassade formuliert. Mit den Bauten von St. Kunibert, St. Maria Lyskirchen und dem Neubau von St. Gereon erhält sie die späte, reiche Ausformung, zuletzt an St. Severin erneut verwirklicht. Wie in Speyer ist die Kölner Chorfassade durch die Lage der Stadt am Rhein bedingt. Hier, am Rhein, liegt das Herz der Stadt. Ihm wenden die Kirchen ihre Schaufassade zu, deshalb wird die Apsis zu solcher Pracht der Gliederung entwickelt, gesteigert zu den Kleeblattchören von St. Maria im Kapitol, Groß St. Martin und St. Aposteln.

Die Westseite der Bauten hat deshalb nur bei St. Aposteln, westwärts vor dem Stadtkern gelegen, ebenfalls reiches Gewicht. Die alte Dreiturmgruppe wird reduziert und zu gewaltiger Höhe geführt. Als neue Form entwickelt man mit St. Ursula, St. Andreas und St. Kunibert oder St. Aposteln eine Westchorhalle, wirksam als Innenraum, weniger wirksam in die Stadt hinein.

In den Details der Architektur erscheint mit der Mitte des 12. Jh. ein neuer Formenreichtum. Säulen werden häufiger zum Rahmen gestufter Fenstergewände gebraucht. Die Fensterformen geraten mit Drei-, Vier-, Fünf- und Sechspaß bis zum Fächerfenster in Bewegung. Dienste werden mit Schaftringen in die Wand gebunden.

Die bisher straffe, glatte Wand, sparsam von Öffnungen durchbrochen, nur flach gegliedert, wird in Bewegung gebracht. Dienste und Vorlagen nehmen Volumen an. Triforien gliedern, begehbar und nicht begehbar, die Hochschiffswand. Emporen bereichern den Raum. Und an der Apsis, Zentrum der Aufmerksamkeit, beginnt man die Mauer in Schalen zu zerlegen. Die Zwerggalerie, im niederrheinischen Raum mit ringförmig geführtem Tonnengewölbe, mit Brüstung, meist mit Plattenfries geschmückt, ist der erste Schritt dazu. Ein weiterer Laufgang entwickelt sich in der oberen Fensterzone der Apsiden. Er erleichtert die Arbeit beim Bau und die Kontrolle nach der Vollendung. Im Untergeschoß darunter bringen Nischen, zu Beginn steil und eng, wie in den Apsiden von Groß St. Martin oder St. Gereon, später weit und flach, wie in St. Aposteln oder St. Kunibert, die Wand des Innenraums in Bewegung. Ihren Höhepunkt erreicht die Gestaltung der Wände mit dem Einfügen der Gewölbe. Lange hat man noch die flache Holzdecke bewahrt. Ende des 12. Jh. werden die ersten großen Gewölbe im Chor von St. Gereon eingefügt, es folgen das Mittelschiff von St. Aposteln und der Höhepunkt mit der Einwölbung von St. Kunibert einerseits und der Vollendung des Dekagons von St. Gereon andererseits. Nun ist der gesamte Raum von einer Hand des Architekten gestaltet. Langsam nur verliert der Architekt in Holz seine Stellung. Die Dachreiter des 12. Jh. auf St. Caecilien, Groß St. Martin oder St. Aposteln legen Zeugnis ab von der Größe ihrer Kunst.

Neben dem Reichtum und der Formenfreude der Architektur, die in den Künsten des Goldschmiedes – z. B. im Schrein der Hl. Drei Könige im Dom – und der Maler, der Glasmaler ihre Ergänzung findet, ist ein Mangel zu verzeichnen. Eine kurze Blütezeit der Bildhauerei, zu Anfang der zweiten Hälfte des 12. Jh., hat an Bauzier gerade zwei Tympana hinterlassen. Eines davon für St. Caecilien bestimmt, das andere aus St. Pantaleon, beide im Schnütgen-Museum bewahrt. Einige Portallöwen bestätigen diesen Mangel mehr als daß sie ihm widersprechen. Zu Anfang des 13. Jh. bricht sich die Formenfreude der Bildhauer noch einmal in St. Andreas Bahn, einige noch qualitätvollere Fragmente bewahrt St. Pantaleon. Es ist, als ließe der Formenreichtum der Architektur keinen Raum für die Kunst des Bildhauers. Erst mit dem Wachsen des Doms beginnt dessen Siegeszug auch in den Kölner Kirchen der Romanik. Sie werden zu einer Schatzkammer gotischer Skulpturen.

Das späte Durchsetzen der Wölbung und das lange Durchhalten romanischer Architekturformen lassen es verführerisch erscheinen, die niederrheinische Romanik mit ihrem Kölner Zentrum, mit ihrer Blütezeit bis in die Mitte des 13. Jh. gegenüber der französischen Gotik als rückständig zu erklären; diese Vorstellung ist so simpel wie falsch. Verfolgt man, wie Jean Bony es getan hat, die Entwicklung und Ausbreitung der Gotik Frankreichs im 12. und 13. Jh., ist die Entwicklung am Niederrhein so normal wie sie in ihren Ergebnissen – den Bauten – von hervorragender Qualität ist. Geht man der Ausbreitung gotischer Architekturformen auf den Karten nach, die Bony seinem Buch beigegeben hat, erweist sich die niederrheinische Entwicklung als eine europäische Selbstverständlichkeit. Überall dringen um 1210 gotische Einzelformen vor, wie z. B. bei St. Gereon, überall setzt sich in den vierziger Jahren des 13. Jh. das gesamte gotische Architektursystem erstmals durch. Die Kölner Kirchen sind zwar vom Bauvolumen her keine Kathedralen – Erzbischof Engelberts II. Überlegun-

Der Baumeister des Tempels in der Vision des Ezechiel mit Maßstab und Schnur. Malerei im Gewölbe der Unterkirche von Schwarzrheindorf

gen zu einem Neubau des Doms zu Beginn des 13. Jh. gingen leider mit seiner Ermordung 1225 unter –, aber neben den großen Abteien, ohne Finanzierung durch König oder Kaiser, können sich die Kölner Kirchen durchaus sehen lassen. Sie sind mehr als zeitgemäß.

Wie auch sonst in Europa wissen wir von den Architekten der Kölner Kirchen eigentlich nichts. Am Bau von St. Gereon läßt sich erahnen, daß der Architekt die großen Baustellen in der Île de France gesehen hat. Nirgendwo wird einmal ein Name erwähnt. Manche Nachricht hat man, bei Vogelo in St. Kunibert, bei Albero in St. Aposteln, für einen Hinweis auf einen Architekten halten wollen. Aber davon berichten diese Notizen nicht. Dabei waren die Architekten jener Zeit durchaus von sich überzeugt. In Neuss, im vornehmen Damenstift St. Quirin, wird der Grundstein für die spätromanische Vollendung des Kirchenbaus im Jahre 1209 vom Architekten, Magister Wolbero, gelegt. Die Äbtissin Sophia und Erzbischof Adolf von Köln werden nur als Zuschauer erwähnt. Man stelle sich das heute bei der entsprechenden Gelegenheit vor! Aber das ist eine einzige Inschrift, nicht einmal aus Köln, die allerdings ein bezeichnendes Licht auf die Verhältnisse wirft. Und da sie dem Selbstgefühl und den Ansprüchen der Architekten zur gleichen Zeit in Europa ringsum durchaus entspricht, können wir auch für Wolberos Kollegen in Köln ähnliches Auftreten vermuten. Nur von einem unter ihnen wird zufällig einmal der Name überliefert. Als zwischen 1206 und 1211 an Abt Simon von Groß St. Martin ein Haus im Immunitätsbereich vermietet wird, findet ein »Theodericus magister artis cementarie« Erwähnung. Der Architekt Theoderich ist offensichtlich gerade gestorben, und nun wird das Haus zur Miete weiter an seine Söhne gegeben. Es ist verführerisch, zu behaupten, Theoderich sei der Baumeister des Trikonchos von Groß St. Martin gewesen – aber hätte der Architekt dann nicht mietfreies Wohnen ausgehandelt? So wissen wir nicht, wo Theoderich gebaut hat.

Daß wir so wenig Kenntnisse von den Architekten besitzen, wundert weniger, wenn man sieht, daß selbst die Geistlichen, die die Baukasse verwalteten und den Fortgang des Bauens überwachten, ihre Rolle nicht für erwähnenswert hielten. Diesen Vertreter des Bauherrn kennen wir nur für St. Kunibert. Und auch hier wird er nur deshalb erwähnt, weil er durch reiche Stiftungen im Memorialbuch des Stifts eingetragen wird. In St. Gereon haben während des kostenträchtigen Umbaus des Dekagons der Dekan und ein Priester die Verwaltung der Baukasse übernommen – auch das wird nur zufällig festgehalten, als man die problematisch gewordene Finanzierung auf neue Füße stellt. Um so weniger können wir erwarten, daß einfaches Personal, Steinmetze, Zimmerleute, Schmiede für das Werkzeug oder Hilfsarbeiter erwähnt werden. Herebrat, der seinen Namen auf einem Kapitell in der Krypta von St. Georg hinterlassen hat, wird einer der gutbezahlten Steinmetze gewesen sein. Und völlig unklar ist die Rolle, die der Klosterbruder Rudengerus, der »getreulich am Bau unserer Kirche gearbeitet hat«, für Groß St. Martin spielt. Er stiftet zwischen

1206 und 1211 Geld für Steine und einen Kelch. War er Verwalter der Baukasse oder hat er mit Hand angelegt? Man hielt einfach alle diese Tätigkeiten in den geistlichen Kreisen, aus denen Notizen für die Nachwelt auf uns kamen, nicht für erwähnenswert.

Im Wandel der Jahrhunderte

Die große Baubegeisterung läßt Mitte des 13. Jh. nach. An St. Ursula wird noch Ende des 13. Jh. ein gotischer Chor angefügt und etwas später ein gotisches Gewölbe eingezogen. Ähnliches geschieht im 15. Jh. an St. Andreas und St. Severin. Mit der Minoritenkirche der Franziskaner oder dem Kloster der Dominikaner kommt es neben dem Großprojekt des Doms auch zu gotischen Neubauten. Aber all das ist mit der Begeisterung des großen Jahrhunderts der Kölner Kirchenbaukunst zwischen 1150 und 1250 nicht zu vergleichen. Die Verhältnisse haben sich geändert. Fromme Begeisterung geht neue Wege. Die jungen Orden der Prämonstratenser oder Zisterzienser sitzen nicht in Köln, die Dominikaner und Franziskaner lenken die Aufmerksamkeit fort von den altgewohnten Stiften und Klöstern. Das ungeheure Unterfangen des gotischen Doms zieht manche Spende auf sich. Und schließlich haben Stifte und Klöster auch an Attraktivität verloren. Man stiftet, investiert sein mühsam angesammeltes Kapital, um für sein Seelenheil beten zu lassen. Und dafür – den Eindruck muß mancher Kölner gehabt haben – wurde an anderer Stelle eifriger gesorgt als in den großen Stiften und Klöstern. Immer noch sah man es gerne, wenn die Söhne und Töchter der Stadt hier unterkamen, soweit nicht, wie in St. Caecilien oder St. Ursula und in St. Gereon, die Pfründen für Frauen und Männer adliger Herkunft reserviert waren. Bürgerliche hatten dort nur als Priesterkanoniker Zutritt. Denn die meisten Kanoniker auch der anderen Stifte nahmen nur noch die Weihen als Subdiakon oder Diakon entgegen. Man wollte ein freieres Leben führen können. Das gemeinsame Leben mit gemeinsamem Schlafsaal und Speisesaal hatte man teils schon Ende des 12. Jh. aufgegeben. Jeder lebte für sich in einem der Kanonikerhäuser, und man war auch längst nicht mehr regelmäßig anwesend. Gründe für Urlaub gab es genug, beliebt und regelmäßig war der Studienaufenthalt in Paris. So waren auch die Kanoniker mehr an der Vergrößerung ihrer Einkünfte interessiert als an repräsentativen Baumaßnahmen. In den Klöstern sah es wenig besser aus; die Mönche bemühten sich, ihren Lebenswandel dem der Kanoniker anzugleichen. Man verfügte über eigene Einkünfte. Manche der Mönche zogen aufs Land, um die Höfe im Besitz des Klosters zu verwalten oder Pfarrstellen wahrzunehmen.

Das heißt nicht, daß die Frömmigkeit abgenommen hätte. Sie hat neue Wege gefunden. Selbst aus den Stiften und Klöstern zieht es

Mitglieder des Kapitels in die neuen Orden. Caesarius von Heisterbach berichtet von einer ganzen Reihe von Mitbrüdern, die früher z. B. an St. Andreas waren. Die Bettelorden haben einen unglaublichen Zulauf. Im Bürgertum bilden sich mit den Beginen und Begarden auf privater Ebene neue Gemeinschaften heraus, die in Hausgemeinschaft leben. Man fühlt seine Frömmigkeit in den Stiften und alten Klöstern nicht mehr repräsentiert, das macht sich im Rückgang der Stiftungen bemerkbar, der die Klöster etwas weniger trifft. Dazu gehen, im Vergleich zu den Einkünften aus Handwerk und Handel, die Einkünfte aus Landbesitz zurück. Die gewohnten Erträge sind weniger wert, das Bauen wird teurer. All diesen Faktoren haben wir es zu verdanken, daß die romanischen Bauten erhalten blieben. Auch im baufreudigen Barock reicht das Geld meist nur für neue Inneneinrichtungen, nicht für Neubauten. Diese wieder gehen im 19. Jh. unter, weichen den neuromanischen Vorstellungen, wie eine romanische Kirche eigentlich ausgesehen haben müßte.

Aus den Trümmern

Über das Schicksal der Ruinen ist nach dem Krieg heiß diskutiert worden. Eine ganze Vortragsreihe ›Kirchen in Trümmern‹ hat sich im Winter 1946/47 damit auseinandergesetzt, ob und wie man die Kirchen wieder aufbauen könne. Die Diskussion bietet eine faszinierende Lektüre heute, da nach mehr als einer Generation die Wiederherstellung vollendet ist. Mit einem solch langen Zeitraum rechnete man schon damals. Über den Weg dahin war man sich nicht einig.

Nach Wettbewerben, wie sie Ulrich Krings für St. Maria im Kapitol publiziert hat, die mit den alten Mauern neue Gedanken verbinden wollten, erwies sich bald die Kraft der romanischen Formen. Sie wurden, mußten erneuert werden. Kein Weg führte daran vorbei. Das widerspricht auch nicht dem Wesen von Architektur. Anders als in anderen Bereichen von Kunst, in Malerei, Skulptur oder Kunsthandwerk, ist es nicht die Hand des Künstlers selbst, die die Gestaltung ausführt. Es sind Handwerker, die dem Plan folgen, den der Architekt entwarf. Dieser Vorgang ist wiederholbar. Natürlich fehlt dann dem einzelnen Stein die Aura des Alters. Das neue Mauerwerk zeigt nicht mehr die Spuren einer langen Baugeschichte, aber die einst gedachte Form erscheint, lebt wieder.

Das heißt nicht, daß man sklavisch den Vorkriegszustand wiederhergestellt hat. Man hat die Gewölbe in St. Pantaleon, in St. Maria im Kapitol und in St. Ursula, die das 17. und das 13. und 14. Jh. in ältere Bauten einfügten, nicht erneuert. Eigene Entwürfe traten an ihre Stelle. Das gilt auch im Kleinen, in manchen Details. An anderen Stellen wurden ältere Zustände als die der Vorkriegszeit rekonstruiert. Schon vor dem Krieg war nur an wenigen Stellen die alte

St. Georg, 1948

Außenhaut der Bauten erhalten. Zuviel war schon im 19. Jh. erneuert worden, hatte erneuert werden müssen. Das mag für den Bauhistoriker zu bedauern sein. Ihm fehlen seine Urkunden. Aber es fehlt auch die einst gestaltende farbige Fassung, die die Bauten leuchten ließ. Heute wäre sie zugleich Schutz vor den Gefahren der Luftverschmutzung. Das ist, wie die Gestaltung der Inneneinrichtung, ein Problem der neuen Generation.

Dankbar sind wir denen, die Köln die wenigen Zeugen seiner großen Vergangenheit retteten, sie wiederherstellten. Sie bewahrten im sich immer wieder wandelnden Gesicht der Stadt die Bezugspunkte. Ganz einfach gesagt: Nur wer seine Vergangenheit erhält, hat die Grundlagen in Besitz, um Zukunft gestalten zu können, sich nicht im unaufhaltsamen Strom der Zeit zu verlieren.

Stadtpanorama. Kupferstich von Petrus Kaerius (?) aus: Petrus Bertius: Commentariorum rerum Germanicarum libri tres. Amsterdam 1616 ▷

Die zwölf romanischen Kirchen Kölns

Turrim Regium

St. Andreas

Im Graben vor der Mauer

St. Andreas
Krypta mit Albertus-Magnus-Grab *
Makkabäerschrein
Rosenkranzaltar

Grundriß S. 40

Aus dem Reichtum der Kirchenfamilie rings um den Dom ist St. Andreas einer der wenigen erhaltenen Zeugen, nach der Aufhebung des Stifts im Jahre 1802 in eine Pfarrkirche verwandelt, die seit 1947 von Dominikanern betreut wird. Was heute geschäftige Innenstadt ist, war einst Stadtrand: St. Andreas liegt außerhalb der römischen Stadtmauer. Ein Blick auf den Überrest des römischen Nordtors vor dem Dom oder auf das Bruchstück der römischen Mauer auf der anderen Seite der Komödienstraße bestätigt das. Wann hier, in der Vorstadt entlang der Römerstraße nach Norden, erstmals eine Kirche oder Kapelle erbaut wurde, ist ungewiß. Glaubt man der Legende, so hat Kölns erster Bischof Maternus die erste Kirche begründet. Traut man nur konkreter historischer Überlieferung, findet man den ersten sicheren Hinweis zur Zeit Erzbischof Brunos (953–65). Er bedenkt die Kirche und ihre Kanoniker in seinem Testament, und Ruotger berichtet in seiner Biographie Brunos, daß die Versetzung der Kanoniker von St. Maria im Kapitol nach St. Andreas, um in St. Maria im Kapitol ein Benediktinerinnenkloster einrichten zu können, manche Bedenken erregt habe.

Ungewiß bleibt, ob eine Kirche St. Andreas, die in Urkunden aus den Jahren 817 und 875 erwähnt wird, die unsere ist. Ebenso ungewiß ist, ob es eine Kirche St. Matthäus in fossa, im Graben, die Aegidius Gelenius im 17. Jh. erstmals erwähnt, je gegeben hat. Er berichtet, Erzbischof Willibert (870–89) habe sie erbaut (als Neubau an der Stelle der Gründung des Maternus), und im 18. Jh. wird der Bericht noch ergänzt. Williberts Nachfolger Hermann I. (889–924) habe 923 die Kirche verschönert und dem nur an dieser Stelle erwähnten Nonnenkonvent den Zehnt zu Bacharach geschenkt. Als Beleg für die mögliche Existenz von St. Matthäus in fossa wird meist die mehrfach überlieferte Weihinschrift des Altars benutzt, die an erster Stelle Reliquien des Apostels Matthäus erwähnt.

Die Inschrift hält die Erinnerung an die Altarweihe durch Erzbischof Gero im Jahre 974 fest. Sie rühmt auch ausdrücklich Bruno, der die Kirche zu gründen gelobt habe zu Ehren des Apostels Andreas. Es bleibt also bei Erzbischof Bruno als Gründer des Stifts. Auch die Grabungen bis in die Nachkriegszeit hinein haben keinen Aufschluß zu diesen Fragen geben können. Man fand Spuren römischer Bauten und mit der nun wieder zugänglichen Krypta eine Bauphase, von der die Quellen nichts berichteten.

Baugeschichte und Geschichten

Über den ottonischen Bau können wir nur Vermutungen anstellen. Wahrscheinlich nimmt die niedrig angesetzte Vierungskuppel mit ihrem achtseitigen Klostergewölbe noch Rücksicht auf die Höhe des flachgedeckten ottonischen Schiffs, sicher auch auf seine Breite.

◁ St. Andreas, Mittelschiff und Chor

Aber das müssen Ausgrabungen im Mittelschiff dereinst klären. Auch das gedrungen kurze Schiff des romanischen Baus wird durch den Vorgänger und seine Umgebung bestimmt gewesen sein.

Gegen Mitte des 11. Jh. wurden Chor und Krypta erneuert. Beide hatten bis 1414 Bestand, als man mit der Errichtung des gotischen Chors begann. Man trug den Chor ab und füllte mit dem Schutt die Krypta wieder auf, deren Gewölbe man zerschlagen hatte. Um eine würdige Ruhestätte für die Reliquien des heiligen Albertus Magnus zu finden, mit dem wir uns gleich noch intensiver befassen werden, entschloß man sich im Jahre 1953, die Krypta zu ergraben. Man wußte aus den Berichten der Quellen von ihrer Existenz. Schon am 25. November 1954 konnten die Reliquien in einen bei St. Ursula gefundenen römischen Sarkophag in der erweiterten Krypta übertragen werden. Karl Band hatte die wiedergefundene Krypta nach Westen erweitert und die Spuren im Osten mit fragilen Betonstützen und einer Betondecke mit kleinen Kuppelschalen wieder in Benutzung genommen.

Die langgestreckte Krypta mit zwei runden und dazwischen einer rechteckigen Nische in der Ostapsis entspricht einem geläufigen Typ der Mitte des 11. Jh. Ähnliches bietet Köln mit der Westkrypta von St. Aposteln oder das Reich von Bamberg über Goslar bis Metz. Ebensowenig ungewöhnlich ist der polygonale Schluß der Apsis darüber, fünf Seiten eines Zehnecks. Er wird sogar in spätstaufischer Zeit, wie z. B. an St. Severin, wieder populär. Die Gestaltung des Langchors darüber muß immerhin so eindrucksvoll gewesen sein – im Bereich der **Vierung** hat man sogar Spuren der farbigen Fassung gefunden –, daß man ihn in die Planungen für den romanischen Neubau einbezog und stehenließ.

Daher war das Eisbärenfell, von dessen wundersamem Erwerb als Fußwärmer vor dem Altar des Apostels Caesarius von Heisterbach berichtet, noch für diesen salischen Chor bestimmt. Caesarius, spä-

St. Andreas, Grundriß
1 Portal (M. Winter)
2 Blutbrunnen
3 Hl. Christophorus
4 Rosenkranzaltar
5 Kapelle mit Wandmalereien
6 Kapelle mit Wandmalereien
7 Pietà
8 Erzengel Michael
9 Rosenkranzmadonna
10 Eingang zur Krypta (A.-Magnus-Grab)
11 Makkabäerschrein
12 Triptychon Barthel Bruyn

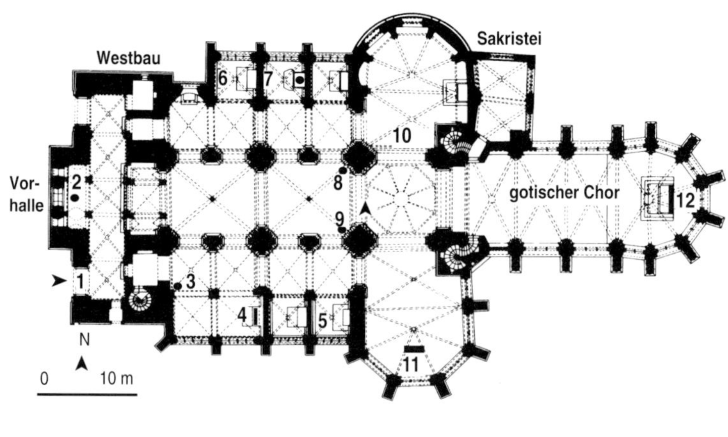

St. Andreas. Zeichnung von Vincenz Statz, 1840, Kölnisches Stadtmuseum

ter Prior des Zisterzienserklosters Heisterbach, hat seine ersten theologischen Kenntnisse an der Stiftsschule von St. Andreas gewonnen und manche zusätzliche Nachricht überliefert, festgehalten als Wundergeschichte, die man in Predigten als Beispiel verwenden könne. In diesem Fall ist der Kanoniker, der zwei jungen Kölner Kaufleuten 5 solidi zum Kauf eines Eisbärenfells nach Norwegen mitgab, später sogar in Heisterbach ins Kloster eingetreten. Die beiden Kaufleute hatten mitsamt Fell schon die Rückreise zu Schiff angetreten, als sich ein fürchterlicher Sturm erhob. Niemand glaubte noch an Rettung. Da fiel den beiden das Eisbärenfell ein, sie hoben es hoch, um den Apostel an sein vom Verlust bedrohtes Eigentum zu erinnern, und Ruhe breitete sich aus. Wen wundert es, daß die beiden, zurück in Köln, das Eisbärenfell stifteten und die 5 solidi zurückerstatteten! Man lebte noch inmitten der Wunder. Aufschlußreich ist, daß man so Kirchen ausstatten konnte und offensichtlich auch damals kalte Füße in ungeheizten Kirchen nicht besonders schätzte.

Zur Zeit Caesarius' von Heisterbach hat man den romanischen Neubau begonnen. Schon vor seiner Schulzeit in der Stiftsschule wies Dekan Ensfried (1176–93) die Besucher der Kirche auf die Notwendigkeit von Stiftungen für den Bau hin; das war er seiner Stellung als Bauverwalter schuldig – heiligmäßig ergänzte er diese Aufforderung aber mit dem Hinweis, daß die Almosen in der Hand von Armen noch besser untergebracht wären. So wurde es Caesarius später geschildert. Ein genaues Datum bietet Caesarius nicht, da er sich leider für Architekturgeschichte in keiner Weise interessierte. Aber einem als seltsam und wunderbar empfundenen Blitzschlag in den Turm am 23. Februar 1221, den er notiert, verdanken wir das Wissen, daß der Vierungsturm wohl vollendet war. Dem Turm, der das Vorbild des Klosters Knechtsteden aufnimmt, dessen nächste Verwandtschaft über den Dächern der Stiftskirche von Gerresheim oder des Bonner Münsters zu finden ist, scheint der Brand kaum geschadet zu haben.

Um seine Last nach Osten, am alten ottonischen Chor, abzustützen, wird dort ein massiver Bogen errichtet und mit zwei Treppentürmen verstärkt. Sie sind heute nur noch innen zu sehen. Der untere Eingang öffnet jeweils die Krypta, und je ein Zugang vom Chor aus führt in die Höhe. Dort verbinden zwei tonnengewölbte Gänge übereinander die Treppenspindeln und stützen die Turmkonstruktion zusätzlich. Vor dem Bau des gotischen Chors werden die beiden Türmchen, ähnlich wie in Knechtsteden, den Vierungsturm außen zur Dreiturmgruppe ergänzt haben.

Mit Knechtsteden waren die Verbindungen eng. Das dortige Prämonstratenserkloster war eine Gründung des Kölner Domdekans Hugo, aber der erste Propst war zuvor Kanoniker an St. Andreas gewesen. Und der Bau der Klosterkirche entstand unter der Leitung Christians, der zuvor Schatzmeister des Stifts St. Andreas war. Das mag bei den Überlegungen für die Bauplanung eine Rolle gespielt haben. Aber der zeitliche Abstand macht sich bemerkbar. Mitte des 12. Jh. waren die vergleichbaren Bauteile in Knechtsteden vollendet. In St. Andreas scheint man erst Ende des 12. Jh. begonnen zu haben. Für die nordöstliche Vorhalle mit ihrem Löwenportal, die heute vermauert als Sakristei dient, ist die Nachricht von der Stiftung eines Kanonikers Wilhelm überliefert, der erst 1211 sein Amt antrat.

Die Vierung ist über Pendentifs (Zwickel, mit denen vom Quadrat der Vierung zum Achteck übergeleitet wird) mit einem achtseitigen Klostergewölbe geschlossen, mit untergelegten Wulstrippen geschmückt. Das entspricht, wie die reiche Gliederung der Pfeiler und die meisterhafte Bildhauerarbeit der Kapitellzone und des Gesimses, dem plastischen Bedürfnis des frühen 13. Jh. Ähnliche Qualität findet man wieder in Bonn oder Andernach, immer im Umkreis der Werkstatt des Samson-Meisters, der seinen Namen nach einer Samson-Figur in Maria Laach trägt.

St. Andreas, südliches Seitenschiff nach Osten ▷

Zum Abstützen der Vierung mußten zumindest das Pfeilerpaar und die Arkaden des ersten Jochs mit erbaut werden. Spuren im Dachbereich belegen einen Planwechsel. Zuerst hat man Emporen statt des nur leicht ausgenischten Triforiums unter der gestaffelten Dreifenstergruppe geplant. Der beengte Bauplatz mag zu diesem Gedanken geführt haben, der das Raumangebot erweitert hätte.

Nach Westen wird der Bau mit einem zweiten Joch weitergeführt. Den Jochen des Schiffs entsprechen, getreu dem gebundenen System, je zwei Joche der Seitenschiffe. Der Anbau von Kapellen an die Seitenschiffe Ende des 13. und zu Beginn des 14. Jh. hat das Erscheinungsbild hier wesentlich verändert, dem Raum eine zuerst nicht vorgesehene Breitenwirkung gegeben. Nur im Nordwesten ist ein Abschnitt der alten Seitenschiffswand erhalten, ausgenischt wie z. B. in St. Kunibert. Die westliche Doppelkapelle auf der Nordseite ist erst nach 1539 errichtet worden. Der Dekan des Stifts, Hermann Keutenbreuer, 1539 verstorben, hatte in seinem Testament das Geld dafür ausgesetzt. 1542 konnte der Altar geweiht werden.

Aber damit haben wir schon vorgegriffen. Der **Westbau**, einst eingebunden in Kreuzgang und Stiftsbauten, ist spätestens 1244/45 vollendet, als ein Michaelsaltar im ›neuen‹ Chor erwähnt wird. Damit ist das Obergeschoß des Westbaus gemeint, das, wie die westlichen Querhäuser an St. Aposteln oder St. Kunibert, den gleichen Raum bietet wie das Mittelschiff. Bei St. Andreas war der Architekt gezwungen, den Ostflügel des Kreuzgangs mit in den Westbau einzubeziehen. Sonst hätte ihm noch weniger Raum zur Verfügung gestanden. Die großen Eingänge des Westbaus waren daher ursprünglich die Mündungen des nördlichen und südlichen Flügels des Kreuzgangs, Zugang für die Kanoniker des Stifts. Der Zugang für Laien in die Kirche führte durch die offenen Vorhallen zu beiden Seiten des Chors, die heute entweder als Sakristei vermauert oder abgerissen sind.

Der Rest des **Kreuzgangs,** an den sich der Mitteltrakt der Westfassade kapellenartig anschließt, wirkt heute wie eine Vorhalle. Seine faszinierendste Bauzier sind die Gurtbögen. Ausgezackt wie ein frei in der Luft schwebender Rundbogenfries wiederholen sie ein Architekturmotiv Nordspaniens. Entlang der Pilgerstraße nach Santiago de Compostela, z. B. in San Isidoro in Leon, begegnet diese Belebung der Architektur mehrfach. Auf diese Weise spürt man selbst in Details den weiten europäischen Rahmen des lateinischen Mittelalters.

Erst nach der Vollendung des Westbaus hat man das **Schiff** eingewölbt. Hier ergibt sich zur Vierung eine weite Fläche freier Wand über dem Vierungsbogen. Er bringt bis heute die Höhe des ottonischen Schiffs und des salischen Chors in Erinnerung. Die Triforien der Hochschiffswand und die Fenster hat man erst zu Ende des 19. Jh. rekonstruiert, als man die barocken Veränderungen wieder rückgängig machte.

Bisher haben wir die **Querhäuser** fast außer acht gelassen. Das kann nicht so bleiben, bieten sie doch einen der interessanten Aspekte des Baus. Das nördliche Querhaus hat nach den Spuren, die bei den Grabungen nach dem Kriege gesichert wurden, schon zu ottonischer oder salischer Zeit einen apsidialen Schluß gehabt. Diese Rundung hat man, nachdem zuerst die Vierung eingefügt worden war, um 1200 erneuert. Die Konzeption erinnert weniger an die Kleeblattchöre, wie St. Aposteln oder Groß St. Martin, als an den Grundriß des Bonner Münsters mit einem breiten Vorjoch vor dem Halbrund der Apsis des Querhauses. Trotz des spätgotischen Umbaus sind der Laufgang im Obergeschoß und die spätromanische Gliederung und Ausnischung der Wand noch gut zu erkennen. Gegenüber hat man das südliche Querhaus Ende des 15. Jh. völlig gotisch ersetzt.

St. Andreas, Choransicht, 1946

Bereits um 1414 hatte man begonnen, den salischen Chor durch einen gotischen zu ersetzen. Gerade neben dem Dom ist der **Chorbau** von St. Andreas eine große Leistung gotischer Architektur. Hat man auf die Erfahrungen und Kenntnisse der Dombauhütte zurückgegriffen? Die elegante Lösung spricht wohl dafür. Das Vorbild steht etwas entfernt in Aachen. Dort war gerade 1414 der 1355 begonnene gotische Choranbau vollendet worden. Wie dort wird auch hier an die Joche des Langchors eine mehr als einen halben Kreis umfassende Apsis angesetzt. In Aachen sind es neun Teile eines 14teiligen Kreises, an St. Andreas sieben eines 10teiligen Kreises. Im Grundriß gibt das einen Effekt wie ein Schlüsselloch.

Die Ausstattung

Das Ziel ist eine raffinierte Konzentration des Blicks auf den Hauptaltar. Das Auge folgt beim Schauen in den Chor automatisch den Wänden. Am Ansatz der Apsis treten aber nun die Wände so weit zurück, daß man sie nicht mehr sehen kann. Der Blick wird damit fast selbstverständlich vom *Altar* festgehalten. Und auch ohne diesen fast psychologischen Hintergrund wirkt die Architektur als großartiger Rahmen für den (im 19. Jh. erworbenen) spätgotischen *Holzschrein* mit einigen Reliquien des heiligen Albertus Magnus und den 1542 geweihten *Flügelaltar* vom Kölner Meister Barthel Bruyn dem Älteren, Ausklang der Kölner Malerschule.

Die Architektur ist bei allem Reichtum des Schmucks bewußt einfach konzipiert. Nur eine Etage hoher, mit kräftigem Maßwerk versehener Fenster erhebt sich über dem Sockelgeschoß, das das Chorgestühl aufnimmt. Rippen und Gurtbögen des Gewölbes sammeln sich ohne Kapitellzone in Dienstbündeln und ruhen oberhalb des Chorgestühls auf reich skulptierten Konsolen. Engel und Propheten tragen die Last. Das reich geschnitzte Chorgestühl wird um 1430 nach der Vollendung des Chors entstanden sein. Mit prunkvollem Maßwerk, Aposteln, Propheten, Kölner Heiligen und manchen Drolerien ist es bis auf den Baldachin, der die Sitze rahmte, gut erhalten.

Die *Fenster des Chors* haben allerdings dem barocken Drang zum Licht weichen müssen und sind erst um 1900 historisierend ersetzt

St. Andreas, gotischer Chor

worden. Nach Westen werden sie durch moderne Fenster von Vinzenz Pieper ergänzt. Die ornamentalen *Fenster im Westbau* sind dagegen 1951 von einem Dominikaner entworfen worden, Pater Wolfram Plotzke. Die *Kommunionbank* wurde 1955 von Paul Nagel geschaffen, das *Bronzeportal* 1963 von Matthäus Winter.

St. Andreas besitzt daneben noch immer einen erstaunlichen Reichtum an alter Ausstattung. Fragmentarisch sind in einigen der gotischen Kapellenanbauten **Wandmalereien** erhalten. Die Fresken der Zeit um 1300 in der *östlichen Kapelle der Südseite* zeigen eine theologisch faszinierende Verbindung von Kreuzigung und Jüngstem Gericht, geleitet von zwei Heiligen, und gegenüber eine Marienkrönung mit Petrus und Paulus als Zeugen. Die wertvollste ist die Darstellung des Marienlebens in der *zweiten westlichen Kapelle der Nordseite*, Mitte des 14. Jh. entstanden, in vier Ebenen. Unterhalb der *Marienkrönung*, die das ganze Geschehen abschließt, beginnt die Schilderung mit *Verkündigung, Heimsuchung* und *Geburt*. Ausführlich wird darunter die *Anbetung der Heiligen Drei Könige* mit Gefolge ausgebreitet. Die unterste Zone zeigt die *Kreuzigung*, Maria im Anblick des Gekreuzigten, gehalten von Johannes. Heilige, teils nur als Köpfe auf einer Zuschauertribüne, rahmen dieses Zentrum. Man erkennt die heilige Ursula und den Apostel Petrus und einen Ritter, wohl aus der Thebäischen Legion. Zu Füßen des Gekreuzigten knien die beiden Stifter. In derselben Kapelle ist unterhalb des Fensters noch ein *heiliger Georg* zu erkennen, den Drachen tötend, und auf der Wand gegenüber dem Marienleben ein riesenhafter *Christophorus*. Spuren einstiger Fülle sind auch das *Jüngste Gericht* des 15. Jh. am zweiten nördlichen Mittelschiffpfeiler und das Fragment eines hl. Paulus. Dem *hl. Christophorus* begegnet man als Skulptur noch ein zweites Mal im Kirchenschiff, nahe dem Eingang, wieder überlebensgroß. Vergleichbar der steinernen Christophorusskulptur im Dom, mag er Ende des 15. Jh. in der Werkstatt des Kölner Bildhauers Tilman van der Burch entstanden sein. Nach mittelalterlicher Überzeugung sollte ein Gebet zum heiligen Christophorus verhindern, daß man an diesem Tage ›unversehens‹, ohne die Gnadenmittel der Kirche, sterbe. So wird er zum Schutzpatron der Reisenden, die von dieser plötzlichen Begegnung mit Tod und Fegefeuer am ehesten bedroht waren.

St. Andreas, Jüngstes Gericht, 15. Jh., Malerei am zweiten nördlichen Mittelschiffpfeiler

Aus der gleichen Zeit wie diese Figur stammen auch die liebreizende *Rosenkranzmadonna* und ihr elegantes Gegenüber am Vierungspfeiler, der *Erzengel Michael*. Er entstand nach zwei Kupferstichen Israel van Meckenems wohl um 1470 ebenfalls in der Werkstatt Tilman van der Burchs. Ein Jahrhundert älter, um 1380 entstanden, ist die *Pietà* in der mittleren Seitenkapelle der Nordseite, Maria voll Trauer um ihren toten Sohn. Diese drei Skulpturen kamen wie der Flügelaltar der Kölner Rosenkranzbruderschaft zu Beginn des 19. Jh. aus der 1804 zerstörten Dominikanerklosterkirche Hl. Kreuz.

Als Altarbild hängt der kurz nach 1500 entstandene *Flügelaltar der Kölner Rosenkranzbruderschaft* in der großen Kapelle der Südseite. In den Nöten der Belagerung von Neuss durch Karl den Kühnen, nach deren Gelingen wohl bald auch Köln in seine Hände gefallen wäre, hat man sie 1474 gegründet. 1475 wird sie mit vornehmsten Mitgliedern, wie Kaiser Friedrich III. und seinem Sohn Maximilian, die zur Linken Mariens knien, zum öffentlichen Ereignis. Mitglieder finden sich aus allen Bereichen und Gegenden des Reichs. Schon 1479 rechnet man mit 50 000 Mitgliedern, drei Jahre später mit über 100 000 Brüdern und Schwestern, die das Rosenkranzgebet pflegen.

St. Andreas, Erzengel Michael am Vierungspfeiler und hl. Christophorus

Maria erscheint mit Rosenkränzen gekrönt, zu ihrer Rechten hält der heilige Dominikus ihren Mantel schützend über die geistlichen Mitglieder der Bruderschaft. Ihm hatte nach den Visionen des Alanus de Rupe die Muttergottes den ersten Rosenkranz überreicht. Zur Linken Marias hält der Märtyrer aus dem Dominikanerorden, Petrus Martyr, den Mantel für die weltlichen Mitglieder. Außen stehen die Heiligen Dorothea und Caecilia. Als Ersatz für ein Altarbild von 1475 entstand dieses kurz nach 1500 in der Werkstatt des Meisters von St. Severin. Ein immer noch leuchtendes Zeugnis spätmittelalterlicher Frömmigkeit.

Eine ganz andere Gestalt als Petrus Martyr ist sein Zeitgenosse *Albertus Magnus*, einer der großen Heiligen und Gelehrten des Dominikanerordens. Sein bereits erwähntes *Grab* in der nach Westen erweiterten **Krypta** lohnt einen Augenblick der Besinnung. Als er weit über achtzig Jahre alt am 15. November 1280 in Köln stirbt, hat Albertus Magnus ein Leben hinter sich, dessen Leistungen heute kaum glaubhaft erscheinen. Spät in den Orden eingetreten, ist er über fünfzig, als er in Paris die Würde des Magisters erhält. In Köln leitet er dann das Generalstudium des Ordens, verfaßt theologische Schriften und beginnt, mit einer Fülle philosophischer und naturwissenschaftlicher Abhandlungen, die Kenntnisse der Antike, wie sie besonders die Schriften des Aristoteles festhielten, in die Wissenschaften des christlichen Mittelalters zu integrieren.

Zwei Beispiele mögen genügen. Er kennt und beweist die Kugelgestalt der Erde. Und er wagt es – Grundlage unserer Naturwissenschaft –, das eigene Erfahrungswissen und das Experiment gegen die überlieferten Kenntnisse der Antike zu setzen. Es ist der Geist dieses Wagemutes, der die letzten großen romanischen Bauten Kölns begleitet. Und neben diesen geistigen Leistungen wäre noch von seiner Tätigkeit als Kreuzzugprediger, als Bischof in Regensburg, als Schlichter in manchem politischen Streit, auch zwischen den Kölnern und ihrem Erzbischof und Stadtherrn, zu berichten.

Hier ist nicht der Ort dazu, aber in einem solchen Leben wird ebenso der Geist des Mittelalters wieder sichtbar wie in den Bauten der Zeit. Die Reliquien des erst 1931 heiliggesprochenen Dominikaners sind nach der Säkularisierung nach St. Andreas übertragen worden. Er hatte sein Grab im Dominikanerkloster Hl. Kreuz gefunden, das dort stand, wo heute Kölns Hauptpost steht.

Aus dem Benediktinerinnenkloster zu den Hl. Makkabäern am Eigelstein stammen zwei weitere Kostbarkeiten. In der **Vorhalle** steht der *Blutbrunnen*. Er stand der Legende nach im Benediktinerinnenkloster an der Stelle, wo das Blut der heiligen Ursula und ihrer Gefährtinnen in einen Brunnen geflossen war. Das steinerne *Reliquiar*, als Brunnenfassung mit Deckel gestaltet, hat der Beichtvater der Benediktinerinnen Helias Mertz zu Beginn des 16. Jh. in Auftrag gegeben. Nach der Säkularisation gelangte es nach St. Andreas und bald danach auch der kostbare *Makkabäerschrein*, den ebenfalls Helias Mertz in Auftrag gab. Er hatte 1520 dem Goldschmied Peter vor der Pfaffenpforte den Auftrag dafür erteilt. 1527 war er vollendet. Im Rahmen spätgotischer Architektur werden Szenen aus dem Martyrium der Makkabäer zur Passion Christi in Parallele gesetzt.

Wie bei den Gewölbemalereien in St. Maria Lyskirchen werden die Ereignisse des Neuen Testaments in den Ereignissen des Alten Testaments, in der Passion der jüdischen Märtyrer, schon angedeutet. In den vier Evangelisten entdeckt man die Selbstdarstellung des Humanisten der Renaissance. Mit der historischen Wahrheit nahm man es trotzdem nicht zu genau, denn Makkabäerreliquien verehrte man im Kloster längst, bevor sie Erzbischof Rainald von Dassel gleichzeitig mit den Heiligen Drei Königen nach Köln gebracht haben soll. So meint jedenfalls die Inschrift am Schrein, der, da er ›nur‹ aus vergoldetem Kupfer besteht, die Säkularisation überstanden hat, ein spätgotisches Prunkstück in der langen Geschichte der Kölner Heiligenschreine.

St. Aposteln

»Ausgezeichnet aber durch den Namen der Apostel ...«

Am 18. Oktober des Jahres 965 nähert sich von Westen, von Reims herkommend, ein Trauerzug der Stadt Köln. Man führt den Leichnam des Kölner Erzbischofs Bruno, zugleich Herzog von Lothringen und schließlich Bruder des Kaisers, mit sich. Für den feierlichen Leichenzug durch die Stadt zum Dom mußte die Begleitung die Gewänder wechseln, und auch der Tote wurde mit den Abzeichen seiner Würde ausgestattet. Dafür wurde er kurzfristig vor der Stadtmauer in einer kleinen Kirche aufgebahrt, in die man die harrende Menge des Volkes gar nicht erst einließ. Ruotger, der pflichtgetreue Biograph Brunos, kommt nicht umhin, die Kirche zu erwähnen: »Als Bauwerk und in der künstlerischen Ausstattung zwar unansehnlich, ausgezeichnet aber durch den Namen der Apostel, deren Verehrung sie geweiht ist.«

*St. Aposteln Ostchor (Dreikonchenanlage) * Erzengel Michael*

Grundriß S. 54

Diese eigentlich widerwillige Erwähnung ist das älteste Zeugnis für St. Aposteln. Daß die Kirche, deren Spuren noch nicht gefunden wurden, dem Kollegium der Apostel geweiht ist, erhebt sie in einen besonderen Rang, stellt sie neben bedeutende Bauten der Spätantike in Rom, Mailand oder Konstantinopel. Aber das löst nicht die Frage, wann die Kirche gegründet wurde und wer unter den Kölner Bischöfen oder Erzbischöfen hier sein Köln den großen Vorbildern jenseits der Alpen angleichen wollte. Vielleicht hilft zur Lösung dieser Fragen einmal eine Grabung im Mittelschiff des heutigen Baus weiter, denn die bisherigen Untersuchungen im Westen und Osten des Bauwerks waren ergebnislos.

Ausgestattet mit dürftigen Einkünften in Junkersdorf, heute Stadtteil Kölns, und in der Vorstadt rings um die Kirche, wird St. Aposteln im Jahre 980 von Erzbischof Warin dem Stift St. Ursula übertragen. Die Einkünfte sollen nun den frommen Damen zufließen, deren Chorgebet die Fürbitte für die Vorgänger des Erzbischofs aufnehmen soll. Warin kann der kleinen Kirche hier nicht viel Bedeutung beigemessen haben. Das ändert sich erst unter Erzbischof Pilgrim (1021–36).

Pilgrims Gründungsbau

Zumindest aller Wahrscheinlichkeit nach. Der zu seiner Zeit bedeutende Mann, der in Köln Königin Gisela, die Gemahlin Konrads II., krönt und den Kölner Erzbischöfen das Recht auf die Königskrönung in Aachen sichert, Erzkanzler des Reichs für Italien, wird bald nach seinem Tode von seinem Vorgänger in den Schatten gestellt. Dieser nämlich, Erzbischof Heribert (999–1021), wird zum Heiligen, und so ziehen ihn spätere Geschichtsschreiber als Gründer des Stifts vor. Heribert hatte ein Benediktinerkloster in Deutz, Köln gegenüber, gegründet, das bald seinen Namen trägt. Hier hatte er seine

◁ *St. Aposteln, Choransicht von Nordosten*

Kraft, sein Vermögen investiert und sein Grab gefunden. Das Grab Pilgrims hat man im 17. Jh. und noch einmal 1956 inmitten der westlichen Vierung von St. Aposteln entdeckt. Sein Sarkophag aus rotem Sandstein steht heute vor der Südkonche des Kleeblattchors. Seine Gebeine, die man schon 1643 erhoben hatte, sind seit 1907 in einem neuen Sarkophag aus hellem Marmor in der Nordkonche untergebracht. Bei ihnen liegt auch noch die runde Bleischeibe, die Pilgrim als Fundator, Gründer der Kirche, bezeichnet. Ihre sorglose Schreibweise und fehlerhafte Datierung würde diesem Freund der mathematischen und musikalischen Theorie sicher keine Freude bereitet haben. Mit Vergnügen prüfte er das Wissen der Schüler der Domschule, deren Leiter Ragimbold mit seinem Kollegen in Lüttich einen Briefwechsel über geometrische Fragen führte. Pilgrim gab bei Abt Berno von der Reichenau einen ›Tonarius‹ in Auftrag. Dieser rühmte sein Bemühen, mathematische Spekulation und die Wiedergabe himmlischer Harmonie im Lobe Gottes im Gesang zu verbinden. Solche Überlegungen sind auch immer wieder auf Architektur übertragen worden. An Pilgrims Bau von St. Aposteln, der noch die Grundmaße der heutigen Kirche bestimmt, spürt man dies noch immer. Nachweisen läßt es sich für den Grundriß, der das Quadrat der Vierung als Grundeinheit nimmt. Auf welche Art ›himmlische Harmonie‹ in der weiteren Konzeption und Ausführung des Baus zu spüren war, läßt sich vielleicht einmal feststellen, wenn die Rekonstruktion des pilgrimschen Baus noch weiter präzisiert worden ist.

Das Schiff des salischen Baus ist mit den Seitenschiffen unter der spätromanischen Überformung des frühen 13. Jh. noch gut zu erkennen. Sieht man ein wenig genauer hin, entdeckt man, daß vor die Pfeiler des Schiffs eine zweite Mauerschicht gelegt worden ist. Sie nimmt die Wandgliederung auf, die dann – nach den Chorgewölben von St. Gereon – die erste große Einwölbung eines Kirchenschiffs in Köln trägt. Im Schiff wechseln, Vorspiel zur spätromanischen jochweisen Zusammenfassung, kreuzförmige Hauptpfeiler mit einfachen rechteckigen Stützen. Da aber schon die Fensterreihe des Obergadens darüber keine Rücksicht auf diese Gliederung nimmt, wurde keine Zusammenfassung in räumliche Einheiten wie im 13. Jh. erreicht. Die gleichmäßige, unabhängige Reihung der Fenster ist außen an der Südseite des Schiffs noch gut zu erkennen.

Die Wände des Schiffs haben etwa die gleiche Höhe erreicht wie heute. Nach St. Pantaleon und dem noch größeren Dom errichtete Pilgrim an der Stelle des erwähnten kleinen und bescheidenen Kirchleins den drittgrößten Bau Kölns mit einer Länge von 64 m. Doppelchörig – zu dieser Zeit nichts Ungewöhnliches – mit dem Hauptchor im Westen. Damit folgte er wie mit dem durchgehenden Querhaus dem Vorbild von Alt-St. Peter in Rom.

Über dem Ansatz der staufischen Gewölbe ist sogar noch ein Teil des Mäanderfrieses, in leuchtenden Farben gehalten, zu sehen gewesen. Er bildete den Abschluß der Wand unter der hölzernen Flachdecke, über deren Gestaltung wir nichts wissen. Aber der Raum muß einen klareren, steileren Eindruck als heute gemacht haben. Ähnliches spürt man heute noch in der Ruine des Klosters Limburg an der Hardt, des Hausklosters der salischen Dynastie, obwohl dort die Form der Säulenbasilika gewählt wurde. Pilgrims St. Aposteln wendet sich dagegen in anderer Weise mehr noch als Limburg an der Hardt spätantiken, frühchristlichen Vorbildern zu. Wie bei Alt-St. Peter in Rom errichtete man ein durchlaufendes westliches Querhaus, ohne durch einen Mauerbogen die Vierung abzugrenzen. In ihr wurde – wie in St. Peter das Grab des Apostelfürsten – das Grab Pilgrims angelegt. Nach Westen schloß gegenüber der Vierung, ähnlich dem heutigen Erscheinungsbild, das die Orgel fast verdeckt, ein quadratischer Chor an. Bei den Grabungen nach dem letzten Krieg hat man mit den Spuren der spätromanischen Krypta auch die Ostwand der salischen Krypta wieder freigelegt. Die Zugänge lagen zur salischen Zeit allerdings anders. Links und rechts neben dem Westchor waren Chorwinkelräume errichtet. Ein Durchgang bot zugleich einen seitlichen Abstieg in die Krypta auf beiden Seiten. Über diesen Durchgängen öffnete sich eine hohe Arkade in den Chorwinkelbau. Auf der Nordseite hat man bei Restaurierungsarbeiten 1982 diese Öffnung im Mauerwerk angedeutet.

Den östlichen Abschluß des Pilgrimbaus hat man erst vor einigen Jahren präzisieren können. Ohne großen Aufwand hatte man das Schiff mit einem Rechteckchor geschlossen. Diese Linie zieht jetzt das kleine Mäuerchen nach, das den Altarraum abgrenzt. Über die äußere Gestalt des Pilgrimbaus wissen wir wenig. Trugen die Chorwinkelbauten Türme? Das ältere Siegel des Stifts St. Aposteln, das noch bis 1200 in Gebrauch war, deutet zwei Türme an. Außerdem ist ein reich gegliederter Dachreiter, Architektur in Holz, zu sehen. Vergleichbare Aufbauten besaßen auch St. Caecilien und der Vorgängerbau von Groß St. Martin.

St. Aposteln, Siegel mit Darstellung der Kirche vor 1172

Die spätromanische Runderneuerung

Aber zu der Zeit, in der das Siegel im Gebrauch nachgewiesen ist, erstmals 1173, wird schon längst der neue **Westturm** errichtet. Er ist der erste einschneidende Eingriff in den salischen Baubestand. Die letzten Eingriffe erfolgten im späten 19. Jh. Damals erhielt das außen noch fast unveränderte westliche Querhaus im Untergeschoß eine saubere Verblendung mit weitgespannten Bögen über schmalen Mauerwerkstreifen. Auch die Giebel der Querhäuser wurden damals aufgeführt. Das Erscheinungsbild wurde bereinigt, die Spuren einer großen Vergangenheit gingen unter.

Mit dem Bau des großen, fast 67 m hohen Westturms beginnen die Umgestaltungsarbeiten, die sich fast bis in die Mitte des 13. Jh. hinziehen werden. Zwar ist das Stift, das lange vor den Toren der Stadt Zentrum eines kleinen Vorortes war, seit 1106 nun in die Stadtbefestigung einbezogen, aber immer noch betont man zuerst die archi-

St. Aposteln, Grundriß
1 Vierzehn Nothelfer
2 Marienaltar
3 Hl. Christophorus
4 Apostel Petrus
5 Apostel Paulus
6 St. Michael (O. Mengelberg)
7 Ecce Homo (Tilman van der Burch)
8 St. Georg
9 Grab Erzbischof Pilgrims
10 Apostelretabel

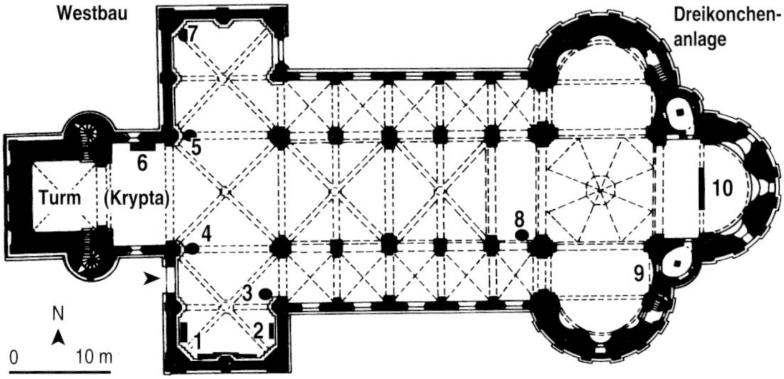

tektonische Wirkung nach Westen. Und noch heute, wenn man wie vor Jahrhunderten über die Aachener Straße, asphaltierte Nachfolge römischer Straßenbaukunst, ins Stadtzentrum fährt, ist der Turm von St. Aposteln ein weithin wirkendes Merkzeichen. Das war Absicht.

Den Westchor des Pilgrimbaus reißt man zu zwei Dritteln ab. Auch die Chorwinkelbauten verschwinden. Die Türen und Arkaden darüber werden vermauert. Der neue Turm, über einer neuen nach Osten verlängerten Krypta, setzt mit einem kleinen Zwischenjoch an das Westquerhaus an. Im Untergeschoß hat man offensichtlich teils aus dem Abbruch stammendes Bruchsteinmauerwerk wiederverwandt. Nur die Rundbogengliederung über dem hohen, abgestuften Sockel ist aus Trachyt errichtet. Dicht unter dem Gesims des ersten Geschosses ist der Abguß einer *Skulptur* des *Apostels Paulus* angebracht, deren Original heute in der Pastor-Könn-Halle auf der Südseite der Kirche aufgestellt ist. In den Händen trägt sie eine Tafel mit der Inschrift S(anctus) PAUL(us) AP(ostolus). Mit den dichten, flachen Falten des Gewandes und mit der trotz des breitbeinigen Sitzens schlanken Gestalt gehört die Skulptur in die fruchtbare Zeit der Kölner Bildhauerei um 1160/80. Das dürfte auch ein guter Hinweis auf die Bauzeit des Turmes sein.

Erst im dritten Geschoß werden die beiden halbrunden *Treppentürme* mit einem halben Kegeldach abgeschlossen. Hier wirkt noch immer das karolingische Vorbild der Westwerkanlagen nach. Die Gliederung der jeweils mit einem kräftigen Gesims gegeneinander abgesetzten Geschosse wird erst mit dem letzten Geschoß und den Giebeln reicher. Allerdings ist der offene Sechspaß in der Spitze der Giebel erst von Heinrich Nagelschmidt Ende des 19. Jh. an die Stelle einer flachen, kreisförmigen Eintiefung gesetzt worden. Das Giebelgeschoß tritt, durch einen Rundbogenfries getragen, über das darunterliegende Geschoß hervor. Das heute flache Rautendach, mit Schiefer statt des ursprünglichen Bleis gedeckt, war bis zum Beginn des 19. Jh. gefaltet. In dieser Lebendigkeit, mit kupfervergoldeten Kugeln auf den Giebelspitzen, entsprach es in seiner Bewegtheit den

Faltdächern der Flankentürme des Klettblattchors.

Diese Feststellungen haben immer vermuten lassen, daß das letzte Geschoß erst nachträglich aufgesetzt worden ist. Zumindest ist es in seiner ursprünglichen reicheren Gestalt – die hoffentlich wiederhergestellt wird – im Blick von Osten, im Zusammenklang mit dem Kleeblattchor dessen perfekte Ergänzung. Entweder hatte man beim Bau des Turms schon an einen neuen Chor gedacht, oder man hat beim Bau des Kleeblattchors bald gesehen, daß am Westturm eine Ergänzung notwendig war.

Der Kleeblattchor

Wenn man Ende des 12. Jh. schon an einen Neubau des Ostchors gedacht hatte, dann hatte diese Nachricht den Zisterziensermönch Caesarius von Heisterbach noch nicht erreicht. Es erregte seine deutlich ausgesprochene Verwunderung, daß bei einem Brand, der weite Teile Kölns erfaßte, sich die Schar der Apostel auf Fürbitte der Besitzerin mehr um die Erhaltung eines Brauhauses sorgte als um den Bestand der ihnen geweihten Kirche. Zumindest die nach den Löscharbeiten sicherlich durstigen Kölner werden die Sachlage anders beurteilt haben. Auch der Architekturhistoriker hat da mehr Verständnis für die Einstellung der Apostel. Der Brand, der sich zufolge einer Fülle widersprüchlicher Quellen, die von ihm berichten, nicht genau datieren läßt, ist eine der Ursachen für den Neubau des bis dahin bescheidenen Ostchors der doppelchörigen Anlage Pilgrims. Der Kleeblattchor, der nun entsteht, ist eine der großen Leistungen der romanischen Architektur in Köln.

Damit wurde der Entwicklung der Stadt Rechnung getragen. Die schon im 10. Jh. nachweisbare Vorstadt vor der Römermauer war 1106 in die Kölner Befestigung einbezogen worden. Nun begann man seit 1180 die große romanische Stadtmauer zu errichten, und die römische Stadtmauer wurde endgültig zur Immunitätsgrenze degradiert. Der Neumarkt, mit einer hohen Windmühle im Zentrum, war zu einem zweiten Handelszentrum geworden, das sich neben Alter Markt und Rheinufer durchsetzte. Außerdem hatte sich die Liturgie gewandelt. Ein Westchor, nach dem Vorbild von Alt-St. Peter, war nicht mehr gefragt. In Deutschland ist der Mainzer Dom als das einzige gewichtige Beispiel für einen westlichen Hauptchor bis heute erhalten geblieben. An vielen anderen Stellen folgte man irgendwann den neuen Modetrends der Liturgie.

St. Aposteln, Apostel Paulus unter dem Gesims des ersten Geschosses des Westturms (Original in der Pastor-Könn-Halle)

Daß der Brand nur noch das letzte auslösende Moment war, belegt auch die schöne Anekdote vom reichen Zolleinnehmer Karl, die ebenfalls von Caesarius von Heisterbach notiert worden ist. Um beim Abwiegen seiner Sündenlast beim Jüngsten Gericht ein solides Gegengewicht ins Feld führen zu können, schenkte er dem Stift St. Aposteln eine ganze Ladung Ankersteine. Sein erst einmal vor der Kirche abgeladenes Geschenk begründet er damit: »Aliqua die reno-

Marktszene vor dem Chor von St. Aposteln. Gemälde von G.A. Berckheyde, Mitte 17. Jh., Kölnisches Stadtmuseum

vanda est ecclesia ista«, daß die Kirche doch irgendwann erneuert werden müsse. Und auch Caesarius ist der Meinung, daß die Steine dann bei der Erweiterung der Kirche in die Fundamente gewandert seien. Das sind dann wohl die Bruchstücke von Basaltsäulen, die man in den Fundamenten des Kleeblattchors festgestellt hat.

Der Entschluß zum Neubau des **Chors** scheint rasch gefaßt gewesen zu sein. Wilhelm Ewald hat noch teils die gleichen Steinmetzzeichen am Westturm wie am Trikonchos feststellen können. Man behielt also offensichtlich die gleichen Arbeitskräfte bei. Und was nun entsteht, als dritte der Trikonchos-Anlagen in Köln nach St. Maria im Kapitol und nach Groß St. Martin, ist vom Neumarkt aus, selbst heute noch, eine der schönsten Architekturansichten der Stadt (Abb. Umschlagvorderseite).

Die Datierung und Reihenfolge der Kleebattchöre von Groß St. Martin und St. Aposteln ist lange umstritten gewesen. Erst die Zerstörungen des letzten Krieges haben hier die eingehenden und klärenden Bauuntersuchungen möglich gemacht, die Walther Zimmermann und Karl Heinz Esser publizierten. Ähnlich haben später die Untersuchungen und Grabungen Leo Schäfers und Albrecht Manns die Geschichte des Pilgrimbaus im Westen geklärt. Seit diesen Untersuchungen, die durch die eindringliche Architekturanalyse Werner Meyer-Barkhausens noch gestützt wurden, gilt Groß St. Martin als Vorgänger und Vorbild für die Kleeblattchoranlage von St. Aposteln.

Ganz so einfach ist die Sachlage für die Zeitgenossen sicher nicht gewesen. Hans Vogts hat für das staufische Köln achtundzwanzig Neubauten von Kirchen, vier durchgreifende Umbauten und zwei Erweiterungen gezählt. Dazu kommt eine Fülle von Stifts- und Klostergebäuden, die entsprechend aufwendigen Bauten der Bürger und schließlich das immense Bauprogramm der Stadtmauer mit ihren großen Toranlagen. Und meist werden es Kölner Architekten sein, die ringsum im Rheinland, in Neuss oder in Bonn, am Mittelrhein oder am Niederrhein, die neuen Kirchenbauten aufführen. Die Diskussion unter den Fachleuten und auch unter den Bauherren kann nie an Stoffmangel gelitten haben. Jeder hatte dabei einen aufmerksamen Blick auf das, was die Kollegen planten oder in Auftrag gaben.

Mit einem Marienaltar als Zentrum des neuen Trikonchos bleibt das Thema des ältesten Kölner Vorbildes, St. Maria am Kapitol, in Erinnerung. Hier hatte man bewußt auf das architektonische Vorbild der Geburtskirche in Bethlehem zurückgegriffen. Mit der aufblühenden Marienverehrung des hohen Mittelalters mag diese Bedeutung des Vorbildes auch den Kanonikern von St. Aposteln vor Augen gestanden haben.

Die geradezu klassische Ausgewogenheit der Architektur des Kleeblattchors, die vom Neumarkt aus immer wieder beeindruckt, ist sicher mit bedingt durch die vom Pilgrimbau übernommenen Grundmaße. Sie ist aber auch Zeichen einer ausgereiften Architektur. Jahrzehnte an Entwicklung gingen voraus. Wohl nach einem

Théodore Fourmois, St. Aposteln, Ansicht von Osten, Lithographie um 1850, Kölnisches Stadt-museum

Brand des Jahres 1150 hatte man den Kleeblattchor von Groß St. Martin begonnen. 1172 wird er geweiht. In den gleichen Jahren ist auch die neue Ostapsis des Langchors von St. Gereon im Bau. Sie stellt eine Zwischenstufe dar.

Das Problem des Architekten beim Entwurf einer Apsis beginnt in dem Moment, wo er versucht, zwischen Innen und Außen eine Beziehung der Gliederung herzustellen. Der innere Radius der Apsis ist – je nach Stärke des Mauerwerks – wesentlich kleiner als der äußere. Somit steht innen erheblich weniger Mauerfläche zur Verfügung als außen. Das macht sich schon im Untergeschoß bemerkbar.

Die sieben mit Rundbögen verbundenen Lisenen des Untergeschosses sind an Groß St. Martin oder St. Aposteln eine ausgewogene äußere Gliederung. Im Inneren von Groß St. Martin – ähnlich in der Apsis von St. Gereon – folgen den äußeren Gliederungen sieben tiefe, schmale Nischen. So entsprechen sich zwar Innen und Außen, was bei keiner früheren Apsis erscheint, aber der optische Eindruck ist ein völlig anderer. In St. Aposteln treten drei weit ausschwingende Nischen an die Stelle von sieben Nischen in Groß St. Martin – ruhiges Gleichmaß statt steiler Reihung. Im Obergeschoß ist das Phänomen der unterschiedlichen Wandflächen, die dem Architekten zur Verfügung stehen, noch ausgeprägter. Hier wird sein Raum durch die Flächen der Fenster, die innen und außen gleich sind, auf der Innenseite noch mehr beschnitten. Das hat in Groß St. Martin, wo der Architekt die gleiche Zahl von Bogenstellungen beibehalten wollte, zu einem reizvollen Rhythmus enger und weiter Bögen innen geführt.

Schon bei St. Gereon hat man sich etwas Geschickteres einfallen lassen: Außen wird eine etwa gleiche Breite der Fensterrahmungen und der Bögen, die die glatte Wandfläche rahmen, durch Abstufung des Fenstergewändes mit eingestellten Säulen erreicht. Sie wirken dadurch erheblich breiter als die eigentliche Fensterfläche, die allein innen in Erscheinung tritt. Sie ist hier aber trotz dieser Hilfsmittel immer noch merklich breiter als die von Säulen gerahmten Nischen, die mit ihren Fresken von Märtyrerheiligen hier die Zwischenräume füllen. Dem Auge fällt das aber kaum noch auf. Die Verschleierungstaktik des Architekten ist gelungen.

Diese Überlegungen machte sich der Architekt von St. Aposteln für seine Apsidenlösung am Trikonchos zunutze. Er konnte bei einem so weiten Raum weder aus technischen noch aus ästhetischen Gründen auf einen Laufgang vor den Fenstern im Obergeschoß verzichten. Dieser macht eine leichte Kontrolle des Bauzustands möglich und gibt dem Raum einen wesentlichen Teil seiner Lebendigkeit mit wechselnden Überschneidungen und Durchblicken. Außen wiederholt der Architekt die Lösung von St. Gereon: ein mehrfach gestuftes Gewände, teils mit eingestellten Säulen. Innen verzichtet er auf die zahlengleiche Wiederholung der äußeren Gliederung. Statt dessen wird im Untergeschoß wie im Obergeschoß mit seinem Laufgang die Tiefe der Wand mit je drei Nischen geöffnet. Die Wand, schon dreifach im Trikonchos gerundet, wird noch einmal dreifach in Rundungen bewegt, denen die kräftigen Vertikalen der Vierungspfeiler und der Wände der Tonnengewölbe zwischen den Apsiden gegenüberstehen.

Vor dem Laufgang im Obergeschoß werden nun die Säulen, die in Groß St. Martin noch mit engen Abständen nebeneinander gestellt werden, paarweise mit einem Pfeiler verbunden. Dieser dient als Begrenzung der Fensternische und tritt deutlich als Wandstück der zweiten Wandschale der immer wieder zitierten Zweischaligkeit auf. Daß man hier zwei kleine Säulen an den Pfeiler setzt, ist das letzte

St. Aposteln. Choranlage, 1948

Zeichen, die letzte Spur der aufgegebenen Konzeption, innere und äußere Gliederung der Apsiden zur Übereinstimmung zu bringen. Eine Säule, die dann auch größer hätte sein können, wäre vielleicht eine noch eindrucksvollere Lösung gewesen.

Auch der Anschluß des Trikonchos an das Schiff zeigt offensichtliches Experimentieren. Oberhalb der Öffnungen vom Trikonchos zu den Seitenschiffen sind unterhalb des Ansatzes der Tonnengewölbe je zwei Laufgänge eingeschaltet. Auf der Nordseite werden die beiden Laufgänge mit drei hohen Arkaden unten und fünf niedrigen oben versehen. Auf der Südseite wird der Höhenunterschied der beiden Geschosse geringer, und am unteren Laufgang treten bereits vier den fünf Arkaden oben gegenüber. Erst im Osten, wo jeweils zwei Konchen aneinanderstoßen, wird die endgültige Lösung erreicht. Bei gleicher Höhe der beiden Laufgänge mit je vier Arkaden werden unten die Bögen von kantigen Pfeilern getragen. Oben treten je zwei Doppelsäulen dazwischen. Damit wird das ausgewogene Gleichmaß erreicht, das die Konzeption des Trikonchos von St. Aposteln auch sonst auszeichnet. Die Vierungspfeiler und die weiten Triumphbögen leiten zur zentralen Kuppel mit ihrem achtseitigen Klostergewölbe über. Zwischen den Bögen sind Trompen (trichterförmige Gewölbekappen) eingeschoben, um vom Viereck zum Achteck überzuleiten. Über einem kräftigen Gesims werden noch einmal Fenster geöffnet, und eine kleine Laterne gibt Licht für diesen zentralen Raum des so gestaffelten Kleeblattchors. Innen wirkt er wie außen fast als Zentralbau, ein Bild, das man immer als ausgewogen und klassisch empfunden hat. Auf seine Weise vermag auch hier der Einfluß der Antike, den man besonders in der Plastik um 1200 immer wieder spüren kann, Ausdruck gefunden haben.

Details betonen die Geschlossenheit des Entwurfs. Die beiden östlichen Treppentürme werden, mehr queroval als rund, im Bereich der Konchen mit Wandgliederung, Plattenfries und Zwerggalerie in das Schwingen der Apsiden einbezogen. Die Giebel über den Apsiden, mit gestaffelten Nischen wohl für längst verlorene Skulpturen, werden in den kleinen Giebeln der Türmchen aufgegriffen. Dem Achteck der Türmchen in ihren oberen drei Geschossen entspricht wieder das Achteck des Vierungsturms und der zierlichen Laterne. Von Osten her gesehen betont der weit entfernt stehende Westturm, den Kleeblattchor weit überragend, noch zusätzlich den Eindruck des Zentralbaus. So ausgewogen der Kleeblattchor auch wirkt – konstruktiv und statisch reicht das reine Mauerwerk nicht zur Sicherung des Bestands aus. Das Gewölbe über der Vierung übt einen solchen Druck aus, daß bereits der mittelalterliche Architekt mit einem hölzernen Ringanker im Boden der Zwerggalerie des Vierungsturms arbeitete. Hilfsmittel, die in Stahl heute wieder aufgegriffen werden.

Außen ist auf der östlichen Konche neben einer Nische mit dem Abguß einer gotischen Marienfigur (um 1500, Original in der Pastor-Könn-Halle) eine sauber vermauerte Tür zu erkennen. Dahinter führt eine kurze Treppe zum Laufgang hinter den Fenstern des Obergeschosses nach innen. Die Legende möchte gerne, daß sie entweder von Pilgrim oder von Heribert benutzt worden sei, um über die römische Mauer zum nächtlichen Gebet in die Kirche zu gelangen. Daß dem schon die Baugeschichte widerspricht, bringt uns einer Lösung der Frage, wozu die Tür dann diente, keinen Schritt näher. Immerhin hilft sie den Archäologen, die überzeugt sind, daß man die Tür von der nahe gelegenen Römermauer aus benutzte. Sie bestimmen mit der Schwellenhöhe der Tür die Höhe der römischen Stadtmauer (um 1200) auf 7,80 m, wovon heute gut zwei Meter unter dem Straßenniveau liegen.

Alberos Gewölbe

Nach dem Neubau von Westturm und Kleeblattchor waren Schiff und westliches Querhaus immer noch in den Formen des frühen 11. Jh. stehengeblieben. Das ließ die Stiftskanoniker und offensichtlich auch fromme Stifter nicht ruhen. Ihrem Eifer verdanken wir den einzigen Anhalt für eine Datierung all dieser Bauarbeiten. Vor dem ganzen Trubel, den die Arbeiten am Schiff nun mit sich bringen würden, sollten die an verschiedenen Stellen in der Kirche untergebrachten und verehrten Reliquien sicher verwahrt werden. Eine kleine Urkunde, heute im Historischen Archiv, berichtet davon, daß Reliquien der 11 000 Jungfrauen zusammen mit anderen nun im Schrein untergebracht würden. Das geschieht zu der Zeit, im März 1219, als die Kirche eingewölbt wird, »Alberone laico viro religioso cum multa solicitudine hoc procurante«. Die Urkunde trägt das Siegel des Dechanten Gottfried von Binsfeld, der sich so etwas distanziert lobend darüber ausläßt, daß der fromme Laie Albero mit viel Mühe dafür sorgt. Wofür? Hier beginnen sich bereits die Meinungen zu trennen. Für die Einwölbung oder für die Unterbringung der Reliquien, um die es in der Urkunde doch geht? Hat Albero den Schrein gestiftet oder gemacht, hat er die Gewölbe finanziert oder sollte er der Architekt gewesen sein? Aber dann hätte Albero wohl auf dem Titel eines Magisters bestanden, wie ihn zu dieser Zeit z. B. Wolbero in Neuss in Anspruch nimmt. Günther Binding hat wahrscheinlich gemacht, daß Albero als Bauverwalter des Stifts tätig war. Wir haben damit einen Anhaltspunkt für die Datierung der Arbeiten an der Einwölbung des Schiffs. Vor diesen Arbeiten bringt man die Reliquien in Sicherheit. Das Schiff hatte noch die Gestalt des 11. Jh., flach gedeckt und mit einer gleichmäßigen Reihe von Fenstern im Obergaden, die nicht auf die Pfeiler im Schiff ausgerichtet waren. Auf der Südseite des Schiffs sind die Fensterlaibungen des 11. Jh. noch gut sichtbar. An ihnen erkennt man auch, wie die neuen Fenster des frühen 13. Jh. durch die Joche nun paarweise zusammengefaßt werden. Dabei griff man die Vorgaben des alten Mauerwerks auf. Vor die alten Pfeiler wurde eine dünne zusätzliche Mauerschicht gesetzt, die nicht die alte Arkade nachzieht, sondern erst etwas höher ihren

St. Aposteln, Mittelschiffnordwand

St. Aposteln, Blick von Nordosten in die Vierung

Bogen schlägt. Eine etwas seltsame Stufe entsteht dadurch. Aber das ist auch die einzige Ungeschicklichkeit. Ein kleinteiliger Rundbogenfries trägt darüber ein Gesims, auf dem sich ein Blendtriforium schon der neuen Gliederung in Joche unter den sechsteiligen Gewölben anpaßt.

Mit allerdings geänderter Konzeption werden – wohl nach einer Erholungspause für die Baukasse und mit einem neuen Baumeister – die Arbeiten im westlichen Querhaus fortgesetzt. Auch hier handelt es sich nur um eine Umgestaltung des salischen Baus, der schon durch den Bau des Westturms verändert worden war. Als vereinheitlichendes Gliederungselement wird das von einem Rundbogenfries getragene Gesims des **Schiffs** durchgezogen. Spitz gebrochene Bögen und eine reiche Gliederung der Wände, die den siebenteiligen Gewölben der Querhausquadrate entsprechen, formen den Raum. Im Untergeschoß werden die Blendbögen dreifach gestuft. Im Obergeschoß wird auf das Blendtriforium, wie es im Schiff erscheint, verzichtet. Das macht es dem Architekten möglich, die Fenster zu verbreitern und tiefer herabzuziehen. Ihre abgeschrägte Sohlbank setzt tief unter der Zone der Kapitelle an, auf denen die Rippen ruhen. An einer größeren Fülle von Licht spürt man noch heute den Erfolg der neuen Planung. Hier, in der westlichen Vierung, lag immer noch das Grab des Gründers, des Erzbischofs Pilgrim. Die hohen Ansätze der Basen der Vierungspfeiler zeigen noch heute an, daß das Bodenniveau der Vierung bis ins 17. Jh. höher lag. Der Kölner Gelehrte Aegidius Gelenius, dem wir manche wichtige Nachricht über die Kölner Kirchen verdanken, war selbst bei den Abbrucharbeiten dabei. Man hatte die Anlage rings um das Monument für Pilgrim mit Mauern und Mäuerchen, Altären und Kapellchen, die im Laufe der Jahrhunderte gewachsen war, als eng, dunkel und störend empfunden. Die Enttäuschung war groß, als man das Monument öffnete und es leer fand. Erst in Mannestiefe darunter stieß man auf den eigentlichen Sarkophag Pilgrims und öffnete ihn. In einem neuen, barocken Monument wurden seine Gebeine danach untergebracht. Heute stehen sie in einem *Marmorsarkophag* der Jahrhundertwende in der *Nordkonche*, und der *alte Sarkophag* aus rotem Sandstein steht – wie gesagt – außen vor der *Südkonche*.

Bei diesen Arbeiten 1643/44 beseitigte man damit rings um das Monument für den Gründer Pilgrim den Apostelchor, schlug die Kryptagewölbe ein und schüttete den Raum zu, um in die Westwand des Turms einen Doppeleingang einbrechen zu können. Statt der zwei Zentren in den beiden Chören entstand nun eine nach Osten ausgerichtete Längsachse. Dazu weißte man den Innenraum und baute neue Altäre ein. Trotz dieses brutalen Vorgehens können wir wiederum froh sein, daß kein Geld für einen völlig neuen Bau vorhanden war. Auch diese barocke Umgestaltung hatte keinen Bestand. Ende des 18. Jh. wurden neue Altäre errichtet. Vom Hochaltar, der bis zum Beginn unseres Jahrhunderts erhalten blieb, sind noch einige Apostelfiguren zu sehen.

Das Grab der Richmodis

Die große Verwandlung der romanischen Kirchen, die wir sonst gerne den Folgen der Säkularisation, der Aufhebung der Klöster und Stifte im Jahr 1802, zuschreiben, setzt hier schon vorher ein. Das Wirken der Aufklärung, dank dessen die Säkularisation so wider-

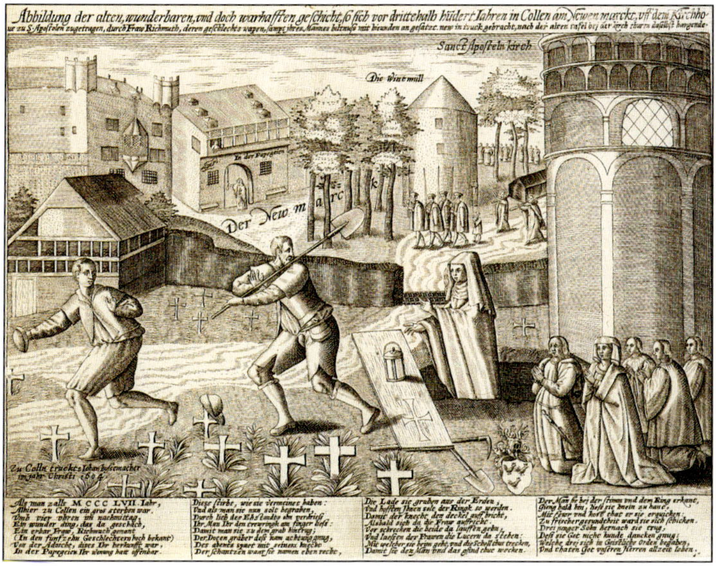

Richmodis-Sage. Kupferstich, 17. Jh., Kölnisches Stadtmuseum

spruchslos zu vollziehen war, hatte an St. Aposteln schon vorher Spuren hinterlassen. 1786 wurde an der Nordseite des Schiffs der fast quadratische Saal abgebrochen, den die Pfarrgemeinde lange für den Wortgottesdienst benutzt hatte. Nun wurde der gesamte Gottesdienst vor dem Katharinenaltar in der Nordkonche gefeiert. Das allein wäre noch nichts Ungewöhnliches gewesen. Östlich der Halle lag der Friedhof der Gemeinde, der uns nachher in der Geschichte von Richmodis von Aducht wieder begegnen wird. Er wurde zum Neumarkt hin durch die römische Stadtmauer begrenzt. Mit Halle und Friedhof war die Zufahrt von der Apostelnstraße zum Neumarkt blockiert. Fuhrwerke mußten einen weiten Umweg fahren. Jetzt entschloß man sich, den Friedhof aufzuheben, den Saal durch eine kleine Vorhalle zu ersetzen und erstmals seit Jahrhunderten eine neue Straße anzulegen. Kommende Zeiten zeichneten sich ab.

Mit dem Friedhof verschwand auch der Schauplatz einer der berühmtesten Kölner Sagen. Hier hatte *Richmodis von Aducht* ihr Grab gefunden. Plötzlichen Todes während einer Epidemie gestorben, war sie schleunigst begraben worden, und man hatte übersehen, daß die junge Frau nur scheintot war. Der Totengräber aber hatte ihren Schmuck, den man ihr mitgegeben hatte, nicht übersehen. Nachts kehrte er zurück. Als er den Sarg öffnet, richtet sich die Tote auf – der unfreiwillige Retter ergreift die Flucht. Richmodis eilt nach Hause und klopft – es waren unsichere Zeiten wie heute – an das verschlossene Tor. Als man ihrem Gemahl die Nachricht bringt, zu nächtlicher Stunde sicher etwas zitternd, seine Frau bäte um Einlaß, ruft er aus: »Eher laufen meine beiden Pferde die Treppe hoch in den

Turm, als daß meine Frau da draußen steht!« – und hört zu seiner Freude (oder seinem Schrecken?) die Pferde die Treppe hinauftraben. Die so Gerettete soll ihrem Gemahl noch drei Söhne geboren haben, die allesamt Geistliche wurden. Zwei *Pferdeköpfe* an einem *Treppenturm* in der Richmodstraße am Neumarkt erinnern angeblich an diese Geschichte. Sie sind als Wappenzeichen der Familie Hackeney, deren fast fürstlicher Sitz dieser Hof am Neumarkt war, entstanden und später zur Erinnerung an Richmodis von Aducht genutzt worden.

In den zwanziger Jahren des 19. Jh. verschwanden die neue Vorhalle und die viel besuchte Nothelferkapelle. Ein Jahrzehnt später gingen Kreuzgang und Kapitelsaal unter, die Sakristei auf der Südseite des Kleeblattchors wurde abgerissen und mit ihr der letzte Rest der römischen Stadtmauer im Bereich von St. Aposteln. Nur die Kirche selbst blieb. Aber sie blieb nicht unverändert. Bis heute ist eine Fülle von Restaurierungsarbeiten über den Bau hinweggegangen. Mehrfach sind die Eingänge verlegt worden. Ende des 19. Jh. hat man die Gewölbe, die zu Beginn des 19. Jh. in Holz ersetzt worden waren, in Stein erneuert. Im gleichen Durchgang hat man einen großen Teil der alten Außenhaut des Mauerwerks ersetzt und dabei auch das westliche Querhaus, das ursprünglich fast glatte Wände aufwies, im Streben nach Harmonie mit Lisenen und Rundbögen versehen.

Die Ausstattung

Den eigentlichen Triumph des Historismus in seiner letzten Phase aber erlebte das Innere. Unter Pfarrer August Savels (1888–1915) entstand eine Ausstattung mit *Mosaiken* nach Entwürfen von Friedrich Stommel in den Gewölben und auf den Wänden, die an Reichtum weithin ihresgleichen suchte. Aber nur auf der Nordseite des Westquerschiffs ist ein Mosaikfeld mit der Darstellung des Guten Hirten erhalten. Pfarrer Savels hatte es von seiner Gemeinde als Stiftung zum goldenen Priesterjubiläum erhalten. Alles andere (und vieles wäre noch zu retten gewesen) hat man bei der günstigen Gelegenheit des Wiederaufbaus nach dem letzten Krieg untergehen lassen. Es ist immer das Geschick von Ausstattungen, daß sie der jeweils nächsten Generation mißfallen und dann meist auch zum Opfer fallen. Das belebt die Wirtschaft, und den nachfolgenden Kunsthistorikergenerationen werden so ständig neue ergiebige Dissertationsthemen geliefert.

Heute steht man fast ratlos vor den Problemen einer neuen Ausstattung. Ein erster Versuch ist im Kleeblattchor unternommen worden. Der Kölner Bildhauer Sepp Hürten hat den Altarbereich neu gestaltet. Es entstand ein zierlicher Altar unter Verwendung romanischer Säulchen. Darüber greift ein Leuchter mit eucharistischer Taube mittelalterliche Vorbilder auf. Der Versuch wurde durch den

Beginn einer Ausmalung des Gewölbes nach Entwürfen von Willy Weyres und Manfred Ott ergänzt. Vorsichtig abgedeckt, hat sich nun eine neue Konzeption ausgebreitet. Die 1993 vollendete Ausmalung des Kleeblattchors durch Hermann Gottfried geht vom Thema der Kirche in der Offenbarung des Johannes aus. In der künstlerischen Auseinandersetzung mit einer mächtigen Architektur findet hier einer der interessantesten, aber auch umstrittensten Beiträge in der heftigen Diskussion zur Gestaltung der romanischen Kirchen statt.

Von den Ausstattungen vergangener Jahrhunderte blieben nur Einzelstücke erhalten. Manche sind von hoher Qualität. Zum Kirchenschatz gehört dabei ein *Kelch* des frühen 13. Jh., aus der Blüte der staufischen Bauzeit, der mit einer gravierten Reihe der Apostel auf der Kuppa den Titel der Kirche aufgreift. Die Sage schreibt ihn dem hl. Heribert als legendärem Gründer des Stifts zu. Die gestanzten Medaillons auf dem Fuß mit den Szenen von Verkündigung, Geburt, Kreuzigung und den Frauen am Grabe sind von noch weiteren Exemplaren an anderen Kelchen bekannt. Ein Beispiel für die ›ars multiplicata‹ des hohen Mittelalters. Das elegante Filigran des Nodus erinnert an die Knäufe des Anno-Schreins in Siegburg. Zum Kelch gehört die Patene mit der Darstellung Christi als Richter des Jüngsten Gerichts. Aus derselben Zeit stammt auch das erhaltene *Typar des Stiftssiegels*. Spitzoval zeigt es Maria inmitten der zwölf Apostel.

Später, um 1330, sind die *Skulpturen der zwölf Apostel* entstanden. Man spürt noch die Verwandtschaft mit den Steinskulpturen des Domchors, auch wenn mehr als eine Generation Abstand dazwischen liegt. Ohne Spuren der einstigen farbigen Fassung verraten sie auch nicht mehr ihre ursprüngliche Bestimmung. Für den Schmuck eines Chorgestühls erscheinen sie fast zu zierlich. Eher könnte man sie sich als Teil eines Flügelaltars, wie des Klarenaltars im Dom, vorstellen. Seit 1988 sind sie als Apostel-Retabel, entworfen von Paul Nagel, hinter dem Hauptaltar aufgestellt.

Spätmittelalterlich sind die Skulpturen Christi als *Schmerzensmann* (um 1500) aus der Werkstatt des Meisters Tilman van der Burch und des höfisch-eleganten *St. Georg*, dem die Überwindung des Bösen mit der gleichen Leichtigkeit gelingt wie seinem etwas älteren Gegenstück, einem Erzengel Michael, in St. Andreas (um 1480).

Von sehr unterschiedlicher Qualität sind die *Vierzehn Nothelfer* aus der untergegangenen Nothelferkapelle. 16. bis 18. Jh. versammeln sich hier im südlichen Querschiffarm zu einem bunten Reigen. Vom Stolz der Pfarrgemeinde, die manches Mal um ihren Platz in der Stiftskirche kämpfen mußte, kündet noch das riesige Gemälde mit dem *Martyrium der Heiligen Katharina von Alexandria*. Der Kölner Maler Johann Wilhelm Pottgießer, ein Rubensschüler, hatte 1673 den Auftrag für 100 Reichstaler übernommen. Der ursprüngliche Standort des Katharinenaltars war die nördliche Konche des Kleeblattchors. Ein Pfarraltar wird zwar erstmals 1251 als »altare civium« – Altar der Bürger – erwähnt, aber die Seelsorge im neu ent-

St. Aposteln, Schmerzensmann aus der Werkstatt des Tilman van der Burch

St. Aposteln. Erzengel Michael, Gemälde von Otto Mengelberg, 1838/39

standenen Vorort vor den Mauern des römischen Köln war ja der Anlaß gewesen für den Bau der ersten kleinen Kapelle und schließlich die Gründung des Stifts. Die Organisation der Stiftsherren hatte längst Eigenleben entwickelt. Mit Chorgebet, Gottesdienst und Verwaltung ihrer Güter waren sie voll ausgelastet. Nur noch einer unter ihnen nahm die Aufgaben des Pfarrers wahr. Für den Wortgottesdienst der Pfarrer hatte man schließlich die Halle an der Nordseite erbaut. Nur noch für das eigentliche Meßopfer zog die Gemeinde zum Kreuzaltar in der Mitte des Schiffs. Auch das scheint die Stiftsherren belästigt zu haben. Ende des 15. Jh. muß der Pfarrgottesdienst wegen Bauarbeiten zum Katharinenaltar in die Nordkonche verlegt werden. Anschließend verweigert das Kapitel der Gemeinde die Rückkehr an die gewohnte Stelle. Ein Prozeß geht für die Gemeinde verloren. Sie zieht sich endgültig an den Katharinenaltar zurück und darf die Nordkonche 1582 sogar mit einem eisernen Gitter abtrennen.

Der Katharinenaltar war als Gegenstück zum Laurentiusaltar in der Südkonche entstanden. Hierfür hatte der Freiherr Johann Adolph von Wolff-Metternich 1643, im Rahmen der großen barokken Erneuerung, ein Altarbild mit der *Himmelfahrt Mariens* von der Hand Johann Hülsmanns gestiftet. Sein Thema ist dem Bild zum Schicksal geworden. Es ist heute als Leihgabe Teil des rekonstruierten Hauptaltars in St. Mariae Himmelfahrt, dessen ursprüngliche Ausstattung im letzten Krieg untergegangen ist.

Im Untergeschoß des Turms hängt ein Gemälde mit einer vorzüglichen Darstellung des *Erzengels Michael.* Es ist 1838/39 vom Kölner Maler Otto Mengelberg geschaffen worden und wurde sofort vom Kunstverein für die Rheinlande und Westfalen der Kirche St. Aposteln gestiftet. Das Bild ist eine der schönsten Kölner Arbeiten im Geiste der Nazarener.

Im Zuge des Wiederaufbaus wurde 1955/56 an das südliche Seitenschiff die **Pastor-Könn-Halle** angefügt. Das Fest der Aussendung und des Auszugs der Apostel (Petrus allen voran), das am 15. Juli Festtag der Kirche ist, hat damals Ludwig Gies in eine straff ornamental gestaltete *Fensterwand* gefaßt.

St. Cäcilien
(Schnütgen-Museum)

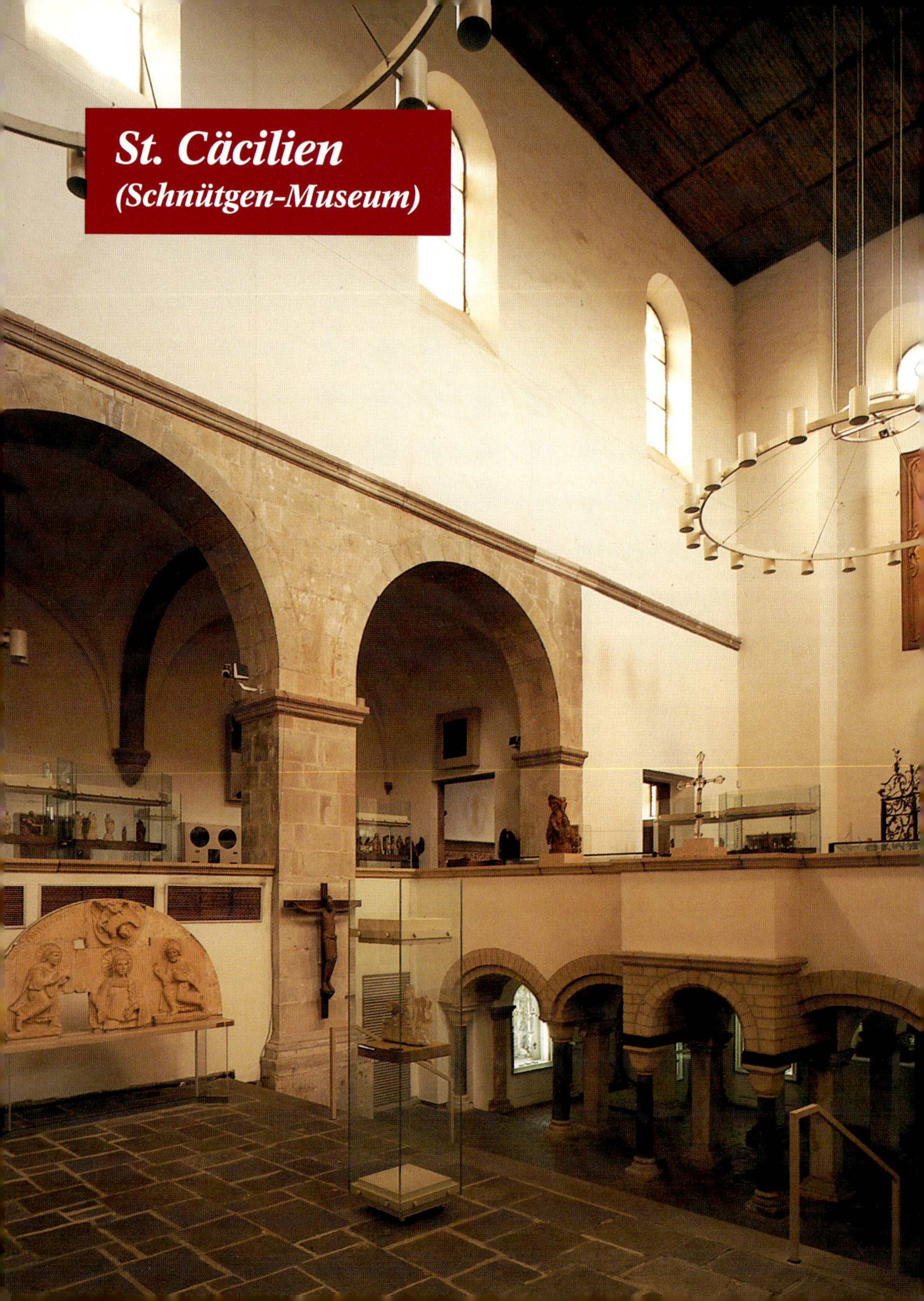

Der ottonische Gründungsbau

Idyllisch gelegen, bietet St. Cäcilien zusammen mit der Pfarrkirche St. Peter das letzte Beispiel des in Köln einst fast selbstverständlichen Nebeneinanders von Stiftskirche und Pfarrkirche. Seit 1956 dient die schlichte Kirche als Ausstellungsraum des **Schnütgen-Museums,** der großen Kölner Sammlung mittelalterlicher und späterer kirchlicher Kunst neben dem Diözesan-Museum. Der kirchliche Charakter geht dabei nicht verloren. Zweimal im Jahr, am Fest der Namenspatronin und zu Weihnachten, da einst die Kölner Erzbischöfe hier zelebrierten, wird noch Messe gefeiert. Karl Band hat im Nordwesten einen Eingangs- und Verwaltungsbau zurückhaltend angefügt. Eine Grünanlage rahmt das Ensemble.

St. Cäcilien (Schnütgen-Museum)
Antependium aus St. Ursula
Heribertkamm
Kruzifixus aus St. Georg **
Tympanon des Nordportals

Grundriß S. 74

Die Idylle täuscht freilich. Heftige Kämpfe und Auseinandersetzungen haben sich rings um St. Peter und St. Cäcilien abgespielt. Damit ist weniger der Aufruhr gemeint, mit dem die Pfarrgemeinde reagierte, als die Äbtissin 1667 einen nicht genehmen Pfarrer einsetzen wollte; man rottete sich in der Stiftskirche zusammen und gab der Empörung deutlichen Ausdruck. Viel dramatischer waren die Auseinandersetzungen im späten 15. Jh. um die Besetzung des Stifts und andererseits die wissenschaftlichen Auseinandersetzungen um die Lage des Alten Doms.

Nach einer mittelalterlichen Fassung der Maternus-Legende, die das Leben und Wirken des ersten Kölner Bischofs schildert, wurde nämlich hier der erste Dom gegründet. Das Patrozinium der Pfarrkirche St. Peter erinnerte an den Dom, und die Gründung des Stifts St. Cäcilien gerade in den Jahren um 870, als durch Erzbischof Willibert (870–89) der neue Dom geweiht wurde, sah nach einer Ersatzlösung zur Nutzung des Alten Doms aus. Man hat darüber lange spekuliert. Doch die Grabungen unter dem Dom nach dem Kriege haben gezeigt, daß dort schon vor Willibert und vor der karolingischen Zeit die Kölner Kathedrale stand. Und die Grabungen in St. Peter und St. Cäcilien gaben zwar Aufschlüsse über den römischen Thermenbezirk in diesem südwestlichen Bereich des römischen Köln, ließen aber keine konkreten Spuren von Kirchenbauten aus vorkarolingischer Zeit erkennen. St. Peter – schon die berühmte *Kreuzigung Petri* von Peter Paul Rubens ist einen Besuch wert – beginnt seine Laufbahn im 10./11. Jh. als Pfarrkirche des älteren Damenstifts.

Der Zeitraum der Gründung des Stifts läßt sich eingrenzen. St. Caecilien wird gegenüber dem von Erzbischof Bruno (953–65) neu begründeten Benediktinerinnenkloster St. Maria im Kapitol mehrfach im 10. und 11. Jh. als das ›alte Kloster‹ bezeichnet. In der berühmten Güterumschreibung Erzbischof Gunthars aus dem Jahre 866, in der die Stifte ein festgelegtes Eigentum zugesichert erhalten, wird St. Cäcilien aber noch nicht erwähnt. Vielleicht hat Erzbischof Willibert es bald danach gegründet. Denn als man 881 aus Köln vor den Normannen flüchtet, werden neben den Geistlichen auch Non-

◁ St. Cäcilien (Schnütgen-Museum), Blick nach Südwesten

St. Cäcilien, Blick von Nordosten

nen erwähnt. Seit dem Ende des 15. Jh. rechnet man mit einem Gründungsjahr 888.

Vielleicht stammt aus dieser Gründungszeit die sogenannte *Glocke des heiligen Kunibert*, die heute im Kölnischen Stadtmuseum hängt. Sie ist einst in St. Caecilien bei Gewitter, zum Tode eines Stiftsmitgliedes und am Tag des heiligen Kunibert geläutet worden. Die Legende berichtet, daß sie von Schweinen aus dem Morast gewühlt und dann von Bischof Kunibert für St. Caecilien neu geweiht wurde. Wie eine Kuhglocke – nur erheblich größer – ist sie aus Eisenplatten zusammengenietet. Ähnliche Glocken kennt man aus dem frühen Irland, eine andere hat man bei Grabungen aus dem Hafen der Handelsstadt Haithabu bei Schleswig geborgen.

Den ersten Erwähnungen von St. Caecilien mag ein einschiffiger Kirchenbau entsprechen, den die von Elisabeth Maria Spiegel publizierten Grabungen mit rechteckigem Chor, in dessen Mitte ein aufgegebener Brunnenschacht lag, nachgewiesen haben. Gebaut wurde eifrig wieder um die Mitte des 10. Jh. Erzbischof Wichfried (924–53) stattete das Stift der vornehmen Damen im Jahre 941 reich aus. Er schickte Abgesandte zu ihnen, die sie beim Gottesdienst in ihrem neuen, sehr prächtig wiederhergestellten Bau beobachteten. Beeindruckt von der Frömmigkeit, aber auch beeindruckt von den Klagen, daß die Erträge der Güter nicht für die Ernährung während eines ganzen Jahres ausreichten, kehrten sie an den Hof des Erzbischofs zurück. Noch in der Urkunde, die mit reichen Gaben dem Mißstand abhilft, finden die tränenerstickten Stimmen der adligen Frauen ausdrücklich Erwähnung. Die reiche Schenkung scheint die Baulust des Stifts erneut belebt zu haben. In Erzbischof Brunos Testament im Jahre 965 werden die Damen wieder reich bedacht, darunter mit 50 Pfund Silber für die Vollendung des Stifts. Dabei mag auch eine

Rolle gespielt haben, daß Bruno ihnen die Reliquien des hl. Evergislus übergeben hatte. Bruno war des Glaubens, in Termogne die Reliquien seines Vorgängers aus dem späten 6. Jh. entdeckt zu haben. Diese kostbare Gabe, mit der die Heiligen des Heiligen Köln wieder an Zahl und Gewicht zunahmen, mag den Anlaß zu erneutem Bauen gegeben haben.

Der ergrabene Grundriß der Kirche dieser Zeit zeichnet bereits die dreischiffige Grundform des heutigen Baues vor. Der Rechteckchor bleibt; im Westen wird eine Krypta eingebaut. War sie für Evergislus bestimmt? Die Ostteile der heutigen Krypta gehören noch zu diesem Bau, während die Westteile im 11. oder 12. Jh. überarbeitet wurden. Noch ungewöhnlicher ist als Überrest der Architektur des Stifts Mitte des 10. Jh. der sog. *Fränkische Bogen*. Er bildet heute neben dem verschlossenen Nordportal den Durchgang zum Museumseingang. Kräftig ergänzt und restauriert, ist er ein stolzes Zeichen. Bis 1851 waren noch insgesamt vier solcher Bögen in einer Reihe erhalten. Die Grabungen haben die Fundamente zu einem Innenhof ergänzen können, der etwa 14 × 17 m groß war. Davon bildete unser Bogen einen Teil der Ostseite. Das Material des Bogens, Tuff mit dekorativem Ziegeldurchschuß, erinnert an die Gestaltung des Westwerks von St. Pantaleon. So großzügig, wie dieser Bogen es erahnen läßt, ist an St. Cäcilien nie wieder gebaut worden.

Der Neubau des 12. Jahrhunderts

Aber schon in der Lebensbeschreibung Erzbischof Annos (1056–75), die in den ersten Jahren des 12. Jh. vollendet wird, spricht man von den Bauten des Stifts als »antiquae structurae«, altertümlichen Bauten. Mitte des 12. Jh. entsteht, ohne daß uns Baunachrichten überliefert wären, der heutige Bau. Es ist eine schlichte dreischiffige Pfeilerbasilika ohne Querhaus, auch ursprünglich flach gedeckt, die nun entsteht. Nur der Westteil der Nordwand der Kirche wird teilweise vom alten Bau übernommen. Beide Seitenschiffe waren mit kleinen Apsiden geschlossen. Auf der Nordseite hat man die Apsis Ende des 15. Jh. durch eine Sakristei ersetzt. Aber damit greifen wir schon den dramatischen Ereignissen am Ende des Mittelalters vor.

Gegenüber dem Vorgängerbau des 10. Jh. mit seinem kleinen Rechteckchor ist das große Chorjoch, eingewölbt und ganz schlicht in der Wandgliederung, mit der runden Apsis der wesentliche Fortschritt. Die gewandelte Liturgie der Zeit forderte Raum für die Kanoniker des Stifts, während den Damen die Empore im Westen über der Krypta vorbehalten war. Hier wurde eine zierliche Säulenstellung vor die übernommene Krypta vorgeschaltet, und der kleine Vorbau trug wohl den Altar des Stiftschors. Damit war fast der heutige Zustand erreicht. Allerdings sah die Westfassade, die in den Bereich der westlich vorgelagerten Stiftsgebäude einbezogen war, lebendiger aus. Der Breite des **Mittelschiffs** entsprechend war das Mittelschiff

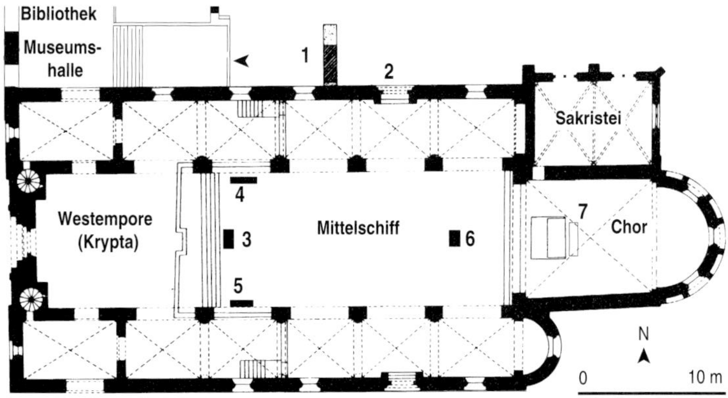

St. Cäcilien (Schnütgen-Museum), Grundriß
1 Fränkischer Bogen
2 Tympanon am Nordportal (Abguß)
3 Siegburger Madonna
4 Tympanon aus St. Pantaleon
5 Tympanon von St. Cäcilien (Original)
6 Kruzifixus aus St. Georg
7 Antependium aus St. Ursula

nach Westen, als niedriger Westchor ausgebaut, mit einem großen Portal versehen. Als der Kölner Stadtbaumeister Johann Peter Weyer die Kirche in seine Pläne für das 1849 vollendete Bürgerhospital einbezog, wurden Stiftsgebäude und Westchor der Kirche abgebrochen. Er entwarf – frühe Neuromantik – eine **neue Westfassade.** Ihr modern vermauertes *Portal* lohnt einen Blick. Die Darstellung des Todes, die der ›Sprayer von Zürich‹, Harald Naegeli, hier 1980 hinterließ, wurde inzwischen einmal erneuert. Mit einer das Portal sprengenden Geste greift seine Figur eines der vorherrschenden Themen des Schnütgen-Museums auf. Anton Legner, damals Direktor des Museums, hat die Bedeutung des Bildes sofort erkannt – es war wohl die einzige dieser Arbeiten in Köln, die nicht gleich beseitigt, sondern anfangs sogar konservatorisch gesichert worden ist.

Aber zurück zum romanischen Bau des 12. Jh. Schlicht kreuzgratgewölbt sind die **Seitenschiffe** und der **Chor.** Die rechteckig geschnittenen Pfeiler trennt nur eine schmale Deckplatte mit Wulst, Kehle und Platte von den ausgewogenen Bögen der Arkaden. Das gleiche Profil wiederholt das Gesims über den Arkaden. Die glatte Wand darüber und im Chor wird freigehalten für Wandmalereien. Der Chorbereich wird durch Stufen, einen hochangesetzten Triumphbogen und über den Chorfenstern verlaufendes Gesims deutlich vom Mittelschiff abgesetzt. Nur die Apsis ist reicher gegliedert. Eine kleine Muldennische im Scheitel der **Apsis** war mit einem Okulus nach Osten geöffnet. Innen vermauert, ist das Rund des Okulus außen erhalten. Das gleiche Fenstermotiv findet sich etwa zur selben Zeit an der Palastkapelle der unter Kaiser Barbarossa erneuerten Pfalz von Nymwegen.

Über einem glatten Untergeschoß, in dem der Okulus, mit Kehle und Wulst gerahmt, die Straffung der Wand noch betont, steht die Gliederung des Obergeschosses auf einem Gesims. Sieben von Säulen getragene Arkaden umfassen Fenster und Wandflächen. Darüber trägt ein kräftiger Rundbogenfries das massige Traufgesims. Der Giebel des Chorjochs ist erst nach dem Krieg erneuert worden. Ihm fehlt die gliedernde Nische in der Mitte. Dagegen gehören die seitlichen Strebepfeiler, die die Apsis rahmen, zum ursprünglichen Zustand. Nur an der Apsis zeigt sich gegenüber der kargen Architektur der Kirche, in der vielleicht noch der Chrakter des Vorgängerbaus nachklingt, der erwachende Reichtum kölnischer Romanik. Ein Bauteil, der noch lebhafter davon sprach, ist erst 1787 verlorengegangen: ein wohl hölzerner *Dachreiter*, von steinernen Sprengbögen über dem Schiff getragen, ist schon auf Anton Woensams Holzschnitt zu sehen. Als kleiner Zentralbau erinnert er an ähnliche Konstruktionen, die auf den Bauten von Groß St. Martin oder St. Aposteln thronten. Diese sind schon viel früher, beim Bau der heutigen Kirchen, zerstört worden. Aber Verwandte dieser seltsamen Holzarchitekturen entdeckt man ebenso in der Buchmalerei oder dem Kunstgewerbe der Zeit. Der barockisierende Dachreiter von 1787 war wenigstens ein optischer Ersatz. Heute fehlt dem Dach jegliche Belebung.

Für die entscheidende Bauphase von St. Caecilien haben wir keine Nachrichten. So können nur die Vergleiche z. B. mit St. Pantaleon die Datierung in die Mitte des 12. Jh. erbringen. Am Abschluß der Arbeiten stand wohl das Anbringen des *Tympanons* am *Nordportal*. Bis ins frühe 19. Jh. war es geschützt durch die davor angebaute Maternuskapelle, in der man den legendären Gründer des ersten Doms an dieser Stelle zur Erhöhung des eigenen Ansehens verehrte.

Zeichnungen aus der Zeit vor dem Abbruch der Kapelle belegen, daß das Tympanon schon immer so ungeschickt hier angebracht war. Eine genaue Untersuchung hat ergeben, daß es mit der Darstellung

St. Cäcilien, Tympanon des Nordportals, Schnütgen-Museum

St. Cäcilien. Zeichnung von Thomas Cranz, aquarelliert von Adolph Wegelin, um 1840, Kölnisches Stadtmuseum

der hl. Caecilia eigentlich für einen im Radius 8 cm weiteren Rahmen gedacht war. Das ist nicht viel, aber es verhilft der Heiligen zum ungeschickten Versinken in der Bodenzone, auf der ihr Gemahl Valerian und dessen Bruder Tiburtius knien. Rekonstruiert man den um 8 cm weiteren Radius, kann auch Caecilia auf der Sockelzone angesetzt werden und reicht dann mit ihrem Kopf zur gleichen Höhe auf. Alle drei trugen – in Blei – die Palme des Märtyrers, und der Engel reichte Caecilia einst den Märtyrerkranz.

Inzwischen hat man über dem Nordportal einen Abguß angebracht und das Original in der Kirche aufgestellt. Neben dem etwa gleichzeitigen Tympanon des Nordportals aus St. Pantaleon, das ebenfalls im Schnütgen-Museum zu sehen ist, tritt es durch seine erhaltenen Köpfe in den Vordergrund. Die eingesetzten Glasflüsse als Augen, die einen Hauch von Lebendigkeit einfügen, sind allerdings ergänzt. Man kann aber so auch die Rückseite der einzelnen Platten besichtigen und feststellen, daß der hl. Tiburtius einst für den freigelassenen Marcus Fabius Cerialis als Grabstein diente. Zusammen z. B. mit der Siegburger Madonna, ebenfalls im Schnütgen-Museum, oder den Gustorfer Chorschranken im Bonner Landesmuseum oder der älteren Plektrudis-Grabplatte in St. Maria im Kapitol haben wir in diesem Tympanon eines der wenigen Zeugnisse Kölner Plastik um 1160 vor uns.

Der hl. Valerian war von seiner Braut Caecilia in der Hochzeitsnacht vom christlichen Ideal der Jungfräulichkeit überzeugt worden und hatte sich taufen lassen. Seinen Bruder Tiburtius gewann er ebenfalls für das Christentum. Alle drei erlitten das Martyrium. Die Umschrift hält den Stiftsdamen ausdrücklich dieses Ideal der Jungfräulichkeit vor: »VOS QUI SPECTATIS HEC P(RAE)MIA VIRGINITATIS – EXSPECTATE PARI PARITER VIRTUTE BEARI« – »Ihr, die ihr diesen Lohn der Jungfräulichkeit erblickt, hofft durch gleiche Tugend gleichfalls selig zu werden.« Das scheint nie sehr viele Damen überzeugt zu haben. Andere Stifte in Köln, wie St. Maria im Kapitol oder St. Ursula, scheinen reicher und attraktiver gewesen zu sein.

Im 13. Jh. gibt es noch einmal einen kurzen Aufschwung. Nachdem man zu Beginn des Jahrhunderts in der Kirche die Reliquien eines Märtyrers Paulinus entdeckt hat, haben Äbtissin und Konvent mit dem Bau einer prunkvollen Kapelle begonnen. So zumindest schildert Erzbischof Konrad von Hochstaden in der Urkunde von 1261 den Stand der Dinge, als er für die Vollendung der Kapelle einen Ablaß erteilt. Ob er damit Erfolg hatte, wissen wir nicht. Der Ablaß bietet so zwar eine Baunachricht und offenbart die Finanzschwäche der Stiftsdamen, aber es weist nichts mehr auf den Bau selbst hin. Es zeichnet sich das klassische Dilemma der Bauforschung ab, daß wir einen Bau des 12. Jh. ohne Baunachrichten vor uns haben und dazu Baunachrichten des 13. Jh. ohne einen dazugehörigen Bau.

Spuren der Aktivitäten des 13. Jh. zeigen sich nur noch in den um 1300 entstandenen *Wandmalereien* des Chorjochs. Schon im 19. Jh. stark restauriert, entschlüsseln sie sich heute nur noch schemenhaft. Auf der Südseite des Chors wird das Leben Christi geschildert, auf der Nordseite wird die Legende der hl. Caecilia erzählt. Der Aufwand für den Kapellenbau und die Fresken wird die Finanzsituation des Stifts und seine Schuldenlast noch verschärft haben.

Nur aus solchen Schwierigkeiten ist zu erklären, daß sich Ende des 15. Jh. keine adligen Fräulein mehr bereit erklären, hier einzutreten. Es ist eine stolze Frau, Elisabeth von Reichenstein, die zum Schluß allein als Äbtissin das Regiment führt. Sie ist jung eingetreten. Auf dem berühmten Bild Stefan Lochners im Diözesan-Museum, der Madonna mit dem Veilchen, erscheint sie als Stifterin noch als einfache Stiftsdame, ohne die Zeichen ihres späteren Amtes. Mit Entsetzen muß sie erlebt haben, wie manche ihrer Kolleginnen das Stift für bessere Pfründen in anderen Stiften verließen,

sog. Kamm des hl. Heribert, ›Kreuzigung‹, 2. Hälfte 9. Jh., Höhe 19,5 cm, Schnütgen-Museum

andere starben; schließlich, 1474, lebt sie allein mit einer Novizin zusammen. Im Chor der Kirche findet weder Gottesdienst noch Chorgebet statt. So wäre es sicher noch einige Zeit weitergegangen, hätte nicht Karl der Kühne 1474 begonnen, Neuss zu belagern. Furcht, man könne das nächste Opfer sein, griff in Köln um sich. Um dem Feind vor den Mauern der Stadt keinen Stützpunkt zu geben, mußten die Augustinerinnen des Klosters Weiher ihre Bauten räumen. Die Gebäude wurden dem Erdboden gleichgemacht und die Nonnen erst einmal in Köln behelfsmäßig untergebracht.

Das war für die etwa fünfzig Nonnen nicht lange zu ertragen, und nach Beratung mit dem Rat der Stadt Köln weist der päpstliche Legat

Alexander von Forlì ihnen das fast leere Stift St. Caecilien zu. Elisabeth von Reichenstein kämpft verzweifelt um ihr Recht, um das Recht des Adels, der einst das Stift reich beschenkt und ausgestattet hatte. Sie führt einen Prozeß in Rom und verliert. Lange Jahre hindurch bewegt das die Gemüter. Es ist für mittelalterliche Verhältnisse etwas Ungewöhnliches geschehen: Alte Rechte wurden aufgehoben. Erst mit dem Tode der hartnäckigen Elisabeth 1485 endet der Streit. Die Augustinerinnen haben sich inzwischen häuslich niedergelassen. Sie fügen nicht nur die Sakristei an, sondern lassen auch ein Gewölbe ins Mittelschiff einziehen, das nach den Zerstörungen des letzten Krieges nicht erneuert wurde. Geht man heute durch die Schätze des *Schnütgen-Museums,* das nach dem letzten Krieg hier 1956 seine Unterkunft gefunden hat, ahnt man kaum noch in der tiefen Stille des Raums, welche Dramen sich hier abgespielt haben.

Und heute Museum ...

Zu diesen Schätzen, deren Grundstock der Kölner Domkapitular Alexander Schnütgen (1843–1918) sammelte und der Stadt Köln vermachte, gehört manche Kostbarkeit aus den romanischen Kirchen Kölns. Zentrum des Kirchenraums ist der Kruzifixus aus St. Georg, den Altar schmückt das Antependium aus St. Ursula. Ende des 12. Jh. entstanden, hat man es Ende des 14. Jh. der Treibarbeiten beraubt und in Malerei ergänzt. Im unteren Teil hat dann Mitte des 19. Jh. Johann Ramboux die Malerei wieder erneuert. Eine Fülle von Ursulabüsten zeugt vom Reichtum der Produktion, von der Ausstrahlungskraft des Heiligen Köln.

An dessen Anfänge erinnert der Elfenbeinkamm des Erzbischofs Heribert oder der Buchdeckel aus St. Gereon mit den Gestalten der Heiligen Victor und Gereon, die die Thebäische Legion führten. Mit manchem anderen kann man diese kurze Aufzählung ergänzen. Vieles hat eine längere Wanderschaft hinter sich, wie das Evangeliar aus St. Maria Lyskirchen, das einst dem Stift St. Georg gehörte. Von anderen Stücken ist unbekannt, aus welcher, vielleicht Kölner Kirche sie stammen. So können die Schätze des Schnütgen-Museums unser Bild von der Ausstattung und vom Glanz der Liturgie der romanischen Kirchen ergänzen und bereichern.

St. Georg

Lage und Vorgeschichte

St. Georg
Fenster
Pestkruzifixus

Grundriß S. 84

Die Lage der ehemaligen Stiftskirche St. Georg zu Fuß zu erkunden, ist trotz des dichten Verkehrs reizvoll – auch braucht man dann keinen Parkplatz zu suchen. Man folgt der *Hohe Straße*, der Nord-Süd-Achse der römischen Stadt, immer weiter nach Süden, wo das Sehnen der nach Köln verschlagenen römischen Soldaten und Offiziere schon den Weg nach Rom ahnen mochte. Noch bevor man die Linie der römischen Stadtmauer mit der Straße Blaubach/Mühlenbach quert, führt sie etwas abwärts. Das Plateau, auf dem die römische Stadt sich erhob, fand seine südliche Begrenzung im Einschnitt, den der heute unter der Straße fließende Duffesbach gelegt hatte. Die heutigen, bis ins Mittelalter zurückreichenden Straßennamen erinnern noch an die anrüchigen Tätigkeiten der Färber und Gerber, die hier die notwendigen Wassermengen zur Verfügung hatten. Der *Waidmarkt*, der südlich anschließende Platzbereich, erinnert an den Handel mit der einheimischen Farbpflanze, die einen blauen Farbstoff lieferte. Kölner Blau war berühmt. Die Fäden wurden oft schon vor dem Verweben eingefärbt, und mit ihrem Einfluß auf den Handel mit dem Farbstoff war auch die Qualitätskontrolle durch die Händler gesichert. Reichtum blieb nicht aus. Ebensowenig fehlten Streitigkeiten, und das Marktgericht der St. Jakobs-Bruderschaft, in der die Waidhändler sich zusammengeschlossen hatten, war gut beschäftigt. Die reiche Bruderschaft gehörte zur Pfarrkirche St. Jakob, deren modernerer Bau (um 1530), stolzer Nachbar der Kanoniker, zu Beginn des 19. Jh. (1825) wie viele andere untergegangen ist. Den Standort ihres Turmes markiert jetzt etwa der Hermann-Joseph-Brunnen Wilhelm Albermanns.

Mit dem Untergang von St. Jakob tritt die Wucht, mit der der massige Klotz des **Westbaus** von St. Georg die Straße zum Ausweichen zwingt, noch klarer hervor. Jahrhundertelang zog die römische Straße in gerader Linie nach Süden. Inmitten der Häuserzeile der Vorstadt lag an der Stelle von St. Georg eine Benefiziarierstation, eine Polizeistation, etwas bescheidener freilich als das Polizeipräsidium, das nach dem letzten Krieg gegenüber unserer Kirche entstand. In römischer Zeit wurde an dieser Stelle der Verkehr unter Kontrolle gehalten. Dafür setzte man altgediente Soldaten, Benefiziarier, ein.

Ausgrabungen in der Kirche 1928–30 haben gezeigt, daß man die Mauern dieser Polizeistation später für einen kleinen Kirchenbau benutzt hat. Der Altar dieser Kirche lag genau an der Stelle des Kreuzaltars der Stiftskirche, ein wenig östlich des heutigen *Vierungsaltars* von Sepp Hürten. Der Altar des kleinen Vorgängerbaus hat offensichtlich den Standort des Kreuzaltars der Stiftskirche bestimmt. Und damit war fast vorauszusehen, daß mit Schiff und Westbau die Straße in Bedrängnis geraten würde. Heute eine geradezu unerhörte Vorstellung, daß man eine Straße verlegen könnte, um den Altar nicht versetzen zu müssen.

◁ *St. Georg, Zeichnung von Thomas Cranz, aquarelliert von Adolph Wegelin, um 1840, Kölnisches Stadtmuseum*

St. Georg, Ansicht von Süden. Aus dem Skizzenbuch von J. Finckenbaum, um 1660, Kölnisches Stadtmuseum

Aber damit haben wir vorgegriffen. Ungeklärt ist bis heute, wann die Mauerreste der römischen Benefiziarierstation für die kleine Kirche benutzt wurden. Es entstand eine dreischiffige Anlage mit einer Ostapsis, in deren Mittelpunkt der erwähnte Altar stand. Die schmalen Mauern können nur einen offenen hölzernen Dachstuhl getragen haben. Die Ergebnisse der Ausgrabungen, die erst nach dem Zweiten Weltkrieg von Otto Doppelfeld ausführlicher publiziert worden sind, haben keinen Anhaltspunkt für die Datierung der kleinen Kirche (16,5 × 11,5 m) ergeben. Hugo Borger vermutete eine spätrömische Kirche, Fried Mühlberg schloß auf eine Entstehung im Laufe des 7. Jh.

Eine Erwähnung des Vorgängerbaus der heutigen Kirche erfolgt erstmals im 16. Jh. Es ist Hermann von Weinsberg, zur Pfarre St. Jakob gehörig, der vom Hörensagen zu erzählen weiß, daß Erzbischof Anno sein Stift St. Georg an der Stelle einer Klause des hl. Caesarius erbaut habe. Auch der zuverlässigere Aegidius Gelenius erwähnt diese Überlieferung 1645. Der Märtyrer Caesarius von Terracina wird seit dem 6. Jh. in Rom verehrt. Das ist ein Anhaltspunkt, wenn wir Hermann von Weinsberg und Aegidius Gelenius überhaupt trauen wollen. Interessanter ist dann aber noch die Nachricht, daß Papst Leo III. im Jahre 810 Reliquien des Caesarius an Erzbischof Riculph von Mainz gab. Hat damals der Kölner Erzbischof Hildebold einen Anteil erhalten? Und daraufhin vor den Toren seiner langsam aufblühenden Stadt eine Kapelle begründet? Nach dem Normannensturm des Jahres 881/82 wird die Kapelle erst einmal wieder Ruine gewesen sein. Die Lebensbeschreibung Erzbischof Annos, in den ersten Jahren des 12. Jh. geschrieben, erwähnt keinen Vorgängerbau, aber sie notiert auch nicht einmal das exakte Gründungsjahr des Stiftes.

Caesarius-Reliquien finden ebenfalls schon bei der Weihe der Stiftskirche St. Maria im Kapitol durch Erzbischof Anno im Jahre 1065 Erwähnung. Ein spätes Reliquienverzeichnis des Stifts St. Georg zählt zwei Reliquiare mit Caesarius-Reliquien auf. Bei einem dort erwähnten Armreliquiar könnte es sich um die Armreliquien handeln, die Anno im Jahre 1070 aus Rom mitbrachte und in der St. Jakobs-Kapelle niederlegte, aus der sich später die Pfarrkirche entwickelt hat. Sie bleibt eng dem Stift verbunden. Pfarrer ist jeweils einer der Kanoniker des Stifts. Caesarius wird auch später in St. Georg verehrt. Propst Johann Gebhard von Mansfeld, hernach Erzbischof von Köln (1558–62), hat noch vor seiner Wahl der Stiftskirche ein *Altarbild* aus der Werkstatt der Malerfamilie Bruyn geschenkt. Es ist heute im Chor zu sehen. Die Mitteltafel des Triptychons zeigt die *Beweinung Christi*, an der betend der Stifter, noch als Propst gekleidet, rechts im Bild teilnimmt. Hinter ihm steht, in doppelter Bedeutung des Wortes, der *heilige Georg*, Patron des Stiftes. Die Seitenflügel zeigen *Kreuztragung* und *Auferstehung Christi*. *Caesarius* erscheint auf der Außenseite der Seitenflügel zusammen mit den Heiligen *Georg*, *Anno* und *Petrus*. Caesarius ist nicht nach seiner Legende als Diakon dargestellt, sondern als Zisterzienser mit riesiger Schreibfeder statt Märtyrerpalme in der Hand. Egid Beitz vermutet, Barthel Bruyns Auftraggeber hätten wohl an Caesarius von Heisterbach gedacht, den eifrigen Schriftsteller des 13. Jh. aus dem Orden der Zisterzienser.

Am 1. Mai des Jahres 1059 nahm Papst Nikolaus II. die von Erzbischof Anno errichtete und ausgestattete Kirche vor den Mauern Kölns unter apostolischen Schutz. Da Anno sein Amt erst 1056 angetreten hatte, kann man kaum annehmen, daß die Kirche bereits vollendet war. Aus dem 12. Jh. liegt die Kopie der Urkunde vor, mit der Anno im Jahre 1067 sein Stift mit den notwendigen Besitzungen für den Unterhalt der Kanoniker ausstattete. Das könnte gut zugleich das Jahr der Weihe des Kirchenbaus sein, in dem nun die Kanoniker ihrer Aufgabe, für das Seelenheil des Stifters zu beten, nachgehen konnten. Vollendet war die Kirche zum Zeitpunkt der Weihe noch nicht. Der Weihe gingen – wie es Anno öfter widerfahren ist – Traum und Wunder voraus, die belegen, daß die Bauarbeiten noch nicht abgeschlossen waren.

Anno fehlten für sein Stift noch Reliquien des hochverehrten heiligen Georg. Dieser erschien ihm im Traum und wies darauf hin, daß eine Armreliquie in St. Pantaleon verwahrt würde. Vom Traum erwacht, wartet der Erzbischof kaum das Morgengrauen ab, um nach St. Pantaleon zu eilen. In umjubelter Prozession wird die Reliquie nach St. Georg übertragen, sicher nicht zur Freude der Benediktinermönche. Auf die Baugerüste an St. Georg waren zahllose Schaulustige geklettert. Plötzlich bricht der ganze Aufbau in sich zusammen. Alles eilt zu Hilfe, aber man findet weder Tote noch überhaupt irgendeinen Verletzten. Der heilige Georg hat seine Wunderkraft gezeigt und steigert so auch Annos Ruhm. Uns wird durch die erwähnten Baugerüste klar, daß die Kirche noch nicht vollendet war. Insgesamt gesehen ist St. Georg ein gutes Beispiel dafür, mit welcher Mißachtung man im Mittelalter den Wünschen der heutigen Architekturgeschichte gegenüberstand. Nur mit Mühe und ohne endgültige Sicherheit gelingt es, der Baugeschichte einen Rahmen an gesicherten Daten zu geben.

Kölns einzige Säulenbasilika

Die Architektur des Baues, den Anno errichten ließ, ist allerdings jede Mühe wert. Sie ist trotz der Veränderungen im 12. Jh., der Restaurierungen vor dem Zweiten Weltkrieg und der Zerstörungen im Krieg gut zu erkennen. Daraus geht zwar schon hervor, daß große Teile des Mauerwerks erneuert sind, aber der ursprüngliche Zustand ist heute wiederhergestellt.

Anno ließ eine **dreischiffige Säulenbasilika mit Querschiff** erbauen. Die Skulptur der *Halbfigur Annos* am Eingang ins nördliche Seitenschiff zeigt allerdings den zeitgenössischen Zustand des 18. Jh. Die **Seitenschiffe** werden über die Vierung hinaus nach Osten geführt und mit kleinen gerundeten Apsiden geschlossen. Allerdings liegt der ganze Chorbereich höher als Vierung und Schiff, bedingt durch die Krypta darunter. So ergibt sich eine Trennung der Raumteile, die im Grundriß nicht auf den ersten Blick zu erkennen ist. Eingewölbt waren beim Bau Annos nur die Arme des Querhauses mit Tonnengewölben. Sonst überspannten flache Holzdecken Schiff, Chorjoch und Seitenschiffe sowie die Nebenchöre. Den Abschluß der Wände unterhalb der Holzdecke hatte man mit einem

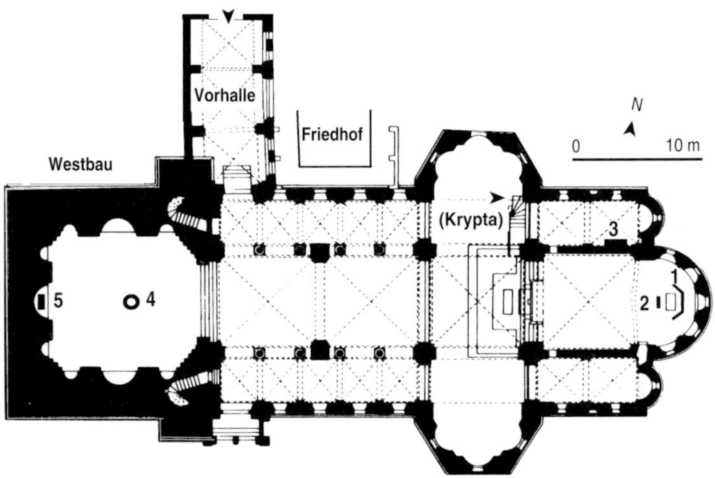

St. Georg, Grundriß
1 Altarbild (Werkstatt B. Bruyn d. J.)
2 Kruzifixus
3 Mosaikbild (J. Thorn Prikker)
4 Romanischer Taufstein
5 Pestkruzifixus

St. Georg, Krypta nach Osten

perspektivisch gesehenen Mäanderfries geschmückt, wie man ihn ähnlich aus St. Pantaleon oder St. Aposteln kennt. Auch die Wände darunter werden mit Fresken geschmückt gewesen sein.

Die schlanken Säulen, die mit einfachen Würfelkapitellen die Arkaden der Hochschiffswand tragen, scheinen aus antiken Bauten übernommen zu sein. Säulen, die ja schwierig zu fertigen waren und als große Kostbarkeiten nur unter Mühen transportiert werden konnten. Es gelang Anno, sieben Säulen aus rotem und eine aus hellem Sandstein aufzutreiben. Der Einzelgänger steht ganz im Nordosten des Schiffs. Aber so wie die Wände wohl mit Fresken bedeckt waren, werden auch die Säulen eine einheitliche Farbfassung getragen haben.

Die **Krypta** spiegelt den Grundriß des Chors. Nur daß als Substruktion des Hauptchors drei Schiffe in der Krypta angelegt sind. Sie werden wieder durch acht schlanke Säulen voneinander getrennt. Das wiederholt die Konzeption des Schiffs. Der östliche Teil der Krypta, unter der Ostapsis, ist höher. Mit Kämpferblöcken auf den beiden östlichen Säulen werden die Gurtbögen der einfachen Kreuzgratgewölbe gestelzt. Die dem Altar zugewandte Seite des Kapitells der nordöstlichen Säule trägt die vielstrapazierte Inschrift in Formen des 11. Jh.: »Herebrat me fecit« – Herebrat hat mich gemacht. War Herebrat der Architekt, der hier in Altarnähe sein Werk signierte? Oder hat ein Steinmetz hier sein Zeichen hinterlassen? Oder wollte gar ein Stifter neben Anno hier seinen Anspruch auf Erinnerung dokumentieren? Endgültig wird das wohl nie zu klären sein. Am naheliegendsten ist es, an einen Steinmetz zu denken.

St. Georg, Ostchor

Jeweils drei Arkaden, durch kräftige Pfeiler getrennt, öffnen sich zu den Kryptateilen unter den Nebenchören. Im Chor darüber war in leichteren Formen ursprünglich die gleiche Gliederung gebaut. Hier hat das statische Bedürfnis der Einwölbung nur noch einen schmalen Durchgang auf jeder Seite gelassen. Ein Rundbogenfries belebt die Fläche, und die drei Fenster über dem Gesims werden von Säulen begleitet. So ruft der Aufbau der Wand noch einmal, entfernt, aber erkennbar, Aachen in Erinnerung. Man ahnt die Bogenbrücke des Obergeschosses der Pfalzkapelle mit ihren eingestellten Säulen.

Diese einschneidenden Veränderungen sind Mitte des 12. Jh. durchgeführt worden. Im Schiff hat man dabei mitten in die Reihe der Säulen je einen massiven Pfeiler gesetzt, um zwei schwere Kreuzgratgewölbe einziehen zu können. Nur der Scheitel der Gewölbe erreicht noch die Höhe der flachen Holzdecke. Der Raum wurde niedriger. Die Fenster, nur noch vier statt einer gleichmäßigen Reihe von fünf, werden paarweise zusammengefaßt. Als drittes Gewölbe tritt die Vierung und als fünftes das Chorjoch in die Reihe.

Die Veränderungen haben aber den Charakter des annonischen Baus bewahrt und damit vieles erhalten, was vorbildhaft in die staufische Kölner Baukunst einging. Die dreiseitig geschlossenen Apsiden der Querhäuser bilden ein Verbindungsglied zwischen den ebenso gestalteten Apsiden des ottonischen Baus von St. Andreas und den staufischen am Bonner Münster oder am Chor von St. Severin. Konservativ ist die Kölner Architektur immer wieder. Konservativ war auch der Bau Annos, der wie Bischof Bernold in Utrecht hier die spätantike Säulenbasilika römischer Herkunft in Erinnerung ruft und mit der Außengliederung der Wände durch steile Pilaster über die ottonischen Kirchen in Essen und Werden auf die Pfalzkapelle in Aachen oder noch weiter in die Spätantike mit dem Baptisterium St. Jean in Poitiers zurückgreift.

Auch die Nischen in den Apsiden oder in der Ostapsis gehen auf die Bauten von Essen und Werden zurück – und finden dann ein neues Leben in den Apsidengliederungen von Groß St. Martin, St. Aposteln oder St. Kunibert. Auch der untergegangene annonische Westbau zeigte, fast trikonchosartig, drei Nischen.

Der Westbau

Ende des 12. Jh. folgte hier eine noch einschneidendere Baumaßnahme. Statt des runden Westchores des annonischen Baus, mit seinen Chorflankentürmen, entstand der wuchtige staufische **Westbau**. Er ist nicht vollendet worden. Die finanzielle Decke des Stiftes ist von Beginn an dünn gewesen. Hier zeigt sie sich den Kostensteigerungen nicht mehr gewachsen. Unter dem Dach sind noch die Ansätze der weiterführenden Planung zu erkennen. Eine Zwerggalerie sollte ringsum geführt werden. Darüber hat Albert Verbeek ein weiteres Geschoß angenommen. Von den gut 4 m starken Mauern

St. Georg, Westbau mit Pestkreuz

ausgehend hätte sogar noch höher aufgestockt werden können. Mit den begleitenden Flankentürmen, die jeweils im Osten des Westbaus die Treppenspindeln fortgeführt hätten, wäre ein markanter Blickfang in die Nord-Süd-Achse Kölns gesetzt worden. Die Straße mußte auf jeden Fall deutlich nach Westen abbiegen, um dem neuen Westbau auszuweichen.

Auf den frühen Stadtansichten ist der provisorische romanische Holzaufbau noch gut zu erkennen. Dreipaßöffnungen dienten als

Schallarkaden für ein schmales Zwischenstück im sonst pyramidenförmig aufgebauten Dachstuhl. Bis zum Untergang im Zweiten Weltkrieg formte der gerundete barocke Dachabschluß mit einer kleinen Zwiebelhaube auf dem Dachreiter das Straßenbild. Zumindest dieses Bild sollte man wiederherstellen. Das derzeitige Provisorium betont das Unvollendete des Westbaus noch.

Über dem mächtigen, vielfach gestuften Sockel öffnen sich in den glatten Wänden nur drei Fenster. Das Gewände wird durch in eine Stufung eingestellte Säulen mit verbindendem Rundbogenwulst gerahmt. Das ist ein wirkungsvoller Kontrast zum Reichtum der Innengliederung. Nach Osten öffnet sich ein hoher sechsfach gestufter Bogen. Der innerste Gurt wird von Halbsäulen getragen. Der gleiche weite und hohe Bogen rahmt die lebendige Gliederung der drei anderen Wände. Gestaffelte Nischen, durch Pilaster getrennt, von eingestellten Säulen gerahmt, bringen die Wand des Untergeschosses in Bewegung. Im Obergeschoß zerlegt ein Laufgang die Wand in zwei Schichten. Ein weiter, hoher Bogen rahmt das jeweils einzige Fenster, eine Doppelarkade löst die Restfläche an Wand auf. Eine steile, überhöhte Hängekuppel schließt den Raum.

Für den Altar und die Beleuchtung des Westchors stiftete Dekan Isfrid im Jahre 1188. Es scheint damals zumindest etwa der Bauzustand erreicht gewesen zu sein, den wir heute vor uns sehen. Kam nach seinem Tode 1200/01 der Bau zum Erliegen? War er verantwortlich für die Finanzierung des Vorhabens und fand er sein Grab in dem Sarkophag, den die Grabungen im Westbau freilegten? Wenigstens ein Hinweis auf die Datierung ist damit gegeben. St. Georg stellt im Rahmen der staufischen Romanik im Kölner Raum eine der eigenartigsten Lösungen für einen Westchor dar.

St. Georg, Anno-Fenster nach Entwurf von Jan Thorn Prikker

Die Ausstattung

Passend und immer noch modern füllen die *Fenster* nach Entwürfen Jan Thorn Prikkers die Gestalten der heiligen Anno, Georg und Jakob, letzterer an die untergegangene benachbarte Pfarrkirche erinnernd. Die Fenster setzen sich in den Seitenschiffen mit Symbolfenstern fort; sie waren glanzvoller Höhepunkt der ersten großen Restaurierung von 1928–30. Mit nüchterner Sachlichkeit hatte man den im 18. und frühen 19. Jh. arg mißhandelten, vom Einsturz bedrohten Bau wiederhergestellt. Wiederherstellung und Ausstattung, vom Clemens Holzmeister gestaltet, galten als beispielhaft. Den Tabernakel des Wiener Künstlers Michael Powolny von 1930 hat Sepp Hürten in sein Bronzegitter integriert. Die Arbeiten Wilhelm Schorns als Statiker, Wilhelm Hartmanns als Architekt, gefördert von Pfarrer Heinrich Fabry, waren die Grundlage für den Wiederaufbau nach dem letzten Krieg. Pfarrer Fabry fand im letzten großen Bombenangriff auf Köln am 2. März 1945 den Tod, der auch seine Kirche in Trümmer legte. Im Geviert zwischen Vorhalle, Sei-

St. Georg, Pestkreuz (um 1380) im Westbau und Kruzifixus (Original im Schnütgen-Museum)

tenschiff und Sakristei ist er im Sarkophag aus dem Westchor begraben. 1931 war hier mit einem Mosaikkreuzweg von Milli Beckers und ihrem späteren Ehemann Wilhelm Schmitz-Steinkrüger ein Garten der Besinnung entstanden. Neben Pfarrer Heinrich Fabry haben hier noch weitere Opfer des zu Ende gehenden Krieges im Frühjahr 1945 ihre letzte Ruhe gefunden, denen 1983 Pfarrer Karl Boskamp folgte, der energische Betreiber des Wiederaufbaus.

Wie ein Mahnmal hing nach dem Luftangriff vom 2. März 1945 die Kopie des *Kruzifixus*, der aus der Gründungszeit des Stifts stammt, im Gurtbogen des Chors. Das Original verwahrt seit langem das Schnütgen-Museum. Man spürt noch das Vorbild des Gero-Kreuzes im Dom. Aber an die Stelle eines gerade Gestorbenen ist die straffe Gestalt eines strengen Herrschers getreten. Ergänzt um die am Original verlorenen Arme und Füße hängt die Replik auch heute wieder im Chor, machtvoll den Raum beherrschend. Sein Gegenüber, geradezu einen Widerpart, bildet das *Pestkreuz* im Westbau. Um 1380 entstanden, formuliert der ausgemergelte Körper die Summe menschlichen Leidens, aufgehoben in Christus. Ein Wandel in der Geschichte der Frömmigkeit, der seinen Ausdruck kaum kontrastreicher finden könnte. In der Vielzahl dieser Pestkreuze ist der nächste Verwandte der Kruzifixus in St. Maria im Kapitol. Inmitten

St. Georg, Löwenskulptur am Südportal

des staufischen Westbaus steht der spätromanische *Taufstein* des frühen 13. Jh. für die Familien, die in der Stiftsimmunität wohnten und hier auch ihren Gottesdienst feierten. In den Nischen Petrus und Paulus, Fragmente des barocken Hochaltars.

Die Änderungen und Ergänzungen späterer Jahrhunderte haben im wiederhergestellten staufischen Bauzustand nur wenige Spuren hinterlassen. Kostbare liturgische Gewänder bewahrt die *Sakristei*, ein *Sakramentshaus* von 1556 gehörte mit seinen *Reliefs des Abendmahls und der Auferstehung* zur Ausstattungsphase des Triptychons von Barthel Bruyn dem Jüngeren, von der auch die nördliche Vorhalle zeugt. Sie war ursprünglich Verbindungsgang zur Pfarrkirche St. Jakob und hat ihren neuromanischen Abschluß erst Ende des 19. Jh. erhalten. Davon zeugen die *Skulpturengruppe* des Kölner Bildhauers Eduard Schmitz und das *Tympanonmosaik* mit Anno II. und dem hl. Georg samt Drachen. In der *Vorhalle* genießen *Judas Thaddäus* (Kopie des zerstörten Originals) und ein *Christus am Ölberg* des 16. Jh. aus dem Karmeliterkloster ungebrochene Verehrung.

Die etwas ältere, 1536 entstandene *Vorhalle* vor dem staufischen *Südportal* mit seinen Löwen ist im Kriege untergegangen. Romanisierend, mit Säulen und Schaftringen, der Raum mit einem spätgotischen Netzgewölbe gedeckt, rahmte das ganze Obergeschoß einen Kruzifixus. Gerade dieses eigenartige Ergebnis der Kölner Renaissance wäre einer Erneuerung wert, böte den belebenden Kontrast zur Wucht des Westbaus.

Zu den Kostbarkeiten der Ausstattung gehört seit 1987 ein großes *Mosaikbild* Jan Thorn Prikkers im nördlichen Nebenchor, das bereits 1913 entstand: »Nos cum prole pia benedicat virgo Maria« – mit dem Kinde segnet uns die fromme Jungfrau Maria. In kräftigen Farbklängen und klar komponierten Linien ist hier ein Gnadenbild geschaffen worden.

St. Gereon, Blick von Nordosten ▷

St. Gereon

Die größte Kuppel des Mittelalters

St. Gereon
*Dekagon ***
Krypta

Grundriß S. 103

Im Kranz der romanischen Kirchen Kölns nimmt St. Gereon einen hohen Rang ein. Unter den Stiften und Klöstern Kölns stand St. Gereon nach dem Dom an erster Stelle, voller Stolz auf seine Adelsherrlichkeit. Von der Architektur des Dekagons, einer faszinierenden Verbindung romanischer und gotischer Baugedanken, geht immer noch der Glanz des hohen Mittelalters aus. Man leistete sich den größten Kuppelbau zwischen der byzantinischen Architektur der Hagia Sophia in Konstantinopel und der Renaissancebaukunst Brunelleschis am Dom zu Florenz. Anlaß dieses in Köln und weit darüber hinaus einzigartigen Bauwerks war der Verfall des spätantiken Gründungsbaus von St. Gereon. Auch wenn eine abschließende Untersuchung noch aussteht, läßt sich seine Gestalt erkennen. Erste Baumaßnahmen im Bereich des spätantiken Ostchors haben im 8. Jh. stattgefunden. Mitte des 11. und wieder Mitte des 12. Jh. wird in zwei Schritten der langgestreckte Chor für den Stiftsklerus ausgebaut. Zwei Türme zu seiten der reichgegliederten Apsis lassen eine stadtseitige Ostfassade entstehen.

Der spätantike Bau, ein Oval mit acht Nischen, Ostchor und westlicher Vorhalle, war inzwischen baufällig geworden. Er wird Grundlage der staufischen Erneuerung zu Beginn des 13. Jh. Dabei wird das Oval in ein Zehneck, das Dekagon, verwandelt. Mit der obersten Fensterreihe, mit Strebebögen und Strebepfeilern dringen gotische Formen in die glanzvolle spätromanische Architektur ein. 1227 wird das Gewölbe geschlossen. Nach einem der Bombentreffer des Zweiten Weltkriegs drohte der Einsturz. Erst seit dem 6. Oktober 1984 kann die Pfarrgemeinde das Dekagon wieder für ihre Gottesdienste nutzen.

Nordwestlich vor den Mauern des römischen Köln lag hier eines der ausgedehnten Gräberfelder, das seit dem frühen 1. Jh. bis in die Spätantike belegt worden ist. Eine große Zahl von Grabfunden, zahlreiche Inschriften, etwa die Hälfte der frühchristlichen Inschriften, die für Köln bekannt sind, zeugen für die eifrige Nutzung des Gräberfeldes. Einige der christlichen Inschriften sind in der Nikolauskapelle eingemauert.

Spätantikes Christentum

Inmitten dieses Gräberfeldes wird Ende des 4. Jh. ohne einen für uns erkennbaren Anlaß eine ovale Gedächtniskirche errichtet mit kleiner Vorhalle und davor einem von Pfeilern umstandenen Vorhof, den die Pflasterung mit den Ansätzen der Pfeiler und der Traufrinne erkennen läßt. Weiter nach außen, mit Zugang zum Atrium, sind Räume ergraben worden, die teils sogar beheizt werden konnten.

Wer den Bau hat errichten lassen, wissen wir nicht. Zur Datierung haben die Zerstörungen des Zweiten Weltkriegs wenigstens einen

Anhaltspunkt geliefert. Armin von Gerkan hat bei seinen Grabungen im Fundament des fast vernichteten nordwestlichen Pfeilers den zerbrochenen Sockel einer Isis-Statue gefunden. In einem Dübelloch der Oberseite des Sockels, der heute in der Sakristei aufgestellt ist, fand sich eine Münze, ein Follis des Kaisers Constans, die in Trier nicht vor dem Jahr 345 geprägt worden ist. Erst danach kann also der Sockel der Skulptur der tausendnamigen Isis, der ISIDI MYRIONYMO geweiht, in das Fundament gelangt sein. Der Bericht der Legende, von der wir gleich noch mehr hören werden, daß Kaiserin Helena den Bau habe errichten lassen, kann also nicht zutreffen. Aber wer hat dann diesen schon für seine Zeit außergewöhnlichen Bau in Auftrag gegeben? Einig ist man sich nur darin, daß es eine dem Hofe nahestehende Persönlichkeit gewesen sein muß, wenn nicht ein Mitglied der jeweiligen kaiserlichen Familie selbst.

St. Gereon, Sockel einer Isisfigur

Trier ist in diesen Jahrzehnten des späten 4. Jh. wiederholt kaiserliche Residenz. Der Auftraggeber kann dort am Hofe gelebt haben. Andere ziehen vorübergehend durchs Rheinland, wie der spätere Kaiser Julian oder der Feldherr Arbogast, von dem wir durch eine Inschrift wissen, daß er in Köln einen verfallenen Bau erneuert hat. Das hat irgendwann auch der vornehme Clematius für St. Ursula getan, der, wenn man seiner Inschrift trauen kann, extra dafür aus dem Osten des Reiches kam. Wenn nicht ein glücklicher Zufall, mit dem nach der Fülle von Grabungen in und um St. Gereon seit dem frühen Mittelalter kaum noch zu rechnen ist, uns hilft, bleibt die Auswahl unter einer Vielzahl möglicher Auftraggeber. Auch das Motiv kann man kaum ahnen. Die letzten Grabungen haben zwar im Inneren des spätantiken Baus einen größeren, abgetrennten Grabbezirk, vielleicht sogar eine kleine Gedächtniskapelle nachgewiesen, aber der Neubau überdeckt sie ohne Rücksicht auf Lage oder Orientierung. Kaum vorstellbar ist aber, daß einer unserer vornehmen Auftraggeber diesen Bau errichten ließ, um hier selbst sein Grab zu finden.

Man legte sich nicht an der unruhigen Westgrenze des Römischen Reiches, die ständig von Germanen und inneren Streitigkeiten bedroht war, zur letzten Ruhe. Dafür ging man ins Herz des Reiches, in eine der Hauptstädte. Hier in Köln, in tiefster Provinz, kann ein solcher Bau nur zum Gedächtnis – aber für wen? – errichtet worden sein. Es bleibt das Frustrierende an historischen Wissenschaften im Gegensatz zu den Naturwissenschaften, daß eine richtige Fragestellung nicht notwendigerweise zu einer Antwort führt. Doch auch ohne Antwort auf diese offenen Fragen ist St. Gereon ein Bau, der im Rahmen spätantiker Architektur eine herausragende Stellung einnimmt.

Außen ist er noch an einigen Stellen zu erkennen. Sonst hat ihn die staufische Fassung – wie ein kostbares Reliquiar eine kostbare Reliquie – umschlossen. An einer Konche auf der Nordseite ist noch eine größere Fläche des spätantiken Mauerwerks zu sehen; nicht sehr sorgfältig gearbeitet, aber mit einem Ornament aus sternförmig in die Wand gesetzten Ziegeln. Innen ist in den acht Nischen noch mehrfach die Plattenabdeckung des Gewölbes zu sehen, nur von einer dünnen modernen Schlämmschicht überzogen. Diese Ziegelplatten sind über einem hölzernen Lehrgerüst vermauert worden. Darüber wurde dann die eigentliche Gewölbekappe angelegt, teils mit eingefügten bauchigen Amphoren, um den Druck besser abzuleiten und das Gewölbe leichter zu halten. Vier solcher Amphoren, die man im 19. und 20. Jh. geborgen hat, sind in der Krypta aufgestellt.

Damit läßt sich schon Grundsätzliches zu Grundriß und Aufbau des **spätantiken Gebäudes** erkennen. Die acht Nischen sind zu einem **ovalen Raum** zusammengefügt, der eine größte Breite von fast 19 m erreicht. Nach Osten war eine größere Nische, eine **Apsis** eingefügt, deren Gestalt durch die jüngsten Grabungen von Johannes Deckert präzisiert worden ist. Nach Westen war eine **Vorhalle** mit seitlichen Konchen angefügt, die sich zum **Atrium** öffnete. Mit

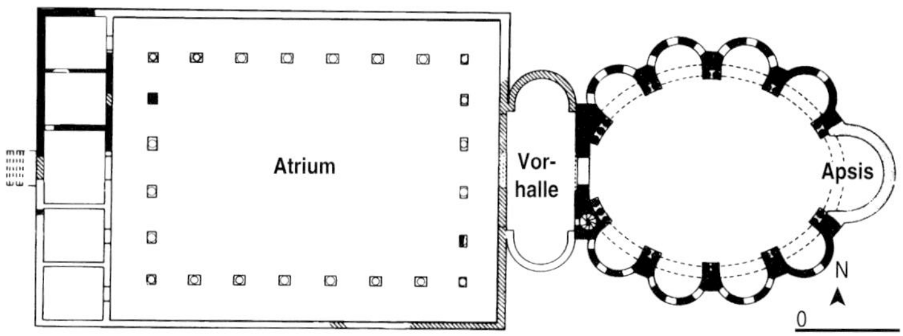

St. Gereon, Grundriß des spätantiken Baus (nach G. Binding, H. Hellenkemper)

der Apsis zusammen ergibt sich eine lichte Länge von 28 m, der eigentliche Ovalraum erreichte etwa 23,5 m als Längsdurchmesser.

Über seine Höhe läßt sich, bevor Otmar Schwab seine Untersuchungen publiziert hat, kaum etwas Genaues sagen. Über den Gewölbekappen der Nischen ist teils noch der römische Mauerbogen aus wechselnd Tuffstein und zwei Ziegelplatten zu erkennen, mit dem der Tambour des Ovalbaus einsetzt. Den gleichen, allerdings unregelmäßigen Wechsel von Tuff, Spolien und Ziegelschichten kann man auch an anderen Stellen und bis in die Fundamente beobachten. Die Mauer über den Nischen läßt sich bis in den Fußboden des zweiten Laufgangs, in fast halber Höhe des heutigen Baus, verfolgen. Dort hat man die spätantike Mauer beim Bau des staufischen Dekagons abgearbeitet. Nur auf der Südwestseite der Vorhalle, direkt neben dem Eingang, wo eine Treppe hochgeführt war, ist die Spindel der Wendeltreppe noch etwas höher erhalten und erreicht 16,50 m.

Der Grundriß des Baus, der auf den ersten Blick schon überzeugt, ist raffiniert konstruiert. Von vier Mittelpunkten aus, kreuzförmig um die Mitte des Raums verteilt, sind die einzelnen Kreisabschnitte, aus denen das Oval gewonnen wird, gezeichnet worden. Armin von Gerkan hat das zuerst erkannt. Eine Ellipse dagegen wird von zwei Brennpunkten aus gewonnen. Mit dem nach Osten ausgerichteten

Ovalraum ist dem Architekten eine interessante Variante des ständigen Schwankens christlicher Architektur zwischen längsgerichtetem und zentralem Raum gelungen, der eigentlich erst die barocke Architektur Vergleichbares entgegenzusetzen hat.

Die Nischen sind nicht als Halbkreise gestaltet gewesen. Hufeisenförmig verlaufend, erbrachten sie eine breitere Pfeilerstirn, vor der zwei Säulen aufgestellt waren; links und rechts des westlichen Eingangs sind sogar drei anzunehmen. In den Nischen im Osten war jeweils ein Fenster geöffnet, sonst waren es drei, die man vermauert auch an einigen Stellen sehen kann. Eine weitere Fensterfolge, im Rhythmus der Nischen, ist in der Wand darüber erschlossen worden.

Die Säulen werden ein entsprechendes Gebälk (aus Marmor?) getragen haben. Der Boden war mit etwas groberem Mosaik ausgelegt, von dem ein kleines ornamentales Fragment in der ersten Nische der Südseite neben dem westlichen Eingang erhalten ist. An der gleichen Stelle hat man auch Spuren der Marmorverkleidung der Wände gefunden. Den Ruhm verdankte der Bau allerdings den feineren Goldgrundmosaiken wohl an den Wänden darüber, wahrscheinlich auch auf dem Gewölbe, das den Bau überspannte. Das von Otmar Schwab festgestellte Ausweichen der römischen Mauern nach außen läßt vermuten, daß sie ein Gewölbe und nicht einen offenen Dachstuhl trugen. Bei einer Mauerstärke (der römischen Wand) von vier Fuß (1,18 m) ist das eine gewagte Konstruktion gewesen. Diese *Mosaiken* der Wand und des Gewölbes, die auf Goldgrund wohl Heilige darstellten, haben den Bau frühzeitig bekannt gemacht und die Grundlage für den Ruhm des hl. Gereon gelegt. Das glanzvolle Aussehen des Inneren ist damit einigermaßen vorstellbar. Reste der Mosaiken, goldhinterlegte Glasstücke, Marmor und anderes Material, hat man bei den Ausgrabungen immer wieder gefunden.

Schwieriger scheint es, das Äußere zu rekonstruieren. War das nicht sehr ordentliche Mauerwerk verputzt? War es mit besseren Materialien verkleidet oder nur rot gefaßt? Waren das Dach und die Nischen zusätzlich gegen die Einwirkungen des nicht immer freundlichen rheinischen Wetters gesichert? Zumindest hatte man vorgebaut, um die Kirche nach außen von Zeit zu Zeit auf ihren Zustand kontrollieren zu können: Links und rechts des Chorbogens, des Ansatzes schon der antiken Apsis, sind die Spuren zweier Öffnungen festgestellt worden. Sie führten wohl als Türen auf einen hölzernen Laufgang hinaus, wie man ihn auch an der spätromanischen Basilika in Trier kennt.

Die Blutsäule

Sorgsam umbaut von der staufischen Erneuerung des Dekagons steht direkt auf der Nordseite neben dem westlichen Eingang das Bruchstück einer **Granitsäule**. Es könnte das Fragment einer der

Säulen des spätantiken Baus sein, das hier von einer wildbewegten Vergangenheit berichtet. Eine Inschrift auf einer Steinplatte ist heute in der Nische zu lesen: »Adde fidem, fuit hic pridem fusus cruor idem ad lapidem, si dem me male, punit idem« (»Glaube mir, hier wurde vor langer Zeit dies Blut an dem Stein vergossen, wenn ich mich übel verhalte, straft er«). – Sie faßt kurz und knapp den Inhalt der Legenden zusammen, die sich mit ihr verbinden. Sie soll an der Stelle gestanden haben, an der Gereon und seine Gefährten das Martyrium erlitten. Ihr Blut floß über die Säule. Sie stand im Bau, als sich der fränkische König Theuderich II. im Jahre 612 nach der heimtückischen Ermordung seines Bruders Theudebert II. hier in St. Gereon huldigen ließ. Plötzlich empfand er einen scharfen Schmerz in der Seite, meinte wohl – wenn wir dem ziemlich legendären Bericht trauen wollen – den Stich einer Waffe zu spüren. Am Körper fand man nur eine kleine gerötete Stelle, die ihm vielleicht eine Warnung hätte sein sollen. Im Jahr darauf vergiftete seine Großmutter Brunhilde ihn und seine Familie. Diese Fähigkeit, gut und böse zu unterscheiden und auch zu strafen, schreibt man der Säule auch später noch zu. Die Inschrift spielt darauf an. Und noch Joseph Otto notiert ihren Standort in seinem Plan 1763 genau.

Solch ein interessantes Stück erweckte 1794 die Aufmerksamkeit der französischen Besatzer Kölns, die damals eine Fülle von Kulturgut als Beute nach Paris schaffen ließ. Bei der Säule hatten sie weniger Glück. Während des Transports ist sie bei Bergheim zerbrochen. Ein Bruchstück soll in die Sammlung Franz Wallrafs gelangt sein, der auch vom Schicksal der Säule berichtet. Ein anderes wurde im Forst von Königsdorf als Grenzstein benutzt. Erst 1925 kehrte es an die alte Stelle zurück. An diese frühere Verwendung erinnert noch die kaum leserliche Inschrift: »Bas Eich« – alte Grenze.

Die spätantiken Säulen von St. Gereon scheinen auch sonst reges Interesse gefunden zu haben. Die Grabungen haben bisher kaum ein Bruchstück zutage gebracht. Zwei Kapitelle, die im Dekagon wieder aufgestellt sind, gelten seit dem 19. Jh. als Teil der spätantiken Ausstattung. Wenig genug. Aber im Jahr 1329 wird von dem Dekan Arnold von Born mit Überzeugung berichtet, daß schon Karl der Große Säulen aus St. Gereon für seinen Bau in Aachen erhalten habe. Und von der Größe der Säulen her könnte das sogar passen.

Die Thebäische Legion – Gereon und seine Gefährten

Mit der problematischen historischen Qualität von Legenden haben wir bei St. Gereon noch an einer sehr viel entscheidenderen Stelle zu tun. Er taucht erstmals zu Anfang des 7. Jh. in einer frühen Fassung des ›Martyrologium Hieronymianum‹ auf. Eugen Ewig geht sogar so weit, die Namen Gereons und der Bonner Märtyrer Cassius und Florentius für kontinuierlich überliefert zu halten. Gereon wird mit den vornehmsten der gallischen Heiligen in die laudes regiae aufgenommen, wird zum Schutz und zur Unterstützung der fränkischen Könige angerufen. Das kennzeichnet sein Ansehen und das seiner Kirche. Durch den Geschichtsschreiber und Bischof Gregor von Tours wissen wir, daß man die in unserer Kirche verehrten Heiligen – er nennt die Zahl 50 – zur Thebäischen Legion rechnet. Den Namen Gereon nennt er allerdings nicht. Die Legion aus der christlichen Thebais in Ägypten soll nach der Legende, welche Mitte des 5. Jh. zuerst von Eucherius von Lyon formuliert wird, unter Diokletians Kaiserkollegen Maximian die Verfolgung von Christen verständlicherweise verweigert haben. Schritt für Schritt, von Oberitalien bis nach Xanten am Niederrhein über Europa verteilt, soll sie daraufhin das Martyrium erlitten haben. So wird es endgültig um 1000 n. Chr. in der Passio zusammengestellt, die dem hl. Gereon in der Kölner Gruppe der Thebäischen Legion nun 318 Gefährten zurechnet. Ihre Leichname soll man nach der Legende in einen Brunnen geworfen haben, der sich nach wechselnden Vorstellungen in der Mitte der Kirche oder unter der Confessio unter dem Gereonsaltar am Aufgang zum Chor befunden haben soll. An beiden Stellen haben ihn die Grabungen der letzten Jahre nicht nachweisen können.

Aber das ist noch kein Grund, auch den Ursprüngen der Legende jeglichen Wahrheitsgehalt abzusprechen. Die nachgewiesenen Gräber von Märtyrern in Bonn und Xanten, die man mangels genauerer Nachrichten zugleich mit Gereon in die wachsende Rekrutenzahl der Thebäischen Legion einreihte, sind das beste Beispiel dafür. An beiden Stellen haben wir Märtyrer, über die man schon früh nichts Genaues mehr wußte, die man verehrte, die nach einer Geschichte verlangten, wie sie die Thebäische Legion dann liefern konnte.

Ein Märtyrergrab Gereons kennen wir allerdings ebensowenig wie den Brunnen. Das kann drei Gründe haben, wenn ein Grab überhaupt existiert hat. Mittelalterliche Grabungen und Bauarbeiten können die Spuren vernichtet haben. In St. Gereon ist mehrfach gegraben worden. Erzbischof Anno und dem hl. Norbert von Xanten werden wir bei dieser Tätigkeit noch begegnen. Beide waren erfolgreich und deckten Gräber auf, die sie für Märtyrergräber hielten. Heute möchte man sie eher für die Gräber fränkischer Adliger, darunter vielleicht auch eines Geistlichen, halten. Um 1200 hat man dann noch einmal den Boden bei den Vorarbeiten für die staufische Erneuerung des Baus durchwühlt. Und im Bereich der Confessio, an der Nahtstelle zwischen Chor und Dekagon, ist eine Fülle von Bauarbeiten durchgeführt worden. Viele Spuren eines Grabes kann man danach nicht unbedingt erwarten. Es kann natürlich auch geschehen sein, daß irgendeiner der christlichen Archäologen des Mittelalters, deren Finderglück überliefert ist, das Grab tatsächlich gefunden hat – dann können seine heutigen Berufskollegen es nicht mehr unbedingt nachweisen. Und schließlich eine dritte Möglichkeit: Als im 11. Jh. eine andere Schar Märtyrer dem Kölner Erzbischof Anno

(1056–75) im Traum erscheint und ihn handgreiflich auffordert, etwas für die Bauunterhaltung zu tun, ist von einer sehr bescheidenen Krypta auf der Südseite der Kirche die Rede. Das läßt sich auf die von Anno später umgestaltete *Nikolauskapelle* beziehen. Hier vermutete man also Märtyrergräber. Man fand sie aber – wenn Anno sie hier gesucht hat, was seine Vita nicht berichtet – nicht. Erst bei Abschluß der Bauarbeiten am Chor findet man die erwarteten Gräber im Dekagon. Das wäre also mit der Nikolauskapelle eine dritte Möglichkeit, die von der modernen Archäologie noch zu überprüfen wäre.

›Zu den goldenen Heiligen‹

›Zu den goldenen Heiligen‹ – so wird die Kirche bei Helinandus, dem die um 1000 n. Chr. entstandene Festpredigt mit der Legende des hl. Gereon und seiner Gefährten zugeschrieben wird, bezeichnet. ›Sanctos Aureos‹, diese Bezeichnung nennt schon Gregor von Tours, und noch in der Vita des Erzbischofs Anno erscheint der Bau unter der fast gleichen Bezeichnung ›Ad aureos sanctos‹. Das wird teils ausdrücklich auf die Mosaiken bezogen, teils spricht man nur vom goldenen Licht, das den Bau erfüllt. Die poetische Titulierung der Kirche scheint aber auch den mehr poetischen Texten vorbehalten gewesen zu sein. Im praktischen Leben, das die Urkunden festhalten, erscheint seit dem frühen 9. Jh. St. Gereon als Patron, und auch außerhalb Kölns tritt er in den Vordergrund. So wird ein Abbas Maximin von St. Gereon in den Wunderberichten über den hl. Goar von St. Goar erwähnt. Ein etwas trauriger Ruhm, da der gute Maximin vergaß, auf seinem Schiff voller Weinfässer den Heiligen zu begrüßen. Die Strafe folgte sofort. Die Wellen schlugen über dem Schiff zusammen, und die Weinfässer landeten im Wasser. So erzählte Wandalbert von Prüm um 840 die Geschichte.

In diesen Jahren zu Beginn des 9. Jh. muß das Leben der Geistlichen an St. Gereon die Regeln eines Stifts angenommen haben. Die von Kaiser Ludwig dem Frommen in Gang gesetzten Reformen werden sich auf das Leben der Geistlichen ausgewirkt haben, wenn nicht schon unter dessen Vater, Karl dem Großen, hier Entscheidendes an St. Gereon geschehen ist. Dafür spricht, daß Erzbischof Hildebold, der erste Kölner Bischof (vor 787–818), der diesen Titel trägt, sich in St. Gereon begraben läßt.

In der östlichen Nische der Südseite ist die Stelle seines *Grabes* gekennzeichnet. Das erschien eigentlich immer etwas rätselhaft. Warum hat sich der Kölner Bischof, welcher der erste der Geistlichkeit am Hofe Karls des Großen war, nicht in seiner Bischofskirche begraben lassen? Allerdings hat sich inzwischen herauskristallisiert, daß wahrscheinlich nicht er mit dem Bau des Alten Doms begonnen hat, sondern daß der Alte Dom wohl erst später in Angriff genommen wurde. Auch die Kölner Bischöfe Giso und Anno I. hatten sich

St. Gereon. Die Kirche mit der hl. Helena, den hll. Gereon und Maurus, dazu deren Gefährten. Kupferstich, 1646, Kölnisches Stadtmuseum

Ende des 7. und zu Bginn des 8. Jh. nicht im Dom, sondern in St. Severin beisetzen lassen. Man suchte die Nähe der Heiligen, der Märtyrer, die ihr Grab außerhalb der römischen Stadtmauer gefunden hatten. Das mag auch ein Grund für die Wahl Hildebolds gewesen sein. Ein zweiter kommt hinzu.

Die Grabungen unter der Leitung von Johannes Deckers im Bereich der Confessio auf der Suche nach der ursprünglichen Gestalt der spätantiken Apsis haben auch ergeben, daß vor den Bauarbeiten unter Erzbischof Anno im 11. Jh. an der Apsis gearbeitet wurde. In einer Baumaßnahme wurde der spätantike Chor durch einen massiven Rechteckchor ersetzt. Anschließend wurde – weniger solide – »ein Raumgefüge angebaut, das möglicherweise als Außenkrypta gedeutet werden kann«.

Zumindest eine dieser beiden Baumaßnahmen kann mit Hildebold verbunden werden. Im ältesten, etwa um 1133 entstandenen Memorialbuch des Stifts St. Gereon, das die Namen der im Meßgebet des jeweiligen Tages zu erwähnenden Wohltäter des Stifts verzeichnet, wird auch Hildebold an seinem Todestag, dem 3. September, notiert. Dort dagegen erscheint folgende Notiz: »Hildebaldus archiepiscopus qui fecit antiquum cyborium.« Wahrscheinlich handelt es sich um eine Baumaßnahme über den immer wieder unter der Nahtstelle zwischen Chor und Ovalbau vermuteten Gräbern. Aber es bleibt offen, auf welche der beiden Maßnahmen, die Johannes Deckers festgestellt hat, sich diese Notiz beziehen läßt. Doch es zeigt sich hier wie im Bereich des Atriums, daß um das Jahr 800 neue Aktivität ins Stift einzieht. Im Bereich des Atriums hat die von Günther Binding geleitete Grabung gezeigt, daß die Wohngebäude dort wieder weitgehend genutzt wurden. Das Stift blühte auf. Neben der Baumaßnahme Hildebolds lassen sich vielleicht auch die Platten aus Kalkstein mit ornamental eingelegten Plättchen aus rotem und grünem Porphyr, die heute in der Confessio stehen, in diese Zeit einbeziehen. Wozu sie benutzt wurden, ist nicht mehr festzustellen. Die Abnutzungsspuren zeigen, daß sie Jahrzehnte, ja Jahrhunderte im Fußboden gelegen haben müssen. So ist wenigstens an einigen Stellen das Leben zu spüren, das in diesen dunklen Jahrhunderten des frühen Mittelalters in St. Gereon wirkte.

Die archäologischen Befunde ergänzen das kaum zu überprüfende Bild einer Kirche, in der sich nach den Berichten Gregors von Tours oder Fredegars fränkische Könige huldigen ließen oder vielleicht ihr Grab fanden. Die Berichte bestätigen trotz oder gerade aufgrund ihres legendenhaften Charakters den Rang des Bauwerks in den Vorstellungen der Zeitgenossen. Noch heute macht sich das bis in die Gestaltung der Stadt hinein bemerkbar. Der großzügige Straßenzug vom Dom durch die römische Stadtmauer hindurch und dann parallel dazu durch das Kölner Bankenviertel nach Westen zielt auf die Chorfassade von St. Gereon. Diese ist im 11./12. Jh. entstanden. Aber der Straßenzug ist älter, war ausgerichtet auf den spätantiken Bau. Wohl nicht zu Unrecht hat man hier eine Prozessionsstraße vom Dom zu der in Gold strahlenden Kirche der goldenen Heiligen, seit dem frühen Mittelalter benutzt, vermutet. Die heutige Bebauung des ganzen Bereichs steht zu dieser Vergangenheit in reizvollem Kontrast.

Die Berichte über das Schicksal der Thebäischen Legion sind um 1000 n. Chr. in einer Festpredigt für die Stiftsherren von St. Gereon zusammengefaßt worden. Hier erscheint erstmals die Legende von der Gründung des Baus durch Helena. Die Schilderung der Kirche ist dadurch wichtig, daß sie neben dem Ruhm der Ausstattung mit Marmor, Säulen und Mosaiken besonders hervorhebt, daß kein Holz verwandt worden ist. Als historischer Beleg für die Konstruktion der Kuppel über dem spätantiken Ovalbau aus einer Zeit, da man sonst mit offenem hölzernem Dachstuhl leben mußte, ist sie recht aufschlußreich.

Die Festpredigt der Zeit um 1000 ist später fälschlich unter dem Namen des Helinandus, eines höfischen Minnesängers im Frankreich des frühen 13. Jh., überliefert worden. Das läßt schon spüren, wie weit verbreitet das Interesse am Geschehen um die Thebäische Legion war. Eine noch erweiterte Fassung des späten Mittelalters hat Laurentius Surius publiziert.

Für das Geschehen am Bau der Kirche St. Gereon ist aber entscheidender, daß ›Helinandus‹ erstmals erwähnt, 360 römische

Soldaten aus Mauretanien, ebenfalls wegen ihres Glaubens hingerichtet, seien zusammen mit Gereon und seinen Gefährten bestattet worden.

Annos Traum

Sonst scheint man sich nicht sehr um diese Gefährten im Martyrium gekümmert zu haben. Das rächte sich. Fast hatte man sie in Köln schon vergessen. Ihre kleine Krypta an der Südseite der Kirche bot kaum Platz. Im Traum mußte Erzbischof Anno (1056–75) inmitten der glänzenden Schar der mauretanischen Märtyrer erscheinen. Sie halten über ihn Gericht und verurteilen ihn wegen der Vernachlässigung zu Schlägen. Die Strafe wird sofort vollstreckt. Die Schläge noch am ganzen Leibe spürend erwacht Anno und fürchtet, daß sich eine solche Szene wiederholen könne, wenn er nicht Abhilfe schaffe. Nachdem er Baufachleute zusammengerufen hat, wird nach Durchbrechung des alten Mauerwerks ein **Langchor** angefügt, dessen Anblick zwei reich gearbeitete **Treppentürme** zieren. Das Mauerwerk des annonischen Langchors ist auf der Nordseite noch heute gut zu erkennen. Unregelmäßig, manchmal fast wellenförmig in der Schichtung, unterscheidet es sich deutlich vom darüber beginnenden staufischen Ausbau. Dieser hebt sich auch durch die paarweise Gliederung der Fenster hervor. Ein vermauertes Fenster der niedrigen annonischen Reihe ist hinter dem Anfang des 15. Jh. angefügten Strebepfeiler noch zu erkennen. Durch die staufischen Veränderungen läßt sich weder die genaue ursprüngliche Höhe des flachgedeckten Chors noch die exakte Länge noch die Stellung der in der Vita Annos erwähnten Türme eindeutig feststellen.

Durch den gotischen Anbau der **Sakristei** über der 1067 von Anno geweihten *Nikolauskapelle* und den Abbruch der nicht ganz so tief gelegenen *Cäcilienkapelle* auf der Nordseite und des Treppenturms an der Naht zwischen Dekagon und Langchor (ebenfalls auf der Nordseite) ist hier keine Klarheit mehr zu gewinnen. Spuren von Türmen im Osten – wenn es welche gegeben hat – sind durch die staufische Verlängerung des Chors vernichtet. Für Chorwinkeltürme spricht zweierlei. Wäre, wenn auch in bescheidener Form, eine Chorfassade vorhanden gewesen, hätte man in staufischer Zeit dem Konkurrenzunternehmen des Bonner Stifts, das 1152 einen neuen Chor weihen ließ, wohl nicht unbedingt antworten müssen.

Und ein Blick nach Siegburg, Annos gleichzeitig entstehender Lieblingsgründung, zeigt dort Chorwinkeltürme. Ein ähnliches Ergebnis könnten auch die Bauarbeiten erbracht haben, die Annos Vita für seine Unternehmungen an Groß St. Martin beschreibt. Seine Bauvorhaben in St. Gereon setzt Anno, nachdem er 1068 die Krypta und 1069 die Kirche neu geweiht hat (wobei die Kapelle über der Nikolauskapelle besonders hervorgehoben wird), mit kostbarer Ausstattung in Wandmalerei und Metallarbeiten fort. Nichts davon ist erhalten. Dann blieb Anno nur noch die Aufgabe, die Reliquien der Mauretanier zu finden. Offensichtlich hatte man sie bei den Bauarbeiten an der Nikolauskapelle nicht gefunden. Diese ist mit der zuerst geweihten Kapelle zu identifizieren und war wohl die bescheidene Krypta, in der die Mauretanier bisher zu wenig verehrt wurden. Erst als man in der Kirche, im Ovalbau, grub, fand man unter dem Marmorboden das Grab Gregors, des Anführers der Mauretanier. Sein purpurfarbener Mantel war an den Rändern mit feinem Goldgewebe geschmückt. Ringsum lagen, weniger gut ausgestattet, seine Gefährten. Voller Freude wurden die Gebeine erhoben und über dem Altar zur Verehrung aufgestellt.

Einen rötlichen bis bräunlichen Farbton nehmen fast alle Textilien an, die bei Grabungen gefunden werden. Aber der Hinweis auf den Gewandschmuck mit Goldgewebe läßt schon einen Toten aus besseren fränkischen Kreisen vermuten. Später hat man den Schrein mit den Reliquien des heiligen Gregor Maurus inmitten des staufischen Kryptateils aufgestellt und dann auch bald fälschlich vermutet, daß die Gebeine einst hier gefunden wurden.

Ein halbes Jahrhundert später beginnt man noch einmal inmitten der Kirche zu graben. Hier vermutet man wohl den Brunnen, in den einst die Körper der Märtyrer geworfen worden waren. Statt dessen fand man direkt unter dem Marmorfußboden wieder ein gut ausgestattetes Grab. Die Ausgräber arbeiteten unter der Leitung des hl. Norbert von Xanten, des Begründers der Prämonstratenser-Ordensgemeinschaft. Er hatte sich von Bevölkerung und Geistlichkeit Reliquien für seine zu errichtende Kirche erbeten.

Im Hochgefühl des ererbten Reichtums an Reliquien im Heiligen Köln stimmte man zu. Als sich nun herausstellte, daß den inmitten von St. Gereon gefundenen Gebeinen bis auf den Unterkiefer der Kopf fehlte, waren alle schnell bereit, hier St. Gereon selbst zu erkennen. Auf dem wieder purpurfarben erscheinenden Gewand trug er ein großes Kreuz in Goldgewebe, aber auch ein Gürtel und Reste eines Schwertes waren noch zu erkennen. Nun nahm man an, daß man beim Martyrium des hl. Gereon nur einen Teil des Kopfes in den Brunnen geworfen habe. Der Rest sei hier im Sarkophag, den man schnell wieder schloß, um die Ankunft des Erzbischofs abzuwarten. Den Brunnen suchte man nun nicht mehr inmitten des Ovalbaus, sondern an der Nahtstelle zwischen Dekagon und Chor. Dort haben ihn aber, wie gesagt, auch die jüngsten Ausgrabungen nicht nachweisen können. Als Erzbischof Friedrich I. (1100–31) nach fast zwei Monaten nach Köln zurückkommt – in der Zwischenzeit hatte man fromme Wache am Sarkophag gehalten –, ist der aufregende Fund weitgehend zu Staub zerfallen. Aber St. Gereon wird nun zur Ehre der Altäre erhoben, und Erzbischof Friedrich selbst stiftet als erster für den zu erstellenden Schrein eine silberne Schale. Norbert geht nicht leer aus, er erhält wie auch Abt Rudolf von St. Truiden, der den ausführlichen Grabungsbericht verfaßt hat, seinen Anteil am kostbaren Fund.

Diese aufregenden Ereignisse des Jahres 1121 waren vielleicht der Anlaß zu einer Renovierung der Kirche, über die wir keine urkundlichen Nachrichten haben. Über dem westlichen Eingang und in der Vorhalle hat man 1970 bei den Restaurierungarbeiten des Wiederaufbaus Reste von Fresken gefunden, die zu Beginn des 12. Jh. entstanden sind, vielleicht als Folge dieser Ausgrabungen, die die Begeisterung für St. Gereon weiter aufblühen ließen. Die Darstellung eines Apostels auf den Schultern eines Propheten, Symbol der Verbindung zwischen Altem und Neuem Testament, ist seit Mitte 1985 vor der Stelle über dem Eingang im Dekagon, an der sie gefunden wurde, angebracht. Die Fresken in der Vorhalle sind wieder abgedeckt worden.

Der staufische Bau

Die heutige Gestalt der Kirche entsteht binnen gut zwei Generationen. Meist nimmt man jetzt an, daß der Chor mit seiner zwischen zwei Türmen eingespannten Apsis vor 1156 vollendet worden sei. Und die ›Annales sancti Gereonis Coloniensis‹ vermerken, daß 1227 das Gewölbe des Dekagons vollendet worden ist. Damit war die hochromanische Erneuerung der vom Verfall bedrohten Kirche abgeschlossen.

Von einer Weihe der Kirche durch Erzbischof Arnold II. von Wied (1151–56) berichtet im Jahr 1645 der große Kölner Gelehrte Aegidius Gelenius. Das wurde auf den *staufischen Chor* bezogen. Ein Siegel Arnolds II., das man mit anderen im Reliquiensepulcrum des Hauptaltars gefunden hatte, schien diese Nachricht zu bestätigen. Im Altar hatte sich außerdem ein Siegel Erzbischof Dietrichs I. (1208–12) und eines von Erzbischof Ruprecht (1463–80) befunden; jeweils wohl Erinnerung an eine erneute Weihe des Altars, für die es viele Gründe geben kann. Aegidius Gelenius berichtet vom Versetzen des Altars als Begründung der neuen Weihe. Das kann viele Ursachen haben; es muß nicht notwendig auf die neue Chorfassade bezogen werden.

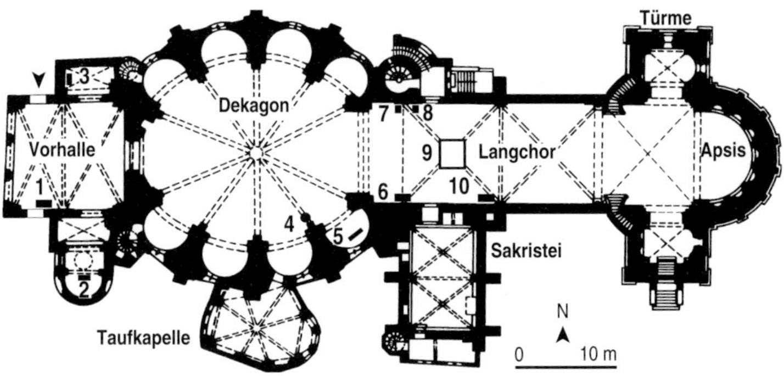

St. Gereon, Grundriß
1 Grablegungsgruppe (16. Jh.)
2 Pietà
3 Grabplatte Krytwyss
4 Maria aus St. Maria ad Gradus
5 Grabplatte Erzbischof Hildebolds
6 Christophorusmartyrium
7 Anna selbdritt
8 Helena (18. Jh.)
9 Altar aus St. Kolumba
10 Sebastianusaltar

Die **Chorfassade** stellt gegenüber den Chören von Maria Laach, St. Kastor in Koblenz, St. Servatius in Maastricht oder dem Bonner Münster, dessen Chor 1152 vollendet war, einen wesentlichen Fortschritt dar. Auch bei den späteren Apsiden Kölner Kirchen, St. Aposteln oder St. Kunibert, wird nie wieder ein solcher Reichtum der äußeren Gliederung erreicht. Gegenüber den Vorgängern – wobei man im Bonner Münster das Vorbild des Konkurrenten sehen wollte – wird auf die gitterartige, spätantiken Vorbildern entsprechende Verklammerung der Geschosse durch aufeinanderstehende Säulen verzichtet. Ein neues Konzept, das die Geschosse und Wandschichten durch kräftige Gesimse trennt, wird entwickelt. Vier Geschosse werden dabei ausgebildet. Über einem mehrfach gestuften Sockel folgt das Kryptageschoß, dessen Fenster, einmal zurückgestuft, mit Lisenen und Rundbogenfries gerahmt werden.

Ein dreifach gestufter Mauerrücksprung trägt darüber die Dreiviertelsäulen des Choruntergeschosses, die durch Rundbögen, eine Wandschicht tragend, miteinander verbunden werden. Die Zerlegung der Wand in Schichten wird dabei durch die Hinterlegung der Bögen mit einem flachen, steigenden Rundbogenfries betont. Über einem kräftig hervortretenden Gesims beginnt dann die Fensterzone des Chors.

Hier stößt der Architekt der Chorfassade von St. Gereon auf das gleiche Problem, das etwa zur selben Zeit auch der Architekt des Trikonchos, des Kleeblattchors von Groß St. Martin zu lösen versucht. Ein Problem, das an keinem der früheren Chöre erscheint. Statt einer glatten, nur von den Fenstern durchbrochenen Wand wird nun innen eine dem Äußeren entsprechende Gliederung wiederholt. Je dicker dabei die Wand der Apsis ist, desto größer ist der Unterschied zwischen äußerem und innerem Halbkreis, den die Fenster durchbrechen. Innen hat der Architekt – bei gleicher Breite der Fenster – erheblich weniger Raum, eine Gliederung unterzubringen, als außen. Die Architekten von Groß St. Martin und St. Gereon haben das Problem im Untergeschoß des Chors fast auf gleiche Weise gelöst. Den weiten Bögen außen entsprechen enge, steile Nischen innen. Im Chorobergeschoß müssen nun die Fenster mit berücksichtigt werden. In Groß St. Martin werden bei gleicher Fensterbreite die Bögen zwischen den Fenstern schmal und steil. Ein reizvoller Rhythmus entwickelt sich, der ähnlich in Brauweiler aufgegriffen wird. Ein Laufgang vor den Fenstern, hinter den Pfeilern, macht den Anblick noch lebendiger. An St. Gereon geht der Architekt, zukunftweisend, anders vor. Außen werden die Fenster nicht auf die volle mögliche Breite gebracht. Das Gewände wird gestuft, Säulen werden eingestellt, so daß der gleiche Raum fast ausgefüllt wird wie von Mauerblenden. Nach innen werden die Gewände senkrecht durchgezogen. Der Raum zwischen ihnen reicht für Nischen von etwa gleicher Breite mit Säulen als Begleitung. Ein fast ausgewogenes Gleichmaß ist erreicht. An St. Aposteln wird diese Lösung des Chorobergeschosses wenig später auch ausgenutzt, aber unter Verzicht auf die

◁ St. Gereon, Chorfassade

exakte Entsprechung von Innen und Außen eine noch elegantere Lösung gefunden.

Das spricht alles dafür, daß eine solche Lösung nicht in den kurzen Jahren zwischen der Gelegenheit, Bonn als Vorbild zu nehmen, und dem Tode Erzbischof Arnolds 1156 nach der Teilnahme an einem österlichen Wettlauf in Xanten vollendet worden sein kann. Nach den überlieferten Quellen ist der Kleeblattchor von Groß St. Martin 1172 geweiht worden. In diesen Jahren könnte man sich auch den Bau des Chors von St. Gereon vorstellen.

Bei der Verlängerung des Chors wurden die Fenster des annonischen Bauteils vermauert und eine neue Reihe Fenster etwas höher eingesetzt. Hier werden sie jetzt paarweise entsprechend den ebenfalls eingefügten Gewölben, den ersten großen Gewölben in Köln vor dem Schiff von St. Aposteln, gruppiert. Das ist auf der Südseite, im Bereich der Sakristei, noch sehr gut zu sehen.

Eine Reihe Stufen im Langchor, vor dem Ansatz der Türme, zeigt die Grenze zwischen annonischem und staufischem Bereich an. Die Treppenstufen spiegeln den Höhenunterschied zwischen älterem und jüngerem Teil der Krypta wider. In der **Krypta** ist der Unterschied auch durch Wechsel der Formen und des Materials gut zu erkennen. Im westlichen, älteren Teil der Krypta mit einer Höhe von etwa 3,65 m wird das einfache Kreuzgratgewölbe ohne Gurtbögen von Sandsteinsäulen getragen, wie sie auch bei anderen Bauten Annos, z. B. St. Georg oder St. Maria ad Gradus, erscheinen. Der jüngere östliche Teil der Krypta mit einer Höhe von etwa 4,65 m wird von vier Säulenpaaren aus Trachyt getragen. Die Würfelkapitelle sind nun prononciert mit einem begleitenden Wulst versehen, und die Kreuzgratgewölbe werden durch klar geschnittene Gurtbögen voneinander getrennt.

Durch die staufische Verlängerung ist der ursprüngliche Abschluß von Krypta und Chor unbekannt. Aber das östliche Paar der Sandsteinsäulen mit einem in sechs Streifen gegeneinander gesetzten Fischgrätmuster zeigt wohl das alte östliche Ende an. Hier wird der Altar gestanden haben. Ähnliche Säulen erscheinen zur selben Zeit in den Krypten von St. Peter in Utrecht oder der Abteikirche von Klosterrath. Jeweils die Säulen links und rechts des Altars sind auf diese Weise hervorgehoben. Ähnliches ist aus England bekannt, verbreitet vom Norden mit der Kathedrale von Durham bis zur Krypta im südlichen Canterbury. Dahinter steht das Vorbild der Colonna Santa in Rom. Das ist der Legende nach die Säule, an welcher der jugendliche Jesus im Tempel lehrte, Teil also des Lebens Christi, Symbol des Tempels als Haus Gottes. Im Barock wird dieses Symbol ja dann wieder zu einem geläufigen Begriff der Architektur.

Den Abschluß der Bauarbeiten am **Langchor** scheint die Gestaltung des Verbindungsbereichs zwischen Ovalbau und Langchor gebildet zu haben. Das erinnert an den Gang der Arbeiten nach den Zerstörungen des Zweiten Weltkrieges. Ende des Jahres 1190 werden die Reliquien der Märtyrer in die ›nova crypta‹, in die neue

St. Gereon. Isometrische Darstellung. Zeichnung von F. Schmitz, 1885

Krypta, übertragen. Damit ist offensichtlich die neugestaltete **Confessio** am Westende der Krypta gemeint, in der heute drei übereinandergestellte Sarkophage die Erinnerung an die Märtyrer wachhalten. Ende August des folgenden Jahres 1191 weiht Bischof Bertammus von Metz den Altar des hl. Petrus und des hl. Blasius. Der Altar Petri befand sich in der Nische auf der Südseite mit dem Zugang zur Krypta. Der Altar des hl. Blasius könnte in der damaligen Sakristei gestanden haben; denn mit der Vollendung der gotischen Sakristei

St. Gereon und St. Christoph. Gemälde von G. A. Berckheyde, Mitte 17. Jh., Kölnisches Stadtmuseum

im Jahre 1319 wird er zuletzt erwähnt. Mit der zusätzlichen Weihe dieser beiden Altäre könnten sich erste Bauarbeiten im Bereich des Ovalbaus andeuten.

Anderes weist in die gleiche Richtung. Der obere der drei Sarkophage in der Confessio trägt die spätromanische Inschrift: »HIC RECONDITA SUNT CORPORA THEBEORUM MARTYRUM.« Sieben weitere solcher Sarkophage waren in den Nischen des Dekagons aufgestellt, deren Inschriften sogar Zahlenangaben über die in ihnen untergebrachten Skelette enthielten.

Nur zwei davon haben die Zerstörungen des Zweiten Weltkrieges überstanden. Zwei weitere Sarkophage, die teils die Altarplatte des Hauptaltars im Chor trugen, waren mit einer Inschrift versehen, welche die Aktion der Erhebung der Gebeine in das Jahr 1212 datierte. Das stimmt mit dem zweiten im Altarsepulcrum überlieferten Siegel des Kölner Erzbischofs Dietrichs I. (1208–12) überein, das dort neben denen Erzbischofs Arnold II. und Ruperts von der Pfalz gefunden worden war. In dieser untergegangenen, nur überlieferten Inschrift scheinen die gesamten Aktivitäten zusammengefaßt, an deren Anfang die Erneuerung der Confessio steht.

Aber bevor wir nun uns dem Höhepunkt der Baugeschichte, dem Dekagon, zuwenden, noch einen letzten Blick auf die **Chorfassade.** Chorfassaden sind durch die Lage Kölns am Westufer des Rheins bedingt. Am Ufer gelegene Kirchen wie St. Kunibert, St. Maria Lyskirchen oder Groß St. Martin setzen hier den architektonischen Akzent. Aber auch innerstädtische Kirchen stehen in der gleichen Situation. Der Besucher nähert sich ihnen von Osten, aus der Stadtmitte kommend. So entsteht die Schaufront im Osten bei St. Gereon oder St. Aposteln jeweils der Stadt zugewandt. Typisch für die Kölner Chorfassaden ist die von zwei Türmen begleitete Apsis. Ähnliches mögen schon die Baumaßnahmen Annos angedeutet haben. Mit St. Gereon wird ein Höhepunkt erreicht. Der Reichtum der Gliederung der Apsis über Sockel, Kryptageschoß, Chorunter- und -obergeschoß ist schon geschildert worden. Selbst St. Aposteln bleibt in den Rahmungen der Fenster schlichter als St. Gereon. Hier, an St. Gereon, erscheint dann erstmals (oder ist Groß St. Martin früher?) die prunkvolle Verbindung von Plattenfries und Zwerggalerie mit einem weit ausladenden Traufgesims darüber. Die unteren drei Geschoßgliederungen werden gleichmäßig auch auf die **Flankentürme** übertragen.

Mit der Höhe von Zwerggalerie und Plattenfries trennen sich die Wege. Der Ostgiebel über dem Dach der Apsis setzt mit seiner einst wohl mit Skulpturen gefüllten Nischengliederung etwas höher an als das entsprechende Turmgeschoß. Ein hier durchgezogenes Gesims, durchaus denkbar, hätte zu einer merkwürdigen Trennung der Bauteile geführt. So bleibt die Mitte betont, und gleichmäßig, organisch wachsen die Türme aus der Rahmung der Apsis heraus. In sieben Etagen steigen sie auf, wobei jeweils ein deutlicher Mauerrücksprung die Etagen markiert. Die freistehenden letzten drei Turmgeschosse werden immer reicher durchgegliedert und schließen mit je zwei Dreiecksgiebeln auf jeder Turmseite ab. Ein Bild, das in Köln sonst nur noch bei der untergegangenen Kirche St. Laurentius erschien. Ein bewegter Umriß, der als Vorbild den achtseitigen Vierungsturm ahnen läßt, wie er erstmals um 1170 in (Dormagen-) Knechtsteden gebaut worden ist. Diese lebendigen Silhouetten, in denen Günter Bandmann die Giebel des Himmlischen Jerusalem erkannte, wirken hier nach.

Der Höhepunkt: das Dekagon

Der Altar im Chor ist offensichtlich im Jahr 1212 von Erzbischof Dietrich I. erneut geweiht worden. Ursache war sicher der Einbau der beiden Sarkophage mit Thebäerreliquien, welche die Inschrift trugen. Nimmt man nur die Zahlenangaben der Inschriften – längst nicht alle Inschriften enthielten eine –, kommt man auf 81 Skelette, die bei dieser Aktion erhoben worden sind. Die beiden erhaltenen Sarkophage (von einst sieben) sind auf der Südseite des Dekagons eingemauert, und ein fast zerstörter ist noch in einer Nische der Nordseite zu erkennen. Diese große Zahl von Reliquienfunden, die bei weitem alles übersteigt, was bei den Grabungen Annos oder Norberts gefunden wurde, läßt auf größere Grabungsaktivitäten im und wohl auch um den Kirchenbau schließen. Keine schriftliche Überlieferung hat diese Arbeiten festgehalten. Das läßt vermuten, daß die Reliquienfunde nicht das eigentliche Ziel der Grabungen waren, sondern ein Nebenergebnis von Erdbewegungen mit einem anderen Ziel. Und damit stehen wir mitten in den Bauarbeiten des frühen 13. Jh. am Dekagon.

Über den Abschluß der Bauarbeiten, die Vollendung des Kuppelgewölbes über dem neugestalteten Dekagon, sind wir gut unterrichtet. Die ›Annales Sancti Gereonis Coloniensis‹ haben das festgehalten: »Anno incarnationis dominice 1227 in octava apostolorum Petri et Pauli completa est testudo monasterii sancti Gereonis.« Wie eine kostbare Reliquie hatte man die Mauern des spätantiken Baus in den Neubau einbezogen, seine Gestalt davon bestimmen lassen. Ähnliche Rücksichtnahme kennen wir auch von anderen mittelalterlichen Kirchenbauten. Als Mindestmaß dieser Art von Pietät kann man bei Grabungen fast immer die Beibehaltung des Platzes des Hauptaltars feststellen. Der Gedanke der Sparsamkeit mag daneben durchaus auch eine Rolle gespielt haben. Was man weiter benutzen konnte, mußte nicht kostspielig abgerissen werden und ersparte beachtliche Baukosten für den geplanten Neubau.

Diese Finanzprobleme, an denen sich ja bis heute nichts geändert hat, haben zu einer weiteren Nachricht in den Quellen über den Bau des Dekagons geführt. Im Jahre 1219 beschließt das Kapitel, die Versammlung der Stiftskanoniker, umfangreiche Investitionen für den Neubau: »Cum edificia nostre ecclesiae ex longa vetustate dispacta iam ruinam minarentur et eorum restauratio dilationem nullam pateretur.« Jedes Mitglied des Stifts wird zu Beiträgen für die ›fabrica ecclesia‹, für die Baukasse, herangezogen, da die Bauten unserer Kirche wegen hohen Alters auseinanderfallen, zur Ruine zu werden drohen und die Restaurierungsmaßnahmen keinen Aufschub mehr dulden. So steht es auch heute in jedem entsprechenden Beschluß und Antrag auf Baumittel. Solche bedrohlichen Schilderungen gehören zum unvermeidlichen Inventar an Formulierungen für diesen Zweck. Fast wortgleich sind zwei weitere Kapitelbeschlüsse aus dem Jahre 1224. Und im Jahr 1238 erhält die Baukasse wieder auf neuen und anderen Wegen zusätzliche Einnahmen zugewiesen. Der Beschluß des Jahres 1219 belegt also nur – und das deutlich, da andere Finanzierungswege als bisher erschlossen werden –, daß die Baukasse leer ist. Eingesetzt haben die Bauarbeiten sicherlich früher.

Im selben Kapitelbeschluß des Jahres 1219 wird festgelegt, daß das Badehaus des Stifts binnen eines Jahres fertigzustellen ist. Das wirkt auf den ersten Blick zwar mehr als kulturgeschichtliches Kuriosum, ist aber eine der wenigen Angaben, die wir für das mittelalterliche Köln zu Bauzeiten haben. Setzt man als erfahrener Bauherr schon ein Jahr als wohl knappe Frist für die Erneuerung eines Badehauses, können wir kaum erwarten, daß eine der kühnsten Baumaßnahmen der Kölner Romanik binnen acht Jahren vollendet war.

Alles spricht dafür, daß zu Beginn des 13. Jh. mit den Funden der Thebäerreliquien die Bauarbeiten für die Fundamentierungen begonnen haben. Auch die architekturgeschichtliche Einordnung der Formen, die der Architekt des Dekagons verwendet, spricht

St. Gereon, Dekagon ▷

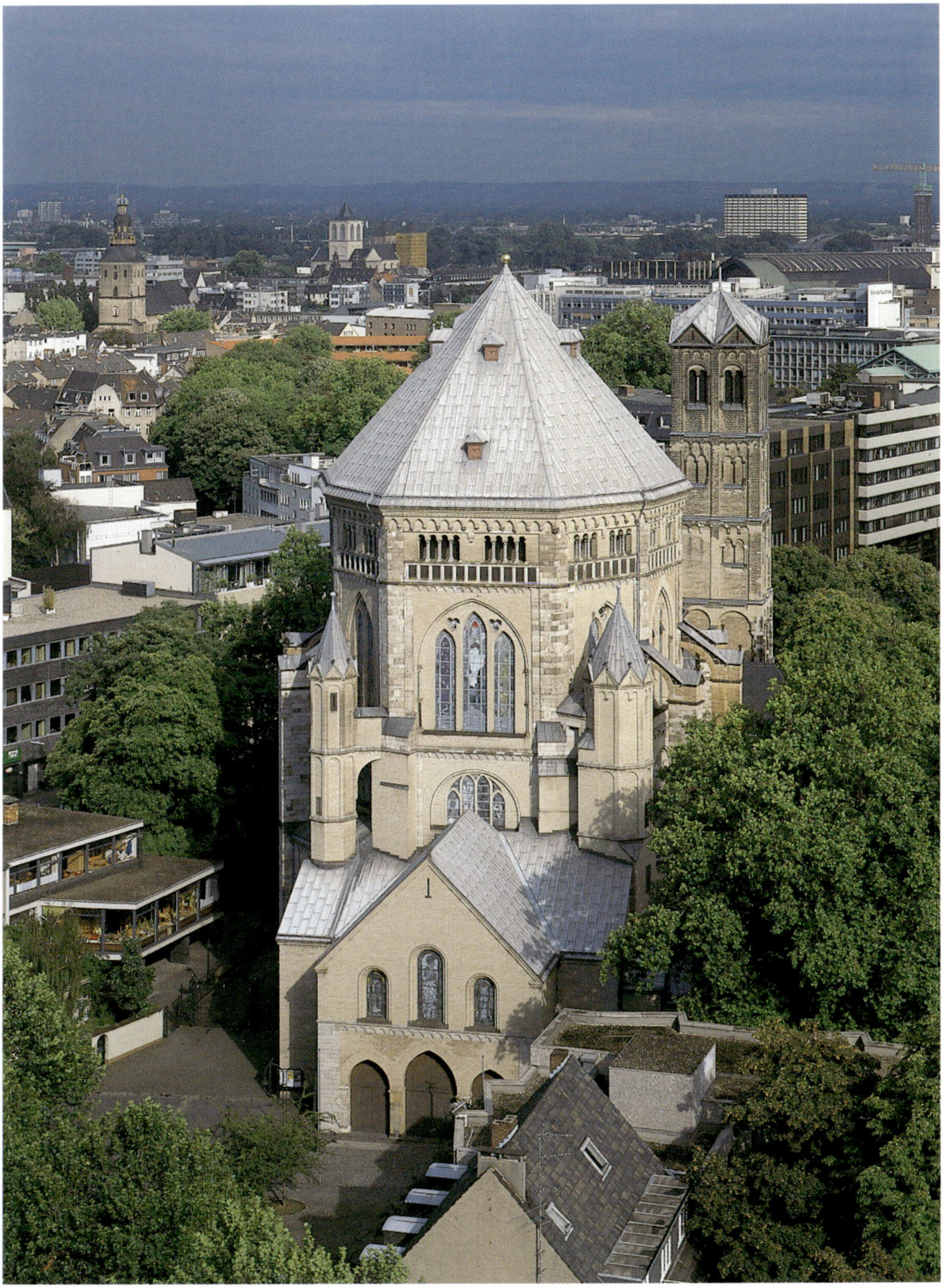

St. Gereon, Nordwand des Dekagons mit den Fenstern von Georg Meistermann und Wilhelm Buschulte

nicht dagegen – sie erhalten sogar ihren eigentlichen Rang an Modernität, wenn wir einen Baubeginn um 1210 annehmen. Die ›gotischen‹ Formen, die am Dekagon erscheinen, Knospenkapitelle, Strebepfeiler und Strebebögen und schließlich die Gruppenfenster des Obergadens entsprechen dem Stand der Entwicklung gotischer Architektur in der Île de France zu dieser Zeit.

Mit einer Scheitelhöhe von 34,55 m bei einer Breite von 16,90 m zur Länge von 21 m erreicht das **Dekagon** als Ovalraum die üblichen

St. Gereon, Gewölbe des Dekagons

Maße französischer Kathedralen Ende des 12. und zu Beginn des 13. Jh. Der viergeschossige Wandaufbau, zu dieser Zeit schon nicht mehr das Modernste an Kathedralenarchitektur, ist hier durch den Bestand des spätantiken Baus bedingt. Mit einem dreigeschossigen Aufbau hätte sich bei den vorgegebenen Maßen der Nischen nicht die gewünschte Höhe erreichen lassen. So werden innen anstelle der spätantiken Doppelsäulen mächtige Pfeiler vorgelegt. Als dünne Wandschicht umfangen sie mit gebrochenem Bogen noch abschließend die Fächerfenster des dritten Geschosses.

Die am Pfeiler eingestellten Dienste, die den spitz gebrochenen Gurtbogen über den Fächerfenstern tragen, betonen die Einheit der so zusammengefaßten Formen. Die Nischen bleiben bar jeglichen Schmuckes. Erst das Emporengeschoß mit seinen Arkaden in gestaffelter Höhe ist mit ornamentaler Steinmetzarbeit reich ausgestattet. Kelchknospenkapitelle und reich durchgearbeiteter Dekor als Rahmung bieten ein fast maßwerkartiges Bild. Die Emporen auf beiden Seiten des Dekagons nutzen den Raum über den spätantiken Nischen. Ihre zierlichen, halbseitig wie Muscheln angelegten Gewölbe sind kleine Vorstufen zur großen Kuppel. Rippen sind allerdings nur auf der Südseite unterlegt. Auf der Nordseite fehlen sie und zeigen damit deutlich, daß sie noch keinen konstruktiven Zweck erfüllen, spätromanische Dekoration bleiben. Kopfreliquiare vom hohen Mittelalter bis ins 18. Jh. rufen hier das bewohnte himmlische Jerusalem in Erinnerung. Über der Empore liegt, mit einem innenseitigen Laufgang davor, das Geschoß der Fächerfenster. Das steht deutlich in der rheinischen Tradition der doppelschaligen

Wand. In der Île de France hätte man den Laufgang nach außen verlegt. Das gilt auch für den Laufgang vor den Gruppenfenstern darüber. Sie werden geschickt durch zweifach in das gestufte Gewände eingestellte Säulen mit Spitzbogenwülsten darüber gerahmt. Jeweils zwei, im Osten und Westen drei gestaffelte Lanzettfenster mit einem oder zwei Dreipässen dazwischen werden so zusammengefaßt. Durch die hohen Dienste, als Dreiviertelsäule vor den Pfeiler gelegt, mit den kräftigen Rippen darüber, werden die Geschosse zu jochartigen Einheiten verbunden.

Das gut 40 cm dicke *Gewölbe*, in das die Rippen eingebettet sind, zeigt noch einmal, wie weit der Architekt trotz des äußeren Anscheins von den bautechnischen Entwicklungen im Herzen Frankreichs entfernt ist. Dort dienten Rippen als Führungslinien dünner, leichter Gewölbekappen. Hier, in der Kuppel von St. Gereon, deren Rippen in einem mächtigen hängenden Schlußstein enden, sind die Rippen mehr Dekoration als funktionaler Teil der Architektur. Der hängende Schlußstein in Form eines Granatapfels, Symbol der Auferstehung, war ursprünglich aus Kork und mit Leder überzogen. Im Krieg vernichtet, hat man ihn nun in Holz ersetzt.

St. Gereon, hängender Schlußstein im Gewölbe des Dekagons

Für den Seitenschub des mächtigen Gewölbes sind die kurzen Strebebögen über den zarten Strebepfeilern zwar an der richtigen Stelle angesetzt, aber es fehlt obenauf das notwendige Auflagegewicht, um tatsächlich den Schub ableiten zu können. Ein entsprechendes Auflagegewicht auf die Mauern des Dekagons selbst bringen Zwerggalerie mit Plattenfries, das mächtige Traufgesims darüber. Aber das alles hätte auf Dauer kaum ausgereicht. Wie rings um die Vierungen von St. Aposteln oder Groß St. Martin hat man die Kuppel von St. Gereon durch einen hölzernen Ringanker im Boden des Laufgangs der Zwerggalerie gesichert. Den gleichen Kanal nutzt dort der heutige stählerne Ringanker. In der Technik des Gewölbes ist der Abstand vom in der Île de France erreichten technischen Niveau deutlich zu erkennen. Rheinisch, spätromanisch ist auch die Lösung, die Laufgänge über der Empore und vor dem Obergaden innen und nicht außen verlaufen zu lassen. Damit tritt die Massivität des Mauerwerks erheblich stärker hervor. Die romanische Plastizität der Wand wird gegenüber der durchaus gotischen Linienführung betont.

Die Verwendung ›gotischer‹ Einzelformen, wie der Kelchknospenkapitelle der Emporen, Strebebögen und Strebepfeiler und der Gruppenfenster des Obergadens, bereichert das Erscheinungsbild der rheinischen Spätromanik, bedeutet noch nicht den Einzug der Gotik in Köln. Aber das entspricht dem Stand der Dinge. Die Gruppenfenster des Obergadens folgen den Vorbildern der Zeit. So waren sie in den Emporen von Noyon angedeutet oder in den frühen Fenstern von Chartres oder Bourges aufgeführt worden. Erst nach 1211 wird beim Bau der Kathedrale von Reims das Maßwerkfenster geschaffen. Der Architekt von St. Gereon kann diese aber nicht mehr gesehen haben, wenn wir einen Baubeginn um 1210 vorausset-

St. Gereon, Ansicht von Nordwesten, 1948

zen. Dann steht er auf der Höhe der Entwicklung. Denn erst mit Reims entstehen gotische Architektursysteme, die sich nicht mehr mit romanischen Formen verbinden lassen. Das zeigt im Gebiet des Deutschen Reiches sehr deutlich die wenig jüngere Architektur der Elisabethkirche in Marburg oder der Liebfrauenkirche in Trier. Für diese stufenweise Übernahme gotischer Architektur, verbunden mit einem Wandel in Technik und Organisation des Bauens, ist St. Gereon ein vornehmes Beispiel.

Die Taufkapelle

Nach der Vollendung der Kuppel, selbst für kirchliche Chronisten ein erwähnenswertes Ereignis, liefen die Bauarbeiten weiter. Das

St. Gereon. Fresken in der Taufkapelle

belegt schon die erwähnte Notiz über zusätzliche Einkünfte der Baukasse aus dem Jahre 1238. Auch die Baubegeisterung der Mitglieder des Stiftskapitels hält an. Dekan Hermann stellt für zwei Jahre die sicher beachtlichen Einkünfte aus seiner Pfründe für den Bau der **Taufkapelle** zur Verfügung. Das achtstrahlige Gewölbe des zierlichen Baus an der Südseite des Dekagons greift die klassische Konzeption der Baptisterien auf. Diese kann sich außen nicht auswirken. Die Taufkapelle war zur Bauzeit zwischen Dekagon und einem langen gedeckten Gang eingeklemmt, der von der östlichen Immunitätsmauer zum Westeingang des Dekagons in die Vorhalle führte.

St. Gereon, Kapitell in der Taufkapelle

Durch diese notwendige Wahl des Bauplatzes für die Taufkapelle dringt das Mauerwerk des gerade vollendeten Dekagons in den Raum der Taufkapelle ein. Dabei wurden Teile des noch frischen Verputzes des Dekagons konserviert. Eine einmalige Gelegenheit. Diese Reste zeigten eine Mörtelputzstärke von etwa 0,5 cm. Unabhängig vom tatsächlichen Fugenverlauf des Mauerwerks war darauf ein Fugenmuster mit schwarzen Strichen aufgetragen. Dieses Grundmuster des strahlend hellen Mauerwerks der äußeren Erscheinung des Dekagons wird man sich an architektonisch wichtigen Stellen, meist mit Bildhauerarbeiten besetzt, noch zusätzlich farbig gefaßt vorstellen müssen. Gesimse, Kapitelle oder Plattenfries sind sicher solche Stellen gewesen. Mit dem Schmuck des bleigedeckten Daches des Dekagons vollendete sich das prunkvolle Bild. Hier hat man auf

Resten der mittelalterlichen Bleiplatten rings um den bekrönenden Knauf 1878 Spuren vergoldeter Muster entdeckt.

Zurück zur Taufkapelle, die diese Entdeckungen möglich machte. Die Einzwängung der Taufkapelle macht auch die Lage der Fenster im Westen und rings um die kleine Apsis im Osten verständlich. Eine Fülle von Kapitellen, teils als Kämpfer der Rippen umgedreht aufgelegt, von Säulen mit Schaftringen und erhaltener Wandmalerei bietet einen ungewöhnlichen Eindruck spätromanischer Architektur. Ein Kleinod, das um 1230/1240 entstanden sein wird; eine genauere Datierung läßt die Notiz über die großzügige Stiftung des Dekans Hermann leider nicht zu. Die wenig später entstandenen *Wandmalereien* weisen in die Mitte des 13. Jh. mit den typischen scharf gebrochenen Falten der Gewänder, wie wir ihnen auch in St. Maria Lyskirchen begegnen. In Kontrast zur kleinteiligen Architektur stehen die großen Heiligengestalten der Nischen. In den Gewölbezwikkeln über dem Altar erscheint Christus als Richter des Jüngsten Gerichts, begleitet von Maria und Johannes dem Täufer. Über allem schloß sich ein blauer Himmel mit goldenen Sternen, zusammengefaßt im prächtig ornamentierten Schlußstein. Als Altarbild dient ein Triptychon des frühen 16. Jh.: eine Kreuzigungsdarstellung, auf den Flügeln begleitet von den Heiligen Georg und Christophorus.

Stift und Ausstattung

Die Fülle der Bauarbeiten an den romanischen Kirchen Kölns im 12. und frühen 13. Jh. ist nicht nur Prunken mit dem Reichtum, der aus fruchtbaren Ländereien bei besseren landwirtschaftlichen Methoden in dieser Zeit in die Kassen der Kapitel fließt. Den hätte man, wie zu jeder Zeit, auch damals anders verwenden können.

Die Memorialbücher der Stifte und Klöster verzeichnen die Todestage der Wohltäter. An diesem Tag werden sie besonders in das Gebet der Chorgemeinschaft eingeschlossen, es wird Fürbitte für sie eingelegt. Das war die Absicht derer, die dem Stift Ländereien oder andere Einkünfte vermachten. So kam ihr weltliches Gut ihrem Seelenheil zugute. Sich für ihr eigenes Seelenheil und das der Wohltäter einzusetzen, war die Hauptaufgabe solcher Institutionen. Dafür schufen die Bauten mit ihrer reichen Ausstattung den notwendigen Rahmen. Daneben wurde Seelsorge betrieben. Weite Bereiche wurden besonders in der Frühzeit von einem Stift aus versorgt.

Auch später sind Stiftsherren oft zugleich Pfarrer in weit von Köln entfernt gelegenen Gemeinden. In Köln selbst wurde die eigene Pfarrei in der kleinen Kirche St. Christoph versorgt. Sie wird 1172 erstmals erwähnt und schließlich zu Beginn des 19. Jh. abgerissen, als die Gemeinde nun St. Gereon nach Aufhebung des Stifts übernimmt. Meist wird zugleich eine kleine Schule betrieben, in welcher der eigene Nachwuchs an Kanonikern neben anderen Schülern ausgebildet wird. Viel Zeit verschlingt auch die Verwaltung der Güter,

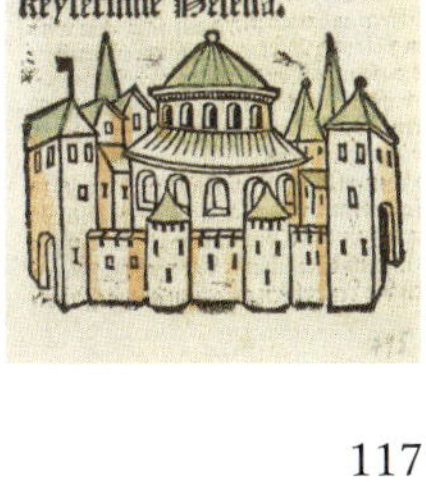

St. Gereon. Idealisierte Darstellung in der Koelhoffschen Chronik, Köln 1499

aber einen großen, wohl den größten Teil des Tages nahmen Chorgebet und Meßfeier ein.

Welche Intensität die Frömmigkeit gerade in St. Gereon erreichte, zeigt die Tatsache, daß die erste nachweisbare Fronleichnamsprozession 1277 von hier ihren Ausgang nahm. Mit Enthusiasmus hatte man die von Lüttich ausgehende Bewegung neuer Frömmigkeit hier aufgenommen. Vielleicht war es Dekan de Schinnis, der etwa zu dieser Zeit sein Amt übernahm, der die Neuerung einführte. Seine Begeisterung für den Bau, seine Ausstattung und die Liturgie zeigt er mit einer Stiftung aus dem Jahre 1280. In der zweiten Nische der Nordseite des Dekagons ließ er am Marienaltar ein neues, gotisches Fenster einsetzen. Es ist anzunehmen, daß weitere Mitglieder des Stiftskapitels in diesen Jahren für die anderen Fenster sorgten. Seine Freigebigkeit gilt nicht nur der Architektur. Er stiftet zugleich 40 Mark, etwa 10 kg Silber – ein beachtliches Kapital – für den Unterhalt des Chors; außerdem zwei Mark für die Verbesserung der Orgel. Er läßt das Kreuz vor dem Chor neu vergolden und die Figuren Mariens, der hll. Johannes, Gereon und Helena neu anfertigen, die auf einem Balken unter dem Kreuz stehen. Hier spürt man, in einer Urkunde zusammengefaßt, aus welchen lebendigen Zusammenhängen liturgischen Stiftslebens der Bau erwachsen ist.

Größere Bauunternehmungen stellen in gotischer Zeit nur die Erneuerung der **Sakristei** und die gotische Umwandlung des Chors dar. 1319, als der Priesterkanoniker Johannes von Stayburg den Altar der Sakristei dotiert, ihn mit Einkünften versieht, die einen Vikar ernähren sollen, wird der Bau vollendet sein. Die vierbahnigen Fenster der Sakristei entsprechen im Maßwerk fast den Fenstern des Chorumgangs im Dom. Sie sind nur wenig bescheidener angelegt. Prunkvoll, Vorstufe für das Blendmaßwerk der Nordwand des Han-

St. Gereon, die Umgebung mit den Bauten des Stiftskapitels und St. Christoph, Zustand Anfang 17. Jh. (Modell), Kölnisches Stadtmuseum

sasaals im Rathaus, wird das Blendmaßwerk an der Südwand der Sakristei. Hier wird ein Reichtum ausgespielt, den man bei offenen Maßwerken nicht durchführen wollte. Die Fenster sind im Maßwerk bescheidener. Sie bewahren noch im Unterteil einen Heiligenfries der kostbaren Fenster des frühen 14. Jh. Wilhelm Buschulte hat sie kongenial fortgesetzt.

Die Sakristei ist heute zugleich Schatzkammer der Kirche, die Grabungsfunde und Kirchengerät vom frühen Mittelalter bis heute bewahrt. Aus der mittelalterlichen Bauzeit, dem Höhepunkt der Architektur des Dekagons entsprechend, stammen zwei kostbare Armreliquiare, deren Emails Gereon und Helena – mit der ältesten Darstellung der Kirche –, auch den Stifter, Propst Arnold von Born, zeigen.

Von schlichter Präzision sind dagegen die *Maßwerkfenster* und *Gewölbe*, die in den beiden **Chorjochen** in der zweiten Hälfte des 14. Jh. eingefügt wurden. Heinrich Suderland, Mitglied des Stiftskapitels, stiftete sie. Er starb 1404. Das Memorialbuch des Stifts notiert zwar auch, daß er außerdem die **Vorhalle** und zwei Flügel des untergegangenen Kreuzganges wölben ließ, berichtet aber nicht, in welchen Jahren diese Arbeiten durchgeführt wurden. Die Konsolen der Gewölbe der Vorhalle mit ihrer Versammlung erschreckender Dämonen – nur ein Engel mit erlösender Botschaft ist dazwischen – bieten ein beängstigendes Bild von der Furcht, die das späte Mittelalter bewegte.

St. Gereon, romanische Löwenskulptur und Konsole in der Vorhalle

Ein solcher Bau bedarf ständiger Pflege und muß immer wieder einmal den Erfordernissen der sich wandelnden Liturgie angepaßt werden. Die zufällig überlieferte Aktion des Dekans Wilhelm de Schinnis ist nur ein Beispiel für viele, die wir nicht kennen. Im 17. und 18. Jh. ist man dabei besonders aktiv. Es werden sogar die Fenster der Apsis vergrößert, um barockem Lichtbedürfnis zu genügen. So ist von den aufeinanderfolgenden Ausstattungen oft nur ein Rest als Monument zu entdecken, das einst Teil eines großangelegten Konzeptes war. Entscheidende Eingriffe in die Bausubstanz und in die Gestaltung der Umgebung der Kirche bringt die Säkularisation. Die Cäcilienkapelle auf der Nordseite des Dekagons und der dort wieder erneuerte Treppenturm werden wegen Baufälligkeit abgerissen. Kreuzgang und Stiftsgebäude folgen. Die Gestalt der Vorhalle wird verändert. Die letzte großzügig geplante Ausstattung, die August von Essenwein entworfen hatte, ist im letzten Krieg vernichtet worden. Eine neue Konzeption ist an ihre Stelle getreten. Das läßt sich am einfachsten erfassen, wenn man mit bedachtem Blick auf diese Spuren der Vergangenheit die Räume noch einmal abschreitet.

Rings um die Kirche begegnet man schon den Spuren unseres Jahrhunderts, das sich wie jedes von ihm bei Restaurierungsarbeiten immer auch zu eigener Gestaltung herausgefordert fühlt. Von Werner Schürmann stammt das *Bronzetympanon* über dem Eingang zur Krypta, für diesen damals einzig benutzbaren Raum kurz nach dem Kriege geschaffen. Noch aus den späten zwanziger Jahren zeugt die

Umrahmung des *Nordportals* von einer der vielen Umgestaltungen der Vorhalle. Lambert Schmidthausen hat hier die Verkündigung, Johannes den Täufer und Johannes den Evangelisten zusammengestellt. Über einem der Strebepfeiler, über demjenigen, den der letzte Krieg bis in die Grundfesten erschütterte und zerstörte, erinnert die *Friedenstaube* Theo Heiermanns an das Wüten dieser Jahre, verkündet Hoffnung.

In der **Vorhalle**, im Westen geöffnet, hüten zwei mächtige romanische *Löwen*, wohl erst nachträglich an diese Stelle versetzt, den Eingang zum Dekagon. Sie liegen auf Pfeilern, die ähnlich in den Nebenräumen erscheinen, wohl Spuren der romanischen Gestalt der Vorhalle, die Ende des 14. Jh. durch die Stiftung des Kanonikers Suderland ihre Gewölbe erhielt.

Glänzend restauriert, leuchtend in den Farben ist das *Tympanon* über dem Eingang zum Dekagon wiederhergestellt. Es zeigt Christus als den Weg des Heils, neben ihm Gereon und Helena. Darunter berichtet eine Inschrift von der Fülle der Heiligen, die hier ruhen. »Templum Sanctorum Gereonis sociorum eius CCCXVIII thebaeorum Martyrum, et Gregorii sociorum eius CCCLX Maurorum Martyrum« – Gereon mit seinen 318 Gefährten und Gregor Maurus mit seinen 360 Gefährten werden dem Besucher in Erinnerung gerufen. Das gelungene *Gitter* darunter entstand gleichzeitig zur Portalumrandung auf der Nordseite der Vorhalle, entworfen von Hans Hansen und von Heinrich Hecker ausgeführt, die heute alltäglich als Eingang dient. In den Boden der Vorhalle eingelassen, Denkmal und Orientierungshilfe für Besucher zugleich, ist ein *Grundriß der Kirche*, noch umgeben von den untergegangenen Stiftsgebäuden, aus Bronze von Andreas Dilthey. In der erst 1897 entstandenen Kapelle der Südseite der Vorhalle hat eine Michelangelo folgende *Pietà* des Düsseldorfer Künstlers Johann Reiss aus dem gleichen Jahr die Bomben überstanden. In der Helena-Kapelle auf der Nordseite hängt eine *Kreuzigungsdarstellung* der Mitte des 16. Jh. Neben Maria und Johannes treten Gereon, Papst Silvester, Bischof Hildebold und Helena mit dem Modell ihrer Kirche. Auch eine Reihe der kostbaren *Grabdenkmäler* ist erhalten, wie das des Stiftskanonikers Krytwyss des frühen 16. Jh. oder das der beiden Grafen von Königsegg, die als Dekan und Coadiutor des Dekans das Stift leiteten. Wobei allerdings der Jüngere, entgegen den Hoffnungen des Nepotismus, früher starb.

Die neue Gestaltung des Dekagons folgt den Impulsen, die von der Konzeption Wilhelm Nyssens ausgehen. Grundthema ist das Martyrium, Zeugnis des Gläubigen von seinem Glauben. So ist die Gestaltung des Gewölbes verstanden, die »im Rot der Zeugenschaft die Flammengarben des Pfingstgeistes aufleuchten läßt, der jedes Martyrium in der Kirche bewirkt«.

Dies gilt auch für die Gestaltung der *Fenster*, die einem Grundthema entsprechen: »Der Sieg Christi in seinen Heiligen, die Einheit von Himmlischem und Irdischem Jerusalem.« Die Fenster der beiden oberen Geschosse entstanden nach Entwürfen *Georg Meister-*

manns. Im Osten, über dem Triumphbogen zum Chor, wird das Thema der Chorapsis wiederholt, Christus als Richter des Jüngsten Gerichts, fürbittend daneben Maria und Johannes. Das Lamm der Apokalypse im Mittelfenster steht über dem edelsteinhaften Funkeln des Himmlischen Jerusalem. In den Lanzettfenstern links und rechts, im Süden und Norden, ergänzen die Propheten des Alten Testaments mit den Gesten des Zürnens, Schauens, Rufens und Lauschens das Bild. Apostel des Neuen Testaments füllen die restlichen Fenster. Petrus als Fels, daneben Jakobus mit dem Stab des Bischofs von Jerusalem, dann Jakobus der Ältere, Johannes, Philippus und Matthäus im Süden. Ihnen folgen im Norden Andreas mit den schrägen Balken des Andreaskreuzes, Paulus mit der roten Glut seines Attributs, des Schwertes, Judas Thaddäus, Bartholomäus, Simon und Thomas.

Das große Westfenster verbindet Pfingsten – das Thema der Kuppel aufgreifend – mit der Himmelfahrt Christi. Das betont das Mittelfenster, links leuchtet der Glanz des Heiligen Geistes, rechts führen dunkle Töne in das Reich des Todes. Im kleinen Westfenster darunter wird das Kölner Thema der Epiphanie Christi angestimmt. Die Heiligen Drei Könige erscheinen, um ihre rot leuchtenden Gaben dem auf Erden erschienenen Herrn zu überreichen. Ihnen zur Linken und Rechten in den Fächerfenstern ist die Zone der himmlischen Wesen angesiedelt. Man erkennt nach geduldigem Schauen die Symbole der vier Evangelisten, wie sie schon Ezechiel und Johannes sahen. Die vier Reiter der Apokalypse runden das Bild der Visionen ab. Die Fenster *Georg Meistermanns*, von dem auch die drei Fenster der Chorapsis mit der Darstellung der Verkündigung mit Engel, Heiligem Geist und Maria stammen, bringen einen ungewöhnlichen Farbenklang und eine nicht leicht auf den ersten Blick lesbare Zeichnung oft dichter Linienführung des Bleis. Dem Ungeduldigen gegenüber, der eine leichte Bildsprache erwartet, sperren sie sich. Aber auch ihn vermag die Kraft und Fülle der Farben zu faszinieren.

Wilhelm Buschultes Fenster im Emporengeschoß zeigen dagegen in leichter verständlichen Farben und Zeichnungen Heilige: im Norden Josef und Albertus Magnus, Heribert, Petrus Canisius und im Süden Maria, Ursula, Hildegard von Bingen und Adelheid von Vilich. Aus seiner Werkstatt stammen auch die ornamentalen Fenster der Nischen des Dekagons.

Der teils in leichtem Relief gehaltene *Fußboden* ist von *Elmar Hillebrand* und *Andreas Dilthey* gestaltet worden. Teppichhaft im Zentrum die Enthauptung des heiligen Gereon, ihn umgeben die Sinnbilder des Opfers mit dem vom Löwen geschlagenen Stier, des Zeugnisses mit Daniel in der Löwengrube und eine Darstellung des zerstörten Dekagons, das 40 Jahre nach Kriegsende wieder in den Gebrauch der Gemeinde genommen werden konnte.

Die *Mondsichelmadonna* stammt aus der untergegangenen Kirche vor dem Chor des Doms, St. Maria ad Gradus. In der zweiten

St. Gereon, Mondsichelmadonna aus St. Maria ad Gradus

St. Gereon, Apsis, romanische Wandmalereien und Fenster von Georg Meistermann

Hälfte des 14. Jh. entstanden, gelangte sie erst Ende des 19. Jh. nach St. Gereon. Im reichen Faltenwurf und im weichen Liebreiz der Gestalt spürt man noch die Nähe der Verkündigungsgruppe in St. Kunibert.

Der Langchor ist durch die Zerstörung des letzten Krieges seines kostbaren Schmuckes weitgehend beraubt. Das gotische Chorgestühl des frühen 14. Jh. fiel bis auf das kleine *Modell der Kirche*, das die hl. Helena in der Hand trug, den Flammen zum Opfer; und das

St. Gereon, Altargemälde des Sebastianusaltars, 1635 ▷

wieder war eine Ergänzung des 19. Jh. Ebenso sind die barocken Wandreliquiare, die an die Ausstattung der Goldenen Kammer in St. Ursula erinnerten, bis auf die hölzerne Skulptur des hl. Gereon untergegangen. Ihm entspricht die restaurierte Plastik der hl. Helena, gegenüber neben der kostbaren *Tür der Sakristei.* Diese blieb erhalten. Unter der dünnen Fassung, erkennbar aus Tannenholz gearbeitet, zeigt die Doppeltür schon darin ihre Herkunft aus dem Süden Deutschlands. Vielleicht sind die beiden Türflügel mit Christus als Schmerzensmann und Maria als Mater dolorosa, die Anfang des 16. Jh. entstanden, ein Geschenk des Stiftskanonikers Johannes Krytwyss aus Esslingen. Er starb, wie sein Grabstein in der Vorhalle berichtet, im Jahre 1513.

Erhalten blieb auch die Hälfte der großen *Tapisserien*, die 1765 in Aubusson unter der Leitung des Meisters Fouries entstanden. In gedämpften Farben schildern sie drei Szenen aus dem Leben Josefs. 1608 schuf Wendelin Beyschlag das neue *Sakramentshaus.* In den Renaissanceformen beginnt sich langsam schon barockes Leben zu rühren. Über dem Gitter die Szenen des Abendmahls und der Auferstehung sowie ursprünglich eine Kreuzigung, die im Zweiten Weltkrieg unterging.

Nur noch Schemen des mittelalterlichen Glanzes und der einstigen bunten Farbenpracht bieten die Umrisse der *Wandmalereien der Apsis.* Heilige, meist der Thebäischen Legion, bewohnen die Nischen, und darüber erscheint Christus als Richter des Jüngsten Gerichts, begleitet von Maria und Johannes dem Täufer sowie zwei der vier Wesen, die uns als Symbole der Evangelisten geläufig sind. Edelsteinhaft leuchten dazwischen die drei *Fenster der Verkündigung* von Georg Meistermann.

Raumfüllend und doch durchschaubar strahlt in Gold, weißem und dunklem Marmor als Grenze zwischen Dekagon und Langchor der alte *Hochaltar* aus St. Kolumba. 1717 wurde der verlorene Altartabernakel bei Johann Franz van Helmont in Auftrag gegeben; 1719 folgte die Krone. Ob der ganze Altar von ihm entworfen wurde, ist fraglich. Seine Konzeption folgt wörtlich dem Tabernakel, der nach dem Entwurf Carlo Fontanas 1674 für Santa Maria Traspontina in Rom gefertigt wurde. Es ist sicher ein Genuß, den wiederauferstandenen Altar zu sehen, aber ob er die endgültige Lösung der Gestaltung der Problemzone zwischen Langchor und Dekagon bietet? Hier hat auch der *Sebastianusaltar*, von dem nur das kostbare *Altargemälde* erhalten ist, wieder einen Platz gefunden. Das Altarbild des Sebastianusaltars, um 1635 entstanden, zeigt den geöffneten Himmel mit den Heiligen des »heiligen Köln«.

Sebastian selbst wirkt als Randfigur neben den heiligen Kölner Bischöfen, von denen Anno der hl. Helena seine Anbauten an ihre Kirche zeigt. Darüber die Scharen der Thebäer und Mauretanier und die Jungfrauen der hl. Ursula. Darunter breitet sich, von Johann Toussyn gemalt, das Panorama Kölns, während die Schar der Heiligen von Johann Hulsmann stammt, eines der prunkvollsten Zeugnisse des Kölner Selbstverständnisses als »heiliges Köln«, das die Stadt besitzt.

Die Krypta

Zur Krypta führen aus den östlichen Konchen des Dekagons zwei schmale Gänge. Auf der Südseite erreicht man hier auch die *Nikolauskapelle* mit den dort eingemauerten frühchristlichen Grabsteinen, die im Bereich von St. Gereon gefunden wurden. Noch dahinter liegt das Untergeschoß der gotischen Sakristei. Der Bereich

St. Gereon, Krypta

zwischen Chor und Dekagon ist mehrfach umgestaltet worden. So hat man am Ende des 19. Jh. zwei weitere Durchgänge, nahe der Confessio, angelegt, die jetzt im Westen wieder verschlossen sind.

Eine doppelte Arkade öffnet, wohl erst Anfang des 13. Jh. hinzugefügt, in der Krypta den Blick auf die dort übereinander gestellten Sarkophage. Eine Doppelsäule mit zierlichem Kapitell trennt die Bögen. Darüber ist Ende des 13. Jh. eine *Kreuzigung* als Wandmalerei gesetzt worden, der St. Gereon und die hl. Helena, die legendäre Gründerin der Kirche, als Assistenzfiguren beigegeben sind; keine besonders qualitätvolle Arbeit, aber im Bereich der Krypta noch die am besten erhaltenen Teile der Wandmalerei. Aus der gleichen Zeit um 1300 stammen die weiter östlich sichtbaren Rankenornamente in den Kreuzgratgewölben. Noch aus der staufischen Bauzeit stammt die nur fragmentarisch erhaltene Inschrift auf einem der östlichen Kapitelle: »IN HAC TUMBA CONDITUM EST …«. Damit war wohl darauf angespielt, daß man Reliquien der Thebäer (?) im Kapitell untergebracht hat. Die Fortsetzung der Inschrift fehlt. So ist nicht sicher festzustellen, ob man hier einen der nicht seltenen Fälle vor sich hat, daß die Reliquien im wörtlichen Sinne als Bausteine des Abbilds des Himmlischen Jerusalem benutzt wurden.

St. Gereon, Mosaik in der Krypta, Detail

Kostbarster Bestand der Krypta sind die im östlichen Teil Ende des 19. Jh. neu verlegten Reste des staufischen *Fußbodenmosaiks* aus dem Chor. Aus Berichten des 16. Jh. ist bekannt, daß es schon damals nur fragmentarisch erhalten war. Im 17. Jh. vom Chor in die Krypta verlegt, hat man seinen Bruchstücken im 19. Jh. früh Aufmerksamkeit geschenkt. Der Maler Tony Avenarius hat dann die Bruckstücke als ›Puzzle‹ angesehen, durchgepaust, wieder zusammengesetzt und ergänzt. In zwölf großen Feldern werden, eindrucksvoll knapp, Szenen aus den Geschichten um David und Samson als Vorläufern Christi erzählt. Kleinere Felder mit Tierkreiszeichen, stark ergänzt, runden das Bild ab. Italienische Vorbilder sind deutlich zu erkennen, und die Seltenheit eines solchen Kunstwerks im Deutschen Reich, jenseits der Alpen überhaupt, läßt noch heute den Stolz und das Selbstbewußtsein der Stiftsherren spüren.

Dieser Stolz, auf der Höhe der Zeit zu stehen, dokumentiert sich auch in der reizvollen Mischung gotischer Grundformen im Renaissancegewand, die der *Kreuzigungsaltar* im Zentrum der Krypta bietet. Er ist noch Zeugnis der Anfänge der Renaissance in Köln, entstanden in den Jahren um 1540. Hier zelebrierte Petrus Canisius, der bedeutende Theologe der Gegenreformation, im Juni 1546 seine erste Messe. Die bei aller Kraft der Farben zurückhaltenden *Fenster Alfred Manessiers*, 1964 entstanden, geben der Krypta ein ungewöhnliches Licht.

Es bleibt noch eine Fülle zu entdecken. Längst nicht alles läßt sich auf so kurzem Raum schildern, und einen ausführlichen Blick lohnt auf jeden Fall der *Schatz der Sakristei*, der allerdings nur selten und nach Voranmeldung zugänglich gemacht wird.

St. Kunibert, Ansicht von Südwesten ▷

St. Kunibert

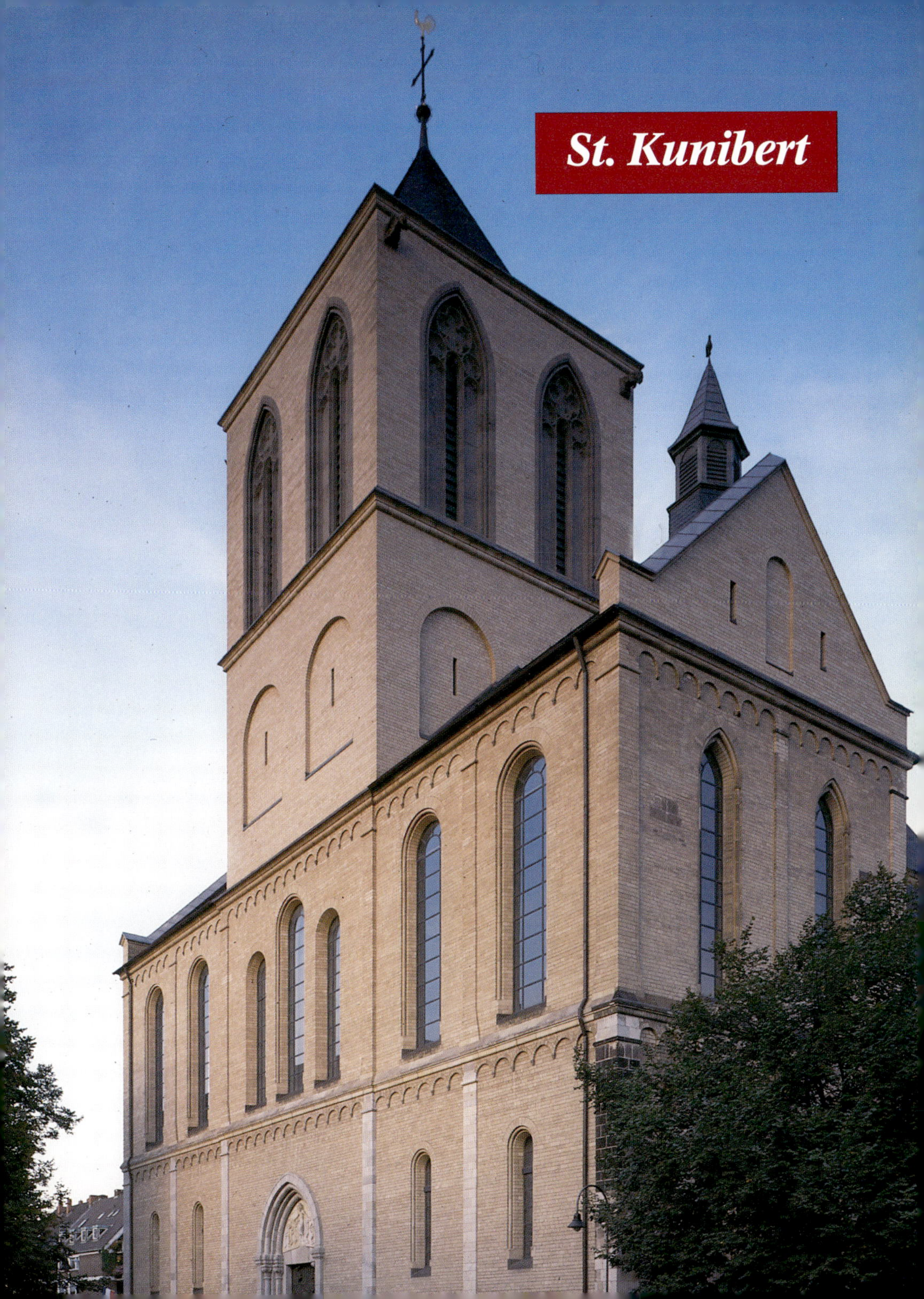

Stift und Kirche des 7. Jahrhunderts

St. Kunibert
Bronzeleuchter (Kruzifixus)
*Chorfenster ***
*Verkündigungsgruppe **
Taufkapelle

Mit der Wiederherstellung des Westbaus von St. Kunibert 1992 ist nun die letzte große Lücke im Kranz der romanischen Kirchen Kölns geschlossen. Das Rheinpanorama der Stadt gewinnt seinen nördlichen Abschluß zurück. An diese Rolle der Kirche, die seinen Namen trägt, hat aber Bischof Kunibert sicher nicht gedacht, als er eine noch Papst Clemens geweihte Kirche für sein Grab wählte. Diese Wahl einer Kirche weit vor den Toren der römischen Stadt, vielleicht inmitten einer kleinen Fischer- und Schiffersiedlung, spricht dafür, daß er sie auch erbauen ließ. So formuliert es die Legende. Zumindest hat er sie gefördert und das Kollegium der Geistlichen, das von hier aus Seelsorge betrieb, mit den notwendigen Einkünften ausgestattet.

Kunibert, der vor 627 zum Bischof von Köln geweiht wurde und nach 648 aus unseren Quellen verschwindet, ist der erste große Politiker auf dem Kölner Bischofsthron. Er ist zusammen mit dem Hausmeier Pippin Berater König Dagoberts I. und Regent des Reiches in Vertretung des unmündigen Sohnes Sigibert. Aus dieser Tätigkeit besaß er sicher ausreichend Mittel, um seine Grabeskirche auszustatten und auch das Armenhospital St. Lupus, nahe dem Dom, einzurichten. Seine Heiligenvita hat die dürftigen Fakten, die uns bekannt sind, um manche Szene bereichert. Hierauf hat man für das Fenster im Obergeschoß des Chors, das sein Leben schildert, mit Freude zurückgegriffen. Dort kommen auch wir noch einmal darauf zurück.

Die nächsten Jahrhunderte in der Geschichte von Stift und Kirche sind dunkel. 866 wird das Stift in der Bestätigung der Guntharschen Güterumschreibung erwähnt, und im Testament Erzbischof Brunos aus dem Jahre 965 erhalten auch der heilige Kunibert und die heiligen Ewalde, deren Reliquien inzwischen in derselben Kirche ruhen, bescheidene Gaben. Aber es wird im Gegensatz zu vielen anderen Kirchen kein Bauzuschuß erwähnt. Die bisherigen Grabungen haben Spuren der frühen Stiftsgebäude nachgewiesen, die Fundamente der Vorgänger der heutigen Kirche sind im Mittelschiff des romanischen Baus erschlossen worden.

Die Ausstattung dieses Vorgängerbaus muß beachtlich gewesen sein, wenn man einer fast klassischen Räuberpistole Glauben schenken will. Erzbischof Everger (985–999), dem die Nachwelt noch manch andere schurkische Tat zuschrieb, soll nach Klagen, die im 11. Jh. beurkundet werden, dem Stift Bücher, Altardecken, marmornen Fußboden und einen goldenen Altaraufsatz geraubt haben. Nachweisen läßt sich Everger der Raub nicht. Ebensowenig eine zweite schreckliche Anschuldigung. Er soll, als Erzbischof Gero 976 starb, als Schatzverwalter des Doms verhindert haben, daß man den scheintoten Gero wieder aus seinem Grab befreite, begierig, den Kölner Bischofsstab in seinen Besitz zu bringen. Die Nachwelt muß aus Gründen, die wir nicht kennen, Everger, dem Freund der Kaiserin Theophanu, nicht sehr wohlgesonnen gewesen sein. Ernsthaft kann niemand die Geschichte geglaubt haben, sonst wäre er im anspruchsvollen ottonischen Reichskirchensystem nie zum Bischof aufgestiegen.

Mögliche Anlässe, neu zu bauen oder zu erweitern, gab es sowohl im 11. wie im 12. Jh. Erzbischof Anno (1056–75) ließ die Reliquien der beiden Ewalde zur Ehre der Altäre erheben. Die kostbaren Überreste der beiden angelsächsischen Märtyrer, die in Sachsen ohne missionarischen Erfolg blieben und erschlagen wurden, befanden sich schon seit dem 8. Jh. in St. Kunibert. Jetzt wurden der schwarze und der weiße Ewald als vollgültiger Beitrag zum Heiligen Köln anerkannt. Solch eine Aktion brachte Geld in die Stadt und förderte oft auch die Baulust. Aber wir erfahren weder zu diesem Zeitpunkt etwas darüber noch im Jahre 1168, als die Gebeine Bischof Kuniberts erhoben werden.

Die jüngste romanische Kirche Kölns

Erst für den spätromanischen Bau haben wir Nachrichten. 1222 können kostbare Reliquien, die wohl aus dem großen abendländischen Raubzug des Vierten Kreuzzuges 1204 stammen, im neu erbauten Chor untergebracht werden. Dem entspricht, daß Dekan Constantin vor 1224 das Dach der Ostapsis mit Blei decken ließ. 1224 wird nämlich schon sein Nachfolger erwähnt.

Offen bleibt die Frage, wann mit dem Bau begonnen wurde. Schon 1242, als Erzbischof Theoderich von Trier starb, der seine Laufbahn als Propst von St. Kunibert begonnen hatte, weiß man es nicht mehr. Im Memorialbuch des Stifts sind die Eintragungen für das genaue Datum offengelassen worden. Bekannt ist nur, daß Theoderich den Grundstein für den Neubau legte. Und man weiß auch, daß er 1226 die Altäre am Ostende der Seitenschiffe weihte. Bis 1210

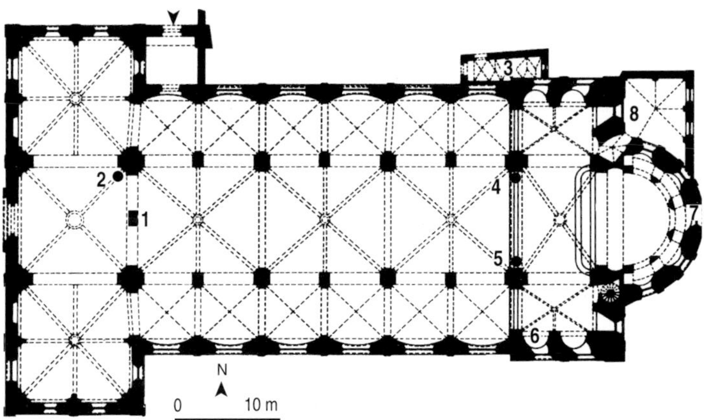

St. Kunibert, Grundriß
1 Bronzeleuchter mit Kruzifixus (15. Jh.)
2 Hl. Quirinus (um 1500)
3 Schatzkammer
4 Gabriel
5 Maria
6 Taufkapelle (Kreuzigung)
7 Fenster von Will Thonett
8 Sakristei

St. Kunibert, Krypta

war Theoderich in Köln, dann wirkte er als Stiftspropst in Trier. Es ist anzunehmen, daß ein Mann, der sich später immer wieder intensiv um den Bau und seine Finanzierung kümmert, auch – wohl vor 1210 – den Grundstein gelegt hat. Dem Eintrag ins Memorialbuch ist außerdem zu entnehmen, daß Theoderich die Vermögensverhältnisse geordnet und erstmals einen eigenen Pfarrer für die Pfarre St. Kunibert eingesetzt hat. Ein umsichtiger Organisator, der auch später den Bau nicht aus den Augen verlor, den er begonnen hatte.

Im Osten mußte, ähnlich wie bei St. Maria im Kapitol, erst eine Substruktion errichtet werden, um den Abfall des Geländes zum Rhein hin auszugleichen. Auch bei St. Maria Lyskirchen, zur gleichen Zeit im Bau, finden wir eine ähnliche Anlage. Sie wird in St. Kunibert heute als **Krypta** genutzt. Eine Säule mit grob gearbeitetem Kelchkapitell dient als Mittelstütze des Gewölbes. Nach Westen zu ist der Brunnenschacht des Kunibertpütz zugänglich, dessen Wasser – heute nur noch selten begehrt – den Wunsch nach Kindern erfüllen soll. Im Boden des Chors deckt eine Schieferplatte, von Elmar Hillebrand gestaltet, den Schacht dort ab. Der Brunnen lag sicher außerhalb des Vorgängerbaus. Diente er ursprünglich nur der Wasserversorgung oder erinnert die Legende an heidnische Anfänge der Kultstätte?

Darüber entstand eine **Chorfassade** von ausdrucksvoller Geschlossenheit. Die **Apsis** ist nicht mehr, wie bei St. Gereon zum Beispiel, zwischen die Türme gespannt. Sie greift über die inneren Mauern der Türme hinweg und wird mit angeschrägtem Ansatz mit den Türmen verbunden. Auch die Geschoßgliederung wird fortgesetzt. Über dem hohen, mehrfach gestuften Sockel rahmen schlanke Lisenen, durch Rundbögen verbunden, die kleinen Fenster des Unterge-

St. Kunibert. Aus dem Skizzenbuch von J. Finckenbaum, um 1660, Kölnisches Stadtmuseum

schosses. Im Obergeschoß gehen Gesims und Fenstersohlbänke ineinander über. An die Stelle von Lisenen sind nun Säulen getreten. Ein Plattenfries fehlt. Direkt über dem Gesims öffnet sich die in Doppelarkaden gegliederte *Zwerggalerie*. Hier trennen sich die Geschoßgliederungen. Ein *Kegeldach* und der mit gestaffelten Nischen versehene *Giebel* rahmen die Apsis. Die Türme werden mit reicher werdenden vorgeblendeten Fenstergliederungen fortgeführt.

Die ganze Raffinesse des Architekten enthüllt sich erst innen. Die Untergeschosse der **Türme** sind voll geöffnet in den Chorbereich einbezogen. Außen deutet sich das mit dem schrägen Schnitt der Fensterlaibungen schon an. Damit wird einmal das Licht bewußt auf den Mittelpunkt des Chorbereichs geführt, zum anderen die Außenwand der Türme nicht zu sehr durchbrochen. Es entsteht innen ein weiter, lichter Raum, der den Vergleich mit Klettblattchören der gleichen Zeit nicht zu scheuen braucht. Offensichtlich wollte der Architekt eine eigene Lösung für das Raumbedürfnis der späten Romanik bieten. Gegenüber den Kleeblattchören geht er in der Doppelschaligkeit der Wand noch einen Schritt weiter. Er läßt sogar im Untergeschoß hinter den gliedernden Pfeilern einen Laufgang frei. Die Untergeschosse der Türme werden mit tiefen Nischen ausgehöhlt, aus dem Rechteck in Bewegung gebracht. Zugleich macht der Grundriß deutlich, daß die Türme nur um eine halbe Mauerbreite über die Seitenschiffe hinausragen. So werden auch diese in den Chor einbezogen: mit Chorschranken auch noch das ganze erste östliche Joch des Schiffs. Den Ansatz macht der hohe Sockel der Dienste, die das Joch abgrenzen, noch erkennbar.

Leuchtende Fenster

Ein Laufgang umzieht auch das gesamte Obergeschoß des Chorbereichs, und in dieser reichen Architektur ist ungewöhnlicherweise auch ein Teil des Reichtums der einstigen Ausstattung erhalten geblieben: die **Fenster** des frühen 13. Jh. Hier hat die mangelhafte finanzielle Ausstattung des Stifts, mit der die Kanoniker der nächsten Jahrhunderte immer wieder zu kämpfen hatten, einen wohltätigen konservatorischen Einfluß gehabt. Und als man Mitte des 18. Jh. einen Barockaltar errichtete, wurde der Altaraufbau so hoch, daß die wichtigsten Fenster abgedeckt waren und nicht dem Lichtbedürfnis der Aufklärung zum Opfer fielen. Ein Schatz ersten Ranges blieb erhalten. Zwar hat man schon im 19. Jh. einige Quadratmeter ergänzen müssen, aber abgesehen vom Medaillon mit der Verkündigung im zentralen *Wurzel-Jesse-Fenster* machen sich diese Ergänzungen kaum störend bemerkbar.

Beginnen wir gleich mit diesem zentralen Fenster und Thema. Aus der liegenden Gestalt Jesses, des Vorfahren Christi, erwächst der Stammbaum Christi, begleitet von Propheten mit Spruchbändern, Heiligen, Engeln und Stifterbildnissen. Die Einbettung in die Ge-

St. Kunibert, Jesse, Detail des mittleren Chorfensters

schichte des Alten Testaments wird durch die Medaillons mit Szenen des Neuen Testaments ergänzt. *Verkündigung* und *Geburt, Kreuzigung* und *Auferstehung* münden in die Darstellung der *Himmelfahrt.* Mit sieben Tauben für die Gaben des Heiligen Geistes und der Darstellung Gottvaters darüber erscheint hier mit Christus zugleich die *Trinität*. Und, das deutet ein Spruchband an, ebenso wird Christus am Ende der Zeiten als Richter des *Jüngsten Gerichts* wieder erscheinen. Wie ein Mosaik aus kleinen und kleinsten Stücken farbigen Glases zusammengesetzt, Konturen mit Schwarzlot eingetragen, wird mit diesem Bildprogramm der Rahmen christlicher Geschichte abgesteckt.

Die Fenster links und rechts daneben schildern die Legenden der Patrone der Kirche. Kunibert hat zwar schon früh den heiligen Clemens, dem die Kirche zu seiner Zeit geweiht war, aus der Hauptrolle verdrängt, aber die Erinnerung ist immer lebendig geblieben. Auf der linken Seite wird die schon in der Antike romanhaft ausgestaltete *Lebensgeschichte des Papstes Clemens* geschildert, der als der dritte Papst nach Petrus und Paulus gilt. Das unterste Medaillon zeigt seine Taufe durch Petrus, daneben sieht man Clemens selbst die Messe lesen. Dann folgt sein Martyrium. Es beginnt im Feld darüber mit der Verurteilung durch Trajan und dem Transport per Schiff zum Chersones. Hier leiden alle, Wächter und Gefangene, unter Durst. Auf Clemens' Gebet hin erscheint Christus in Gestalt eines Lammes. An dieser Stelle findet man einen reichen Quell. Die bekehrten Hei-

St. Kunibert, Chorfenster

St. Kunibert, Legende des hl. Kunibert, Detail des südöstlichen Chorfensters

den stürzen im Hintergrund ihre Götzenbilder. Wieder wird Clemens vom darüber empörten Trajan verurteilt, diesmal zum Tode durch Ertränken. Man fährt ihn aufs Meer hinaus. Das letzte Bild zeigt, wie die Henkersknechte ihn ins Meer stürzen und schließlich das Wunder der Auffindung seines Leichnams. Engel haben inzwischen eine Kirche im Meer über dem Leichnam errichtet. Kein Wunder, daß Clemens, bis ihn der heilige Nikolaus aus der Popularität verdrängte, als Patron der Schiffer galt.

Das rechte Fenster schildert die *Legende des heiligen Kunibert*. Zuunterst sieht man König Dagobert wach im Bett. Der Page Kunibert liegt zu seinen Füßen, sein Haupt wird von einem Strahl göttlichen Lichts umspielt. Damit ist über seine Laufbahn entschieden. Im nächsten Bild nimmt Kunibert Abschied von König und Hof. Als Geistlicher zurückgekehrt wird er vom König, der ihm das Zepter überreicht, als Bischof von Köln eingesetzt. Das nächste Bild greift in die Ursulalegende über: Als er in St. Ursula die Messe liest, weist ihm eine weiße Taube die Stelle des Grabes der Heiligen. Das letzte Bild zeigt seinen Tod und die Aufnahme seiner Seele durch zwei Engel in den Himmel. Ein kleines Medaillon mit der Gestalt Christi durchbricht hier den reich ornamentierten Rahmen.

Ganz unten im ersten Feld erscheinen außer Kunibert und Dagobert zusätzlich zwei flehende Gestalten. Es sind die Stifter der Fenster, ein Ehepaar, das sich so der Fürbitte der Heiligen und des Stiftskapitels versichert. Stiftern begegnet man bei den restlichen Fenstern im Choruntergeschoß und in den Querhäusern mit Darstellungen der Heiligen Ursula, Cordula, Katharina, Caecilia und Johannes dem Täufer immer wieder. Sie zeigen mit Namensangabe, wie sehr es zu dieser Zeit – um 1230 – das Bedürfnis aller Kölner war, diese Kirche vollendet zu sehen. Reiche Bürger, aber auch Mitglieder des Stiftskapitels tragen zum heute bedeutendsten romanischen Glasfensterzyklus auf deutschem Boden bei. In Fachkreisen ist der Stiftsscholaster

St. Kunibert, hl. Johannes und hl. Katharina, Fenster im Choruntergeschoß und im Querhaus

Franco, der Johannes den Täufer bittet: »Sei mir Hilfe im Leben, sei mir Rettung im Sterben« als bedeutender Musiktheoretiker noch heute berühmt. Die Finanzen waren dabei ein ständiges Problem. Es wundert daher auch nicht, daß wir den Finanzmanager des Baus im Memorialbuch des Stifts erwähnt finden. Es ist das Mitglied des Kapitels Vogelo, mit der niedrigsten Weihestufe eines Subdiakons versehen, durch dessen Rat und Meisterschaft die Finanzierung der Kirche begonnen und fortgeführt worden sei. Er hat dem Stift dazu noch Güter und mehr als sechzig Mark Silber geschenkt.

Das Memorialbuch hält auch noch andere Stifter in Erinnerung. Es erscheint z. B. das Ehepaar Elisabeth und Constantin, das die Marmorsäulen am Altar und vier weitere größere Säulen stiftete. Ähnlich wird es mit anderen Teilen des Baus und der Ausstattung immer wieder gewesen sein. Im kostbaren Fußboden des frühen 13. Jh. sind die Spuren der rings um den Altar aufgestellten Säulen und eines Gitters noch zu erkennen. Trugen die Säulen ein Ziborium, Reliquienschreine oder nur den Altar abschrankende Tücher?

Die Baugeschichte

Die nächste Baunachricht nach der Weihe der Altäre im Osten der Seitenschiffe ist erst 1247 überliefert. Das ist dann allerdings ein Ereignis von zugleich europäischem Rang. Die Weihe der Kirche im Jahre 1247, mit der Erzbischof Konrad von Hochstaden den Bischof Arnold von Semgallen beauftragte, war Teil eines politischen Festprogramms. Der Kölner Erzbischof hatte zur Wahl eines deutschen Königs eingeladen. Vor der Stadt, auf dem Feld bei Worringen, wurde Wilhelm von Holland anstelle des gebannten Hohenstaufen-Kaisers Friedrichs II. gewählt. Mit allen Fürsten, Erzbischöfen und Bischöfen nahm man dann auch an der Weihe der Stiftskirche St. Kunibert teil, obwohl der Bau noch nicht fertig war. Aber Schiff und westliches Querhaus werden wohl vollendet gewesen sein.

Die Ausnischung der Wand, die wir im Bereich der Türme beobachtet haben, setzt sich mit flacherem Schwung in den Wänden der Seitenschiffe fort. Weit und streng ist dagegen der Wandaufbau im **Mittelschiff**. Es wechseln Pfeiler von rechteckigem Querschnitt mit Pfeilern mit kreuzförmigem Schnitt. Diese tragen die Gurtbögen zwischen den drei sechsteiligen Rippengewölben des Schiffs. Fast die gleiche Fläche wie das Mittelschiff, allerdings mit achtteiligen Gewölben, füllt das **Westquerhaus**. Es diente dem Pfarrgottesdienst. Mit leichten Veränderungen gegenüber dem ursprünglichen Zustand ist es inzwischen seit 1992 wiederhergestellt. Die Veränderungen bedingt der Westturm. Nach Ausweis der eigentlich kaum vorhandenen Fundamente und des geringen Pfeilerquerschnitts im Westen des Schiffs war zuerst kein Turm geplant. Ein Westquerhaus, ähnlich wie es St. Andreas aufweist, könnte das Ziel des Architekten und seiner Bauherren im Kapitel gewesen sein.

St. Kunibert, Mittelschiff nach Osten ▷

Vielleicht war das große Ereignis der Weihe Anlaß für den Bau des **Turms**, der in den Formen wieder erstand, die ihm das 14. Jh. gegeben hat. Erzbischof Konrad von Hochstaden scheint seine Kollegen im Bischofsamt bei Gelegenheit der Weihe auf die schwierige Finanzierung des Baus angesprochen zu haben. Viele Bischöfe stellten nämlich damals Ablaßprivilegien aus, teils gemeinsam, teils einzeln. Jeder, der in frommer Gesinnung die Kirche besuchte, erhielt einen Ablaß auf die sonst unweigerlich drohenden Sündenstrafen. Und nach der Beichte war eine Spende für den Bau der sicherste Beleg der frommen Gesinnung. 1261 war er schließlich vollendet. Diese Baufinanzierungsmethode war üblich. Erst durch ihre Pervertierung im späten Mittelalter ist sie mit der Reformation in Verruf geraten. In Köln ist sie auch bei anderen Gelegenheiten benutzt worden.

Nach einem furchtbaren Brand des Jahres 1376 war der Turm erst Ende des 14. Jh. wieder vollendet. In diesen Formen überliefern ihn die Darstellungen bis ins frühe 19. Jh. Dazu gehören hohe gotische Knickhelme. Selbst nach einem erneuten Brand des Jahres 1666 hat man sie trotz barocker Gegenvorschläge wiederhergestellt. Erst nach der Säkularisation, als die Pfarre nun die gesamte Kirche und ihren Unterhalt übernommen hatte, mußte man wegen Baufälligkeit die Helme der **Chortürme** abtragen. Sie wurden durch niedrige Pyramidendächer ersetzt. Diese hat man im späten 19. Jh. wieder durch spätgotische Knickhelme verdrängt. Nach dem letzten Krieg griff man wohl aus Sparsamkeit wieder auf die ›romanischen‹ Pyramidendächer zurück. Die alte Silhouette ist nicht wiederhergestellt.

Auch beim **Westturm** geschah ähnliches. Sein Schicksal war noch dramatischer. Man hatte zur Sicherung des Turmes schon einige Vorbereitungen getroffen, als er doch noch am Abend des 28. April 1830

St. Kunibert, Gewölbe des Westquerhauses

St. Kunibert, Johann Peter Weyer, Ansicht von Südwesten, kolorierte Lithographie, 1827

einstürzte. Erst nach langen Mühen war er 1860 wiederhergestellt. Man verzichtete allerdings dabei auf die Vorhalle vor dem Portal, wie sie ähnlich auch Groß St. Martin besessen hat. Im Zweiten Weltkrieg gingen Westturm und Westbau wieder zugrunde. Inzwischen vollendet, hat man hier die Tradition des Historismus aufleben lassen. Die Ansichten des 17. oder frühen 19. Jh. zeigen, daß das Mittelfenster der Westfassade als Steigerung den oberen Rundbogenfries durchbrach. Warum hat man hier ›Ordnung‹ und damit optische Langeweile geschaffen?

Im letzten Krieg ist auch die flächendeckende *Ausmalung* des späten 19. Jh. untergegangen. Hans Heider hat, mittelalterliche Spuren aufnehmend, eine sehr zurückhaltende farbige Fassung der Profile, Bögen und Rippen geformt. Sie antwortet der Helligkeit, die den weiten Raum füllt. Ähnliches ist Hans Heider auch in St. Andreas gelungen.

Die Ausstattung

Immer noch erstaunlich reich ist die Ausstattung der Kirche, ganz abgesehen von den Glasfenstern, zwischen denen heute das Ornamentfenster Will Thonnets in der Mitte des Apsisuntergeschosses irritiert, das in der Nachkriegszeit entstand.

Höhepunkt der Ausstattung ist die *Verkündigungsgruppe*, die wohl der Kölner Dombaumeister Konrad Kuyn 1439 im Auftrag Hermanns von Arka schuf. Verteilt auf die beiden westlichen Vierungspfeiler erfüllen die Steinskulpturen den Chorbereich mit ihrem Gespräch. Jeweils eine kleine Figur trägt die Last von Konsole und Skulptur. Darüber entwickelt sich mit zierlichen Säulen jeweils eine Konsole. Die Standfläche umgibt ein eifriger Engelchor zu Füßen Mariens. Bei Erzengel Gabriel wird nur Maßwerk verwandt, mit Blattwerk ergänzt. Ehrfürchtig sinkt er leicht in die Knie, die hohen Flügel geben ihm trotzdem die gleiche Höhe, wie Maria sie stehend erreicht. Das Gewand des Engels legt sich in ruhige Falten, weich gerundet ist das Gesicht. Kontrast dazu bieten die goldenen Locken, Bewegung und Verwirrung.

Maria wendet sich in zartem Schrecken, fragend, vom Lesepult ab, dem Engel auf der anderen Seite des Schiffes zu. Mit dem Pelikan als Träger der Pultfläche, Symbol des Opfers, wird schon vorgegriffen auf die Passion. Zu ihren Füßen kniet winzig der Stifter, der den ebenbürtigen Zeitgenossen Stefan Lochner mit dieser Skulpturengruppe beauftragte.

Die Farbigkeit entspricht den gefundenen Spuren der alten Fassung. Über Maria fehlt zur Vollständigkeit die Taube des Hl. Geistes, und Gabriel hat seinen Botenstab mit der darumgerollten Grußbotschaft: »Ave Maria gratia plena« verloren. Mit dieser Verkündigungsgruppe wird die Botschaft der Menschwerdung Christi in den gleichen Raum gestellt, in dem täglich die Wiederholung des Opfers gefeiert wird. Spätmittelalterliche Tiefe von Frömmigkeit bleibt sichtbar.

St. Kunibert, Bronzeleuchter mit Kruzifixus

Einiges an Kostbarkeiten der *Goldschmiedekunst*, z. B. zwei *Armreliquiare*, die wohl für die 1222 im Chor untergebrachten Reliquien entstanden sind, hat man in einem kurzen Gangstück des Kreuzgangs untergebracht. Dazu gehört die kostbare *Annus-Decke*, eine bestickte Altardecke des 10. Jh., die aus dem Schrein der heiligen Ewalde stammt.

Den Reichtum an Plastik ergänzen eine *Madonna* und ein *heiliger Quirinus* der Zeit um 1500, ein *Fragment eines Kalvarienberges* des späten 15. Jh. und – von seltener Qualität – ein fünfarmiger *Bronzeleuchter*, der einen Kruzifixus rahmt.

Auch *Gemälde* sind erhalten. Eine *Gregorsmesse* der Kölner Malerschule des späten 15. Jh. hinter dem Hauptaltar oder eine *Auferstehung* Barthel Bruyns des Älteren, frühes 16. Jh. stehen dabei an der Spitze. Dagegen sind aus den einst reichen Wandmalereien viele Beispiele verlorengegangen, so auch die kostbaren Türen des Reliquienschrankes im Chor. Einen vollen Eindruck vermittelt nur die *Kreuzigungsszene* in einem kleinen Kapelleneinbau auf der Südseite des Chors, der heute als *Taufkapelle* genutzt wird. Hier wird mit Farbigkeit und gebrochener Linienführung der Gewänder eine Parallele zu St. Maria Lyskirchen, um 1260, noch sichtbar.

Einer der größten Verluste war sicher der Untergang der *Schreine des heiligen Kunibert und der beiden Ewalde*. Man hat im 19. Jh. versucht, sie zu ersetzen, für Kunibert in Holz bemalt und vergoldet

St. Kunibert, Verkündigungsgruppe: Maria und Erzengel Gabriel an den westlichen Vierungspfeilern

St. Kunibert, Kreuzigungsszene in der Taufkapelle

und für die beiden Ewalde mit Messing versilbert von der qualitätvollen Hand des Kölner Goldschmieds Gabriel Hermeling. So enthüllt sich auch in der Ausstattung die Geschichte des Stifts und der Pfarrei, die mit dem Kruzifixus und der Tabernakeltür von Hanns Rheindorf, den bronzenen Kreuzwegstationen von Elmar Hillebrand und seinen Holztüren auf der Nordseite, dem Tympanon und dem Westportal in Bronze von Toni Zens wieder neue Schätze erworben hat.

St. Maria im Kapitol, ▷ Langhaus nach Osten

St. Maria im Kapitol

Römische Fundamente

St. Maria im Kapitol
*Dreikonchenchor ***
Gabelkruzifixus
*Holztüren ***
Krypta
*Lettner **
Plektrudisgrabplatten

Römische Ruinen sind heute eine erstrangige Attraktion für Touristen und Wissenschaftler. Im frühen Mittelalter waren sie ein Anziehungspunkt für Bauleute und Bauherren. Entweder fand man hier ausgiebig Baumaterial, das sich hervorragend für eine Zweitverwendung eignete, oder gar einen Bau, den man rasch und kostensparend umfunktionieren konnte. Das scheint das Schicksal des Tempels der kapitolinischen Trias in Köln gewesen zu sein. Statt am Forum inmitten der römischen Stadt hatte man den Tempel für die Staatsgottheiten Jupiter, Juno und Minerva in der Südostecke errichtet. Mit einem weiten Tempelhof, 97 × 69 m, ummauert und sauber plattiert, ragte ein Tempel von 33 × 29,5 m über dem niedriger gelegenen Rheinufer auf. Das konnte sich schon sehen lassen. Den Abfall zum Rhein hin hat man dann gleich für eine Treppe genutzt. Das macht solche Architektur immer noch etwas imponierender.

Massive, 4 m breite Fundamente, die typische Dreiteilung für die cellae der Gottheiten, abgemauerte Kellerräume als Schatzgewölbe, ein paar Bruchstücke von Säulentrommeln und Kapitellen lassen ein prunkvolles Bild entstehen. Davon wird nach der Christianisierung und dem Abzug der römischen Verwaltung bald nicht viel geblieben sein. Einen heidnischen Tempel zu zerstören, war eine gute Tat, und als gebrannter Kalk für Mörtel war Marmor jeder Art den Bauleuten immer willkommen. Der grobe, innere Kern des Mauerwerks blieb der Witterung überlassen und öffentlicher Besitz. Der wohl Mitte des 1. Jh. zur Zeit der Gründung der Colonia erbaute Tempel hatte damit sein Ende gefunden.

Plektrudis – Verbannung bei guter Führung

Seinen glanzvollen Neubeginn findet der Bau in den ebenso üblen wie üblichen Familienstreitigkeiten der späten Merowingerzeit. Man streitet sich unter den fränkischen Adelsfamilien des 7. Jh. um den Posten des Hausmeiers. Er verfügte über den König, der, obwohl das heilbringende königliche Blut in seinen Adern floß, nur eine Marionette in der Hand des jeweiligen Hausmeiers war. Der Urgroßvater Karls des Großen, Pippin der Mittlere, war in der Hoffnung gestorben, daß seine Gemahlin Plektrudis sein Amt des Hausmeiers für seinen Enkel sichern könne. Seinem außergewöhnlichen und außerehelichen Sohn Karl Martell traute er nicht. Die Stiefmutter setzte ihn sicherheitshalber gefangen. Aber Plektrudis blieb politisch erfolglos und gab damit dem entflohenen Stiefsohn genügend enttäuschte Anhänger ins Gefolge. Köln, an der Grenze des fränkischen Reiches, wurde ihr Exil. Hier starb Plektrudis in den Jahren nach 717. Als Ruhesitz hatte sie wohl die Kölner Pfalz der Hausmeier übernommen, die das Gelände des Tempels nutzte. Noch heute steckt in der Ostmauer des Kreuzgangs römisches Mauerwerk. In der

Kirche, vielleicht mehr eine Kapelle, die über und aus dem Mittelteil des Tempelmauerwerks errichtet worden war, scheint sie ihr Grab gefunden zu haben. Der fein gearbeitete fränkische Kalksteinsarkophag, der heute im Umgang der Ostkonche steht, wird für sie in Anspruch genommen. Otto Doppelfeld hat ihn inmitten der Kirche, inmitten des Tempels, vor dem Chor gefunden.

Das heißt nicht unbedingt, daß Plektrudis die Kirche erbauen ließ. Nimmt man an, daß sie die Pfalz der Hausmeier als Witwensitz bezog, wird wohl schon vorher eine Kapelle oder Kirche für den Hausgebrauch existiert haben, die sie dann übernahm und die Grafen des Kölngaus später benutzten. Ihren Sitz vermutet Eugen Ewig hier.

In schriftlichen Quellen wird die Kirche erstmals in Ruotgers Lebensbeschreibung Erzbischof Brunos (953–965) erwähnt. Er hatte die Kanoniker von St. Maria im Kapitol nach St. Andreas versetzt und an ihrer Stelle Benediktinerinnen aus dem Vogesenkloster Remiremont dort angesiedelt. Mit dieser Aktion hatte Bruno, wie Ruotger vorsichtig mitteilt, »keine geringen Bedenken hinterlassen«. Hatte er seine herzogliche Macht genutzt, um eine Kirche, die seinem bischöflichen Einfluß nicht unterstand, der bischöflichen Oberhoheit zuzuführen? Denn Plektrudis hatte offensichtlich keinen Damenkonvent gegründet, sonst wäre sie längst als Heilige wie viele ihrer Verwandten verehrt worden. Auch wird nach Gründung des Benediktinerinnenklosters St. Maria im Kapitol mehrfach als das ›neue‹ Kloster gegenüber dem ›alten‹ von St. Caecilien bezeichnet. Hätte es schon früher fromme Damen an St. Maria im Kapitol gegeben, wäre das wohl nicht gesagt worden. Der kleinen Gruppe der Geistlichen fehlte für die Popularisierung der Stifterin offensichtlich das Einfühlungsvermögen. Und seit dem 10. Jh. wurde der Vorgang

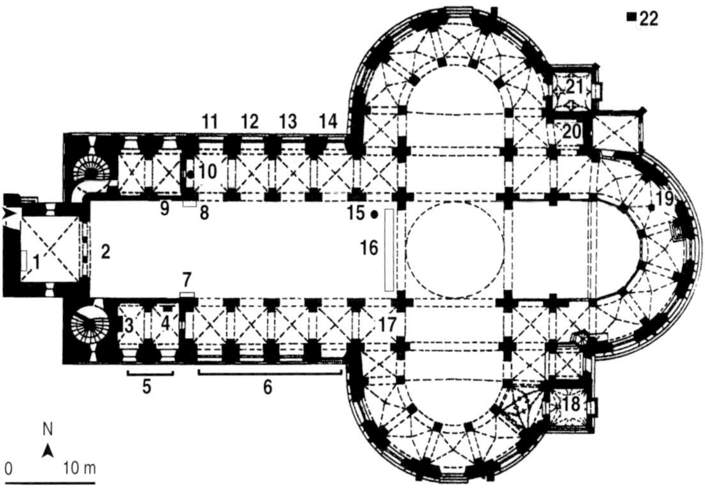

St. Maria Im Kapitol, Grundriß
1 Grablegungsgruppe
2 Hirschmosaik
3 Türflügel
4 Zint Mergens Repp
5 Heller-Fenster
6 Fenster (Weyres/Pauli)
7 Plektrudisgrabplatte (um 1280)
8 Plektrudisgrabplatte (um 1180)
9 Maria vom Rath
10 Madonna
11 Berchem-Fenster
12 Hubertus-Fenster
13 Ursula-Fenster
14 Heister-Fenster
15 Limburger Madonna
16 Lettner
17 Krypta
18 Hardenrathkapelle
19 Christusfigur
20 Gabelkruzifixus
22 Trauernde

der Heiligsprechung immer schwieriger, geriet schließlich ganz in die Hände des Papstes und der Kurie.

Im Testament Brunos steht St. Maria im Kapitol an einer der vorrangigen Stellen. Reicher wird nur St. Pantaleon ausgestattet. Genauso reich nur die Neugründung Soest und ein Gregor-Oratorium, das nicht genau zu lokalisieren ist. 100 Pfund, etwa 25 kg Silber, werden für St. Maria im Kapitol zur Vollendung von Münster und Kloster bestimmt. Von diesem Bau, dessen Vollendung Erzbischof Bruno finanzieren will, sind allerdings nur noch geringe Spuren vorhanden. Die Westwand des Westbaus gehört teilweise dazu. Bis zu 5 m Höhe hat man Mauerwerk dieser Zeit verfolgen können, mit großen Tuffblöcken und Flachziegeln dazwischen – vielleicht römisches Material in zweiter Verwendung. Und unter dem Niveau des heutigen Kirchenbodens konnte man unter der südlichen Lisene noch eine kleine Rundbogenpforte entdecken. Dieser Vorgängerbau des heutigen Westbaus war sogar etwas breiter und wuchtiger angelegt.

Ottonischer Stolz – Äbtissin Ida als Bauherrin

Den heutigen Bau aber, seine Gestalt, in der der römische Tempel nachwirkt, bestimmte Äbtissin Ida. Sie ist nach der Überlieferung des 18. Jh. im Jahre 1060 gestorben. Ihre Schwester Theophanu war Äbtissin in Essen (1039–58). Sie waren Töchter des Pfalzgrafen Ezzo, und da dieser eine Schwester Kaiser Ottos III. geheiratet hatte, fühlten sie sich dem ottonischen Kaiserhause verbunden. Beide sind unternehmungsfreudige Bauherrinnen. Und beide scheinen das Gefühl gehabt zu haben, daß man deutlich auch in der Architektur dokumentieren kann, wie vornehm man ist. Ein zusätzlicher Anreiz für die Schwestern war es gewiß, daß die neue Dynastie der Salier inzwischen mit dem Dom zu Speyer ein internationales Großprojekt begonnen hatte. Damit war es an der Zeit, zu zeigen, auf welche Traditionen die eigene Familie zurückgreifen konnte.

Das große Vorbild abendländischen Kaisertums war schon für den Onkel der beiden, für Kaiser Otto III., immer Karl der Große gewesen. Da lag es nahe, seinen Bau, die Pfalzkapelle in Aachen, zum Vorbild zu nehmen. Unsere Bauherrinnen kopieren aber nun nicht einfach, sie zitieren. Das reicht. Jeweils im Westbau ihrer Kirchen, im Münster zu Essen und in St. Maria im Kapitol, wird der Wandaufbau des Aachener Münsters wiederholt. In Essen dreifach, in Köln nur einmal mit der Innenwand des **Westbaus**. Was in Aachen Arkade zum Umgang ist, wird in Köln Durchgang zum Schiff. Darüber wird auch die Aachener Empore mit ihren eingestellten Säulen in zwei Etagen wiederholt. Auffällig ist, daß die Kapitelle des Emporenbereichs antikisierend reich gearbeitet sind. So wird bis ins Detail dem Aachener Vorbild gefolgt. Und den ›besseren Kreisen‹ der damaligen Gesellschaft war klar, worauf man hinauswollte.

St. Maria im Kapitol, Blick in den Kleeblattchor. Zeichnung von Thomas Cranz, aquarelliert von Adolph Wegelin, um 1840, Kölnisches Stadtmuseum

Auch der Rest der Kirche ist ein Zitat, sogar ein noch ausführlicheres. Im Anschluß an ein dreischiffiges **Langhaus**, ursprünglich flachgedeckt, wird ein flächenmäßig erheblich größerer **Dreikonchenchor** errichtet. Der weite Raum mit seinen schlanken Säulen ist auch heute noch neben dem Dekagon von St. Gereon sicher das eindrucksvollste Raumerlebnis in Köln. Etwas Außergewöhnliches war verständlicherweise Äbtissin Idas Ziel. Ähnliches gab es nur im Miniaturformat in der Nähe. Das war St. Stephan in Werden, ein kleiner Bau des frühen 9. Jh. Er entspricht kleinen Grab- und Gedächtniskapellen des Mittelmeerraumes, den cellae trichorae. Sie werden in Werden auch als Vorbild gedient haben. In St. Maria im Kapitol wollte man höher hinaus.

Zur Zeit Kaiser Konstantins, Anfang des 4. Jh., hatte man an den heiligen Stätten des Heiligen Landes aufwendige Kirchen errichtet. So auch in Bethlehem über der Grotte, in der die Epiphanie des Herrn geschah. An das fünfschiffige Langhaus der Basilika Konstantins hat man unter Justinian einen Kleeblattchor angeschlossen. Er greift, typisch für die Zeit des Aufblühens christlicher Architektur, auf die heidnische Antike, auf weltliche Bauten, Paläste und Thermen, zurück. Allerdings verzichtet man in Bethlehem ganz darauf, die Seitenschiffe, wie in der ›Kopie‹ St. Maria im Kapitol, um die Konchen herumzuführen. Hier mag für St. Maria im Kapitol die Prozessionsfreude der von Cluny beeinflußten Liturgie wesentlich gewesen sein. Man verfügte damit über Raum und einen vorgezeichneten Weg.

St. Maria im Kapitol, ▷ Kleeblattchor

St. Maria im Kapitol, Grundriß mit eingetragenem Grundriß der Geburtskirche in Bethlehem (nach Otmar Schwab)

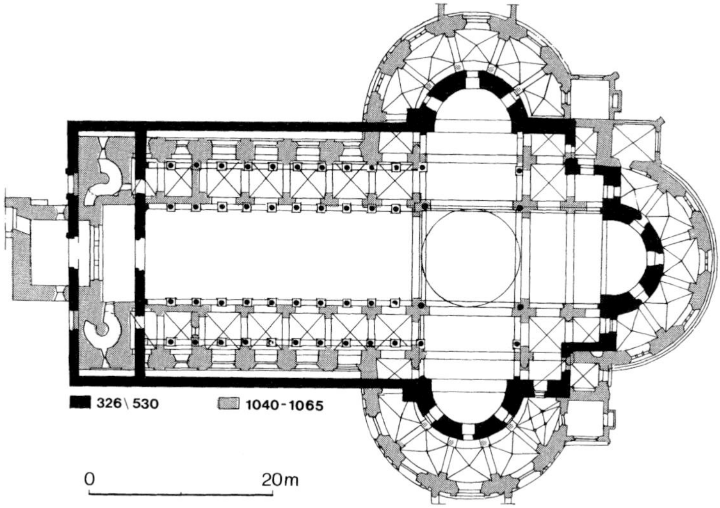

Durch die hochromanische Einwölbung ist inzwischen der Zentralbaucharakter betont. Der flachgedeckte Bau des 11. Jh., wie ihn Hugo Rahtgens rekonstruiert, betonte die Längsrichtung mit der flachen Decke, die noch über die ausgeschiedene Vierung hinaus durchgezogen war. Nur die Apsiden selbst zeigten Gewölbe. Das betonte die Anlehnung an das Vorbild in Bethlehem, das, wie Otmar Schwab gezeigt hat, in vielen Maßen und nicht nur in den Formen Übereinstimmung zeigt. Diese Entsprechungen, die über Pilger aus dem Heiligen Land nach Köln gekommen sein könnten, sind nicht der einzige Anhaltspunkt.

Ein allerdings erst im 16. Jh. notierter Zusatz zu den Stiftsstatuten von St. Maria im Kapitol berichtet, daß der Kölner Erzbischof die erste Weihnachtsmesse feierlich in Begleitung seiner Vasallen in unserer Kirche feierte. Reich beschenkt, was alles fein säuberlich festgelegt ist, reitet er dann auf einem weißen Maultier, das zu diesen Geschenken gehört, weiter nach St. Caecilien zur zweiten Messe. Erst die dritte wird im Dom gefeiert. Das Ceremoniale des Doms aus dem 13. Jh. erwähnt zwar nicht, daß der Erzbischof auf Abwegen ist, bestätigt aber seine Abwesenheit. Denn gerade während dieses weihnachtlichen Umzuges wird unter den Vikaren mehr scherzhaft ein Erzbischof gewählt. So mag die oft geäußerte Vermutung zutreffen, daß der Brauch, die erste Weihnachtsmesse in St. Maria zu feiern, noch auf die Erinnerung zurückgeht, daß man mit dieser Kirche die Geburtskirche in Bethlehem kopierte.

Wo das Mauerwerk des römischen Tempels nicht mehr ausreichte und die östliche Konche weit über das zum Rhein hin abfallende Gelände hinausgriff, dient eine ausgedehnte, solide strukturierte **Krypta** als Unterbau. Nur die Krypta des Doms zu Speyer ist größer.

Dreischiffig, mit einer Art Querhaus und, ins fast 7 m dicke Mauerwerk der Apsis eingebettet, drei ausstrahlenden Kapellen ist sie ein bemerkenswerter Raum. Das fand offensichtlich auch Idas Schwester, Königin Richeza, die 1048 einen Neubau der pfalzgräflichen Familienstiftung Brauweiler in Gang setzte. Etwas verkleinert erscheint dort exakt der gleiche Plan. 1051 kann die Krypta in Brauweiler geweiht werden. Vorbildhaft ist die Krypta von St. Maria im Kapitol noch Ende des Jahrhunderts. Der große Gelehrte und Heilige Anselm von Canterbury beginnt 1096, für seinen Bischofssitz eine neue Kathedrale zu bauen. Er legt den Plan seiner Krypta zwar mehr als doppelt so groß an – man kann schon von einer Unterkirche sprechen –, aber Canterbury folgt dem Plan von St. Maria im Kapitol. Allerdings kann man jenseits des Kanals darauf verzichten, die ausstrahlenden Kapellen ins Mauerwerk einzubetten. Sie werden vom Mauerzug nachgezeichnet. Das macht die Kopie um so auffälliger. Die östliche Kapelle hat keine Apsis, dazu reicht die Mauerstärke bei Maria im Kapitol nicht aus. In Canterbury hätte man das Problem nicht gehabt. Trotzdem verzichtet man ebenfalls auf die Apsis. Schade, daß Äbtissin Ida diesen Erfolg ihrer Planungen nicht mehr erlebt hat.

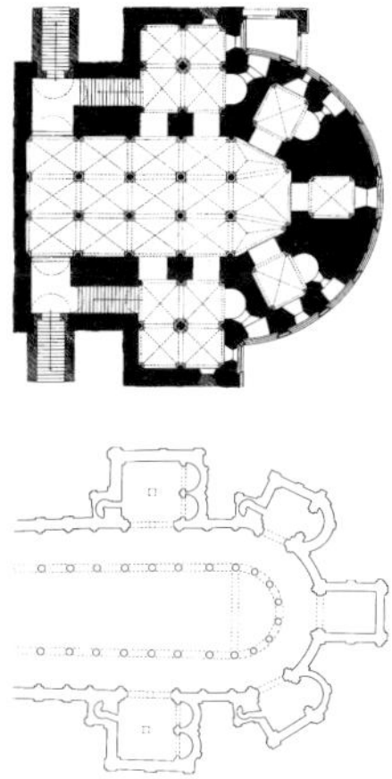

St. Maria im Kapitol, Krypta und Krypta der Kathedrale von Canterbury, Grundrisse

Das große Ereignis ihrer Amtsperiode war die Weihe des Kreuzaltars im Jahre 1049 durch Papst Leo IX. Kaiser Heinrich III. hatte Bruno aus dem Grafenhause von Egisheim, zuvor Bischof von Toul, auf den Papstthron gebracht. Mit ihm hielt in Rom endgültig die cluniazensische Reform Einzug, die er auf seinen weiten Reisen eifrig propagierte. Dann nahm man natürlich jede Gelegenheit wahr, einen Altar weihen zu lassen. 72 Bischöfe sollen an der Weihe inmitten der Baustelle teilgenommen haben. Für den Kreuzaltar, der noch im 17. Jh. inmitten des Schiffs vor der Vierung stand, war auch das *Herimannkreuz* bestimmt, das sich heute im Diözesan-Museum befindet. Auf der Vorderseite ist Christus am Kreuz dargestellt. Dabei hat man aus dem Besitz der ottonischen Kaiserfamilie ein antikes Lapislazuliköpfchen für das Haupt Christi verwandt. Auf der Rückseite knien fürbittend Äbtissin Ida und ihr Bruder Hermann II., Erzbischof von Köln (1036–56), zu Füßen Mariens. In der Gestaltung des Kreuzes griff man auf das Reichskreuz zurück, das inzwischen in die Hände der nächsten Dynastie gefallen war. Heute befindet es sich in der weltlichen Schatzkammer in Wien. 1056 starb Idas Bruder, dessen Wahl man noch mit der Erlauchtheit seiner Abkunft begründet hatte. Ihm folgt Anno (1056–75), aus einfachen ritterlichen Verhältnissen – zum Entsetzen der besseren Kreise, wie die Quellen überliefern. Aber da Äbtissin Ida 1060 stirbt, muß sie nicht mehr erleben, wie Erzbischof Anno 1065 die endlich vollendete Kirche weiht. Trotz aller Veränderungen des 12. und 13. Jh., aller Zerstörungen und des rekonstruierenden Wiederaufbaus ist Idas Baukonzept immer noch zu erkennen. Westbau, Langhaus und Klettblattchor bilden eine Raumabfolge von sich steigernder Großartigkeit, die von der Krypta noch betont wird.

Die Holztüren

Das Herimannkreuz belegt, welchen Reichtum der Kirchenschatz einst barg, für den schon Kaiserin Theophanu Ende des 10. Jh. einen kostbaren Teppich gestiftet hatte. Auch zu einem weiteren Prunkstück hat wohl Ida zumindest noch den Auftrag erteilt, zu den beiden **Türflügeln**, die einst den Zugang zur Nordkonche schlossen. Hier, zur Stadt hin, berichteten sie, in Nußbaumholz geschnitzt, ungeschickt auf Eichenbohlen befestigt, von Leben und Passion Christi. Diese Botschaft ermöglichte den Zugang zur Kirche. Das war die Botschaft, die sie jedem Besucher verkünden sollten, in kräftig geschnitztem Relief und in lebhaften Farben, die besonders in den oberen Teilen der Tür noch gut erkennbar sind. Wie bei frühchristlichen Vorstufen und Vorbildern, etwa den Holztüren von Santa Sabina in Rom, werden die Szenen von kräftigen Wulsten gerahmt. Knäufe schützen die Oberfläche, wie bei Buchdeckeln Edelsteine das geschnitzte Elfenbein hüten. Flechtbänder rahmen die Szenen, begrenzt von Wirtelstäben. Noch einigermaßen zu erkennen sind die kurzen lateinischen Texte, die den Inhalt der Szenen aufgreifen, erklären und ergänzen.

Als Holztüren stehen sie einzigartig unter der vergleichsweisen Fülle der mittelalterlichen Bronzetüren. Die Kosten für dieses Material wird Ida kaum gescheut haben. Fehlten ihr die Techniker für den aufwendigen Guß? Oder wollte man bewußt auf die Spätantike zurückgreifen wie mit dem kleinen Lapislazuliköpfchen am Herimannkreuz? Durch Verwandtschaften in Buchmalerei, Elfenbeinschnitzerei und Skulptur kann gezeigt werden, wie es Rudolf Wesenberg ausführlich getan hat, daß die Türflügel noch von Ida in Auftrag gegeben wurden und zur Weihe der Kirche 1065 wohl vollendet waren.

St. Maria im Kapitol, Details der Holztüren: ›Himmelfahrt‹ und ›Frauen am leeren Grab‹

St. Maria im Kapitol, Holztüren

Die Erzählung beginnt oben auf dem linken Türflügel mit der Verkündigung. Zu Engel und Maria tritt als dritte Gestalt wohl eine Magd hinzu. Die Heimsuchung, die Begegnung Marias mit Elisabeth, der Mutter Johannes des Täufers, füllt das querrechteckige Feld. In gleichmäßigem Rhythmus folgen dann auf beiden Flügeln je vier kleine hochrechteckige Felder, dann ein querrechteckiges Feld. Diese Abfolge wird darunter noch einmal wiederholt. Die höheren Versuchungsszenen ganz unten fallen dabei aus dem Rahmen.

Zurück zur Erzählung. Hier ist als Nächstes wohl die Reihenfolge vertauscht. Auch vom Bildaufbau her würde man erst die Geburt und dann die Verkündigung an die Hirten sehen wollen. Darunter stehen die Heiligen Drei Könige vor Herodes – an der falschen Adresse, und im nächsten Bild erscheinen sie anbetend vor Maria mit dem Kind. Im folgenden Feld warnt der Engel Joseph, in der Mitte des Reliefs thront Maria mit ihrem Kind auf dem Esel, geborgen auf der Flucht, während Joseph zwei Ringelbrote (oder ein erster Beleg für Flönz, die kölnische Variante der Blutwurst?) als Vorrat auf dem Stecken mitführt. Danach erzwingt der Rhythmus der Flächen die Verteilung des Bethlehemitischen Kindermordes und seiner Vorgeschichte auf vier Felder. Erschreckt vernimmt Herodes die Nachricht vom Abzug der Heiligen Drei Könige. Mit übergroßen Münzen in der Hand suchen seine Abgesandten Rat bei einem Schriftgelehrten. Dann werden die Soldaten ausgesandt, und es folgt der Kindermord. Die Bewegung des mörderischen Wütens kreist um die erstarrte Verzweiflung der Mutter, die ihre Kinder im Schoß zu bergen sucht. Das Feld darunter verbindet Darbringung im Tempel und Taufe Christi im Jordan. Nach Matthäus folgen der Taufe die Versuchungen Christi. Das hat wohl zur Verlegenheitslösung der vier unteren Szenen geführt.

Auch auf dem rechten Türflügel bringt der Flächenverteilungsplan Schwierigkeiten. Der Einzug Christi in Jerusalem, Beginn der Passion, paßt sicher besser in ein querrechteckiges Feld. Aber die Heilung eines Blinden darunter und die Auferweckung des Lazarus gehören in die Zeit der öffentlichen Wirksamkeit vorher. Aus der Passion berichtet die Szene des Gebets Christi am Ölberg, und die folgende greift wieder in die Zeit vor der Passion zurück. Sie schildert knapp, erläutert durch den Begleittext, die Einsetzung Petri. Breit wird dann das Abendmahl erzählt. Trotzdem finden, wie am Ölberg, nicht alle Jünger Platz. Bei den vier folgenden Feldern hätte eigentlich die Kreuzigung zuerst stehen müssen, gefolgt von der Szene mit den Frauen am leeren Grabe. Doch dann hätte man die Himmelfahrt nicht über zwei Flächen spannen können. Den Abschluß bildet eine Art Pfingstbild, in dem aber Christus (nach Joh. 21) ebenfalls dargestellt ist.

Ein genaueres Betrachten der Türen zeigt einige Probleme auf, die immer wieder diskutiert worden sind. Aber dies sollte nicht den Eindruck der grandiosen Erzählfreude und Erzählkunst der Szenen vergessen lassen. Hier wird jenseits gesellschaftlicher Selbstdarstellung, wie sie in Äbtissin Ida und in ihren Geschwistern wirkt, der Glaube sichtbar, der die Menschen erfüllte und von dem sie alle erfüllt sehen wollten.

Zwischen Stift und Stadt

Es war ein stolzer Bau, den Erzbischof Anno 1065 weihen konnte. Die weitgespannten Konchen, gestelzte Halbkreise im Grundriß, werden mit schlanken Halbsäulen im Wechsel mit schmalen Pilastern gegliedert, Vorstufe der rheinischen Apsidengliederungen des 12. Jh. Ein wohl über der Vierung geplanter Vierungsturm wurde nie vollendet. Er hätte das Gegengewicht zum Westbau gesetzt. Unter dem brutal durchgezogenen Dach ist heute nur zu ahnen, daß sich im Westen einst eine an St. Pantaleon erinnernde Dreiturmgruppe erhob. An Pantaleon erinnert auch die Rahmung der Fenster der Seitenschiffe mit Lisenen und Rundbogen, hier allerdings schon breiter gelagert. Auch im Innern haben die spätgotischen Fenster, heute teils mit Betonmaßwerk gefüllt, den Charakter der Seitenschiffe verändert. Hier, wie außen an den Konchen, werden die schlanken Säulen des Trikonchos vorbereitet. Im Schiff sind kräftige Pfeiler benutzt.

Ein solcher Bau von schlichter Großartigkeit genügt seinen Benutzern und Benutzerinnen nicht mehr, wenn an anderen Stellen in der Stadt reichere Formen auftreten. Man kommt sich altmodisch vor, auch wenn der eigene Bau für Groß St. Martin oder St. Aposteln und auch außerhalb Kölns als Vorbild dient. Die Eitelkeit wird mit der Umwandlung des Benediktinerinnenklosters in ein Stift mit 34

St. Maria im Kapitol, Ansicht von Westen. Aus dem Skizzenbuch von J. Finckenbaum, um 1660, Kölnisches Stadtmuseum

›Gaukler vor St. Maria im Kapitol‹. Gemälde von G. A. Berckheyde, Mitte 17. Jh., Kölnisches Stadtmuseum

Kanonissen und 13 Kanonikern auch nicht geringer geworden sein. Die Damen, aus besten Kreisen des Adels stammend, betrachteten das Stift als eine Art Pensionat, betonten ihr Recht auf weltliche Kleidung und Heirat, wenn sich die Chance bot. Die Sitzengebliebenen hatten dann wenigstens die Möglichkeit, Äbtissin zu werden. Zu den Freiheiten der Damen gehörte es selbstverständlich auch, daß sie an standesgemäßen Festen teilnehmen konnten. So finden wir sie sittsam das Tanzbein schwingend in Anwesenheit Kaiser Maximilians I. auf dem Gürzenich im Jahre 1505, als in Köln Reichstag gehalten wurde. Ihre Kolleginnen von St. Ursula sind auch dabei, und bis drei Uhr in der Früh geht es hoch her.

Da ging man nach der feinsten Mode gekleidet, und so mußte auch die eigene Kirche auf dem neuesten architektonischen Stande sein. Und so beginnen die Umbauarbeiten bereits Mitte des 12. Jh. Der Obergaden der drei Konchen erhielt größere Fenster. Innen wurden dabei die Fenster mit den heute wiederhergestellten Spitzbögen über Halbsäulen gerahmt. Außen entstand in dieser Zeit der Rundbogenfries über den sparsam verteilten Lisenen. Gleichzeitig wurden die Wände der Ostkonche im Bereich der Krypta und des Untergeschosses der Konche verstärkt. Rundbögen verbanden die übernommenen Pilaster miteinander, und von den Halbsäulen blieben nur die Ansätze der Sockel erkennbar. Das Achsfenster des Untergeschosses wurde erheblich vergrößert. Das Traufgesims machte nun einen Bogen um den oberen Abschluß des Fensters. Neben St. Gereon, wo der Chor sich im Bau befand, und dem entstehenden Trikonchos von

Groß St. Martin konnte man sich wieder sehen lassen. Aber die architektonische Entwicklung ging weiter.

Mit der Errichtung des Trikonchos von St. Aposteln hatte sich endgültig die Zweischaligkeit der Wand in Köln durchgesetzt. Da konnten die Stiftsdamen in St. Maria im Kapitol nicht untätig zusehen. Im Innern der Ostkonche wurden die Arkaden durch eine vorkragende Ausmauerung verstärkt. Die beiden westlichen Säulen der Ostkonche wurden zur Absicherung in Pfeiler verwandelt, und damit hatte man die Grundlage, um im Obergeschoß nun – ähnlich St. Aposteln – Doppelsäulen und einen Laufgang einzubauen. Außen wurden im gleichen Zuge eine Arkadenreihe im Fensterbereich und darüber Plattenfries und Zwerggalerie angebaut. Die zu Pfeilern umgewandelten Säulen waren auch in der Lage, die weiter nach Osten vorgezogene Giebelwand zu tragen. Diese ›Modernisierung‹ hat man beim Wiederaufbau nach dem Krieg nicht wiederhergestellt. Statt dieser hochromanischen reichen Fassung hat man versucht, den vorhergehenden Zustand zu rekonstruieren. Mit den damit verbundenen Änderungen am Dachstuhl wird nun statt des bisherigen Zentralbaucharakters die Längsrichtung betont.

In der Scheitelarkade der Zwerggalerie war eine *Muttergottesskulptur* des frühen 13. Jh. mit glitzernden Glasstücken als Augen untergebracht, die heute innen aufgestellt ist. Sie trägt ihr Kind in einer merkwürdigen Haltung, die man erst versteht, wenn man das um 1180 entstandene Vorbild einer stehenden Muttergottes im Chor entdeckt. Diese war ursprünglich Teil eines Reliefs und folgt in der Darstellung der mitleidenden Zuwendung dem byzantinischen Vorbild der Eleousa, der sich Erbarmenden, die schon auf die Passion Christi vorwegweist. Diese bewegende Gestalt wird mit einer Legende aus dem Leben des heiligen Hermann Josef verbunden, und

St. Maria im Kapitol, jüngere und ältere Plektrudisgrabplatte

fast immer findet man daher einen besonders schönen Apfel zu ihren Füßen. Im glühenden Gebet zur Muttergottes bot einst Hermann Josef noch als Schulkind seinen Frühstücksapfel als Dank für die Erhörung, und Maria nahm ihn an. Auch der Hermann-Josef-Brunnen vor St. Georg greift dieses Wunder wieder auf.

Ein, zwei Jahrzehnte älter, aber aus der gleichen für Köln und die Umgebung sehr produktiven Werkstatt, ist die ältere der beiden *Plektrudisgrabplatten*. Dicht gereihte, parallel gezogene Falten des Gewandes akzentuieren die schlanke Gestalt. Sie trägt ein Spruchband mit dem Psalmvers: »DOMINE DILEXI DECOREM DOMUS TUE« in der linken Hand – Herr, ich habe den Schmuck deines Hauses geliebt. Über dem Haupt und links und rechts des Heiligenscheins wird die Stolze als ›S. PLECTRUDIS REGINA‹ – als die Heilige Königin Plektrudis – ausgewiesen. Offiziellen Erfolg hatten die Stiftsdamen mit diesem Bemühen, ihre Gründerin in die Reihen der Heiligen einzugliedern, nicht mehr. Bei der Qualität der Grabplatte, deren zarte Bewegung anrührt, die in Streckung der Figur und enger Faltenführung an die frühgotische Skulptur in St-Denis und Chartres erinnert, hätte man ihnen mehr Erfolg gewünscht. Mit dieser Grabplatte war eine neue Tumba inmitten des Schiffs abgedeckt, in die man die Gebeine aus dem fränkischen Kalksteinsarkophag überführt hatte. Eine zweite, jüngere Grabplatte hat entweder um 1280 diese ersetzt oder ist in einer zweiten Ebene darüber angebracht worden. Das wäre dann die früheste Doppeltumba der deutschen Kunst gewesen. Auch bei der zweiten Grabplatte – mit reichen Spuren der alten farbigen Fassung – ist der Einfluß französischer Skulptur zu spüren. Auffällig ist dazu der – nie gebaute – Vierungsturm des Kirchenmodells, das Plektrudis in der Hand trägt, um sich als Stifterin auszuweisen.

Die neue Grabplatte war wohl der Abschluß der Umbauarbeiten, die mit der ersten Grabplatte begonnen hatten. Denn zur Neugestaltung der Ostkirche gehört auch die Einwölbung der beiden schmalen Joche östlich der Vierung und Mitte des 13. Jh. die Einwölbung des Schiffs. Außen hat man damals am Trikonchos das Erscheinungsbild mit Strebebögen bereichert. Im Westen hatte man den Mittelturm erhöht und auch die Flankentürme verändert. Hier hing für Jahrhunderte die Sturmglocke der Stadt. Und so notiert man als Grundbuchdatierung: »eo anno quo campanile s. Mariae factum est« – in dem Jahr der Vollendung des Glockenturms von St. Maria. Die Eintragung führt in die Jahre zwischen 1172 und 1178. Auch die Vorhallen, angesetzt an die nördliche und südliche Konche, entstanden in diesen Jahren.

Die enge Verbindung zu Stadt und Rat, die schon die Sturmglocke bezeugt, hält an. Die großen Bittprozessionen regelmäßig einmal im Jahr, und in Tagen der Not gehäuft, führen unter Teilnahme des Rates vom Dom nach St. Maria im Kapitol. Oft wird hier zur Einführung eines neuen Bürgermeisters in sein Amt eine feierliche Messe gelesen, und als Bürgermeister Bruno Angelmecher am 18. März 1573 im Amt stirbt, feiert man ein prunkvolles Totenamt wieder in St.

Maria im Kapitol. Noch ganz beeindruckt notiert das Ratsmitglied Hermann von Weinsberg in seinen Erinnerungen das Ereignis.

Diese enge Verbindung hatte ihre Vorteile für die vornehmen Damen. Manche von ihnen heiratet, trotz ihrer adeligen Herkunft, in die bessere Kölner bürgerliche Gesellschaft ein. Und umfangreich ist das Stiftungswesen der Kölner in St. Maria im Kapitol. Altäre, liturgische Gewänder, Gemälde, Glasfenster, ganze Bauten stiften die reichen Kölner. Die ersten Stiftungen lassen sich schon im 13. Jh. nachweisen. Spürbaren Umfang nehmen sie Ende des 15. Jh. an und prägen teils noch heute das Erscheinungsbild der Kirche.

Die Ausstattung

Das Ehepaar Johann Hardenrath und Sibilla Schlössgin stiftete 1464 die *Maßwerkchorschranken* mit ihrem steinernen Gitterwerk. Ein Jahr später investieren sie noch mehr: Östlich an die Südkonche wird eine ganze **Kapelle** angebaut; Christus als Salvator wird sie geweiht. 1466 ist sie vollendet und dient mit ihrer Empore einer täglich gesungenen Messe. Für den Singmeister und seine Schule wird dazu das reizvolle *Haus* neben dem *Dreikönigenpförtchen* gebaut. Vom einst so reichen Schmuck der Kapelle ist wenig genug erhalten geblieben. Die Ausmalung ist untergegangen. Erhalten sind die *Glasgemälde* mit ihrer lebendigen Darstellung einer *Kreuzigung*. Erhalten sind auch die *Skulpturen Christi und Mariens* in Stein aus dem Umkreis des Nikolaus Gerhaert, der damals in Straßburg arbeitete. Den Glanz der Kunstwerke vermehrten noch Ende des 18. Jh. silberne Platten an den Wänden unterhalb der Wandmalereien; Ausdruck höchster Kostbarkeit, der die Kleinarchitektur in eine begehbare Goldschmiedearbeit verwandelte.

Das Gegenstück auf der Nordseite der Ostkonche stiftete Bürgermeister Johann von Hirtz 1493, daran anschließend entstand die **Sakristei.** Diese Modernisierungsarbeiten wurden mit dem Einbringen gotisierender Fenster in den Seitenschiffen fortgesetzt.

Ein kostspieliges Glanzstück unter den Stiftungen ist der *Lettner*, der nun nach umfänglichen Restaurierungsarbeiten wieder an seiner ursprünglichen Stelle in der Vierung untergebracht ist. Er entstand nach den Entwürfen Jan van Roomes in Mecheln. An der Spitze der Stifterfamilien stehen die Brüder Georg und Nikasius Hackeney, die mit ihren Frauen und weiterer Verwandtschaft wohl 1517 den Lettner in Auftrag gaben, als Nikasius sich als kaiserlicher Rat in Mecheln aufhielt. So begegnen die Hackeneyschen Pferdeköpfe mehrfach unter den Wappen. 1523 wurde er fertiggestellt, 1525 dann aufgestellt, nachdem der Rat sich bei der Statthalterin der Niederlande, Erzherzogin Margareta, und beim Herzog von Geldern um Befreiung von den Zollabgaben bemüht hat. Die strenge Architektur lebt aus dem Kontrast von weißem Kalkstein für die Skulpturen und Ornamente vor einem Hintergrund aus schwarzem belgischem Mar-

St. Maria im Kapitol, Glasfenster im nördlichen Seitenschiff, Details

St. Maria im Kapitol, Kreuzigungsszene in der Hardenrathkapelle

mor. In den Reliefs der Westseite werden Verkündigung, Geburt Christi, Anbetung der Könige und Darstellung im Tempel geschildert. Dazwischen stehen Propheten des Alten Testaments, die auf Christus hinweisen. Im Osten, dem Hauptaltar zugewandt, werden zwischen Heiligenfiguren das Abendmahl als Vorbild der Eucharistie und die entsprechenden Szenen des Alten Testaments mit Abraham und Melchisedech, dem Mannaregen und der Speisung des Elias geschildert. Damit hält die Renaissance – als Import – Einzug in Köln.

Neben den erwähnten Ausstattungsstücken bewahrt St. Maria im Kapitol noch eine ganze Reihe weiterer Schätze. Erschreckend in seiner Darstellung eines zerquälten Körpers ist der *Gabelkruzifixus.* Am ›lebendigen Holze‹ hängt ein Mensch, dessen Leiden unvorstellbar gewesen sein muß. Hier fand der Beter des späten Mittelalters Antwort auf die Frage nach seinem eigenen Leid. Mit seinem Leiden nahm er Anteil an der Qual Christi. 1304 wurde das bald als wundertätig verehrte Kreuz für den Kreuzaltar im Zentrum der Kirche geweiht. Im Jahre 1305 erregte der deutsche Bildhauer Thydemann mit einer ähnlichen »crux horribilis« einen Skandal in London. Im Kölner Kruzifix wurden bei der Restaurierung, die zur Zeit noch andauert, die Reliquien wiederentdeckt, von denen zuletzt der gelehrte Kölner Aegidius Gelenius im 17. Jh. berichtet hatte.

St. Maria im Kapitol, Gebetszettel mit Darstellung des Pestkreuzes. Kupferstich des 18. Jh., Kölnisches Stadtmuseum

Aus der großen Ausstattungswelle des frühen 16. Jh. stammt noch die Darstellung der *Grablegung Christi.* Einer der Kanoniker des Stifts, wohl Heinrich von Berchem, kniet als Stifter zu Füßen Christi. Spätgotische Architektur mit flammenhaft bewegtem Maßwerk rahmt die Figurengruppe.

Klein, geradezu zierlich ist dagegen das *Triptychon* aus der Werkstatt des Hans von Aachen in der Hirtzkapelle mit Anna Selbdritt im Zentrum, Johannes und der heiligen Katharina auf den Flügeln. Außen werden die Stifter von ihren Namenspatronen begleitet. Um 1600 ist es entstanden, italienische Süße wirkt sich hier aus.

St. Maria im Kapitol, Limburger Madonna

Durch ihre moderne farbige Fassung wirkt eine andere Kostbarkeit fast neugotisch, die *Limburger Madonna.* 1504 hatte man sie wohl beim Brand des bedeutenden Klosters Limburg an der Hardt gerettet und dann vergessen. 1879 gelangte sie nach Maria im Kapitol. Alte Aufnahmen, die die hohe Holzskulptur ohne farbige Fassung zeigen, enthüllen den vollen Liebreiz, den jetzt die Ergänzungen (z. B. der Kopf des Kindes) verdecken.

Meist nur zufällig entdeckt man ein Kuriosum: *Zint Mergens Repp,* die Rippe Mariens, womit die Kirche St. Maria als Eigentümerin gemeint ist. Knochen eines Grönlandwals, darunter der gut 4 m lange Unterkiefer, sind mit Ketten im südlichen Seitenschiff an der Wand befestigt. Im Pleistozän, als der Rhein noch weit ausufernd in kühlem Klima dahinfloß, haben sich öfters Wale am Kölner Ufer getummelt. Auch heute kommt es ja manchmal noch vor. Grub man dann ihre Überreste aus dem Kies, Jahrhunderte, in diesem Fall Jahrtausende später, wunderte man sich. Nirgendwo ist überliefert, ob das beim Bau unserer Kirche oder zu anderer Zeit an anderer Stelle

St. Maria Lyskirchen, Blick von Nordosten ▷

geschah. Zumindest hat man mit diesem Fund früh schon Kölns erstes und ältestes Museum eingerichtet.

Der neue Fußboden aus Steinintarsien entstand nach Entwürfen von Elmar Hillebrand, die Bronzereliefs schuf Andreas Dilthey. Die Obergadenfenster des Trikonchos gehen auf Entwürfe zurück, die Anton Wendling 1938 fertigte. Erst vor wenigen Jahren sind sie wiedergefunden worden. Die Fenster des Chorumgangs darunter mit Darstellungen der Geheimnisse des Rosenkranzes entwarf Paul Weigmann. 1985 waren sie vollendet. Das neue Fenster mit der Darstellung des Erzengels Michael von Dieter Hartmann wurde 1986 in die Westwand der Westempore eingefügt. 1995 vollendete Wilhelm Buschulte die Fenster im Obergaden des Langhauses. Von seiner Hand stammen auch die Entwürfe für die Fenster der Krypta. Aus der Zeit des Wiederaufbaus stammen noch die Nierenstil-Betonfenster von Willy Weyres um 1955 im südlichen Seitenschiff mit der Verglasung von Walter Pauli, passend zu Dombaumeister Willy Weyres' Holzdecke im Mittelschiff.

Verläßt man St. Maria im Kapitol durch den *Kreuzgang*, einen der wenigen in Köln noch erhaltenen, sollte man – wenn man es beim obligaten Rundgang um den Bau nicht schon längst entdeckt hat – einen Blick auf das *Dreikönigenpförtchen* im Südosten des Kleeblattchors werfen. Um 1310 stellte man in die feine gotische Architektur eine Anbetung der Heiligen Drei Könige, deren Originale im Schnütgen-Museum bewahrt werden. Durch dieses Tor zu der Immunitätsmauer des Stifts sollen die Reliquien der Könige in Köln eingezogen sein.

St. Maria im Kapitol mit der ›Trauernden‹ von Gerhard Marcks, 1949

St. Maria Lyskirchen

Die Zelle des hl. Maternus

St. Maria Lyskirchen
Gewölbemalereien **
Schiffermadonna
Westportal

Knapp südlich vor der römischen Stadtmauer, und bis zum Ausbau des Rheinufers im 19. Jh. näher am Strom, steht die kleinste der bedeutenden romanischen Kirchen Kölns. Als Kirchlein – ecclesiola – wird sie erstmals im Jahre 948 in einer Urkunde Erzbischof Wichfrids erwähnt. Die Kölner Legende nimmt ein wesentlich höheres Alter für den der Muttergottes geweihten Bau in Anspruch. Sie bezeichnet die Krypta als Zelle des heiligen Maternus, des ersten Bischofs auf dem Kölner Bischofsstuhl.

Der historische Maternus ist tatsächlich der erste Bischof Kölns, den wir kennen. In den Quellen erscheint er zu Beginn des 4. Jh., offensichtlich ein guter Bekannter Kaiser Konstantins des Großen. In Köln griff man indes weiter in die Vergangenheit zurück, machte ihn zum Schüler Petri und schließlich zu einem der 72 Jünger, die Christus ausgesandt hat. Und vermutete endlich in ihm den Jüngling von Naim, den Christus vom Tode auferweckte, und zugleich einen Verwandten Christi selbst.

Um so tiefer traf es die Kölner, daß man sein Grab in Köln nicht kannte und die Trierer Maternus ebenfalls für sich in Anspruch nahmen. Das konnte nur durch ein Wunder veranlaßt worden sein. Dieses hatte zu Füßen des Chors von St. Maria Lyskirchen stattgefunden. In der Zelle des heiligen Maternus – diese vermutete man in der *Krypta* unserer Kirche – hatten seine Schüler entschieden, die zwischen den drei Bistümern Trier, Köln und Tongern strittigen Gebeine (alle drei hatte der apostolische Manager der Legende nach geleitet) selbst über ihre Ruhestätte entscheiden zu lassen. Man legte den Leichnam in ein Boot, welches zur Trauer der Kölner von selbst rheinaufwärts bis Rodenkirchen fuhr. Damit war die Richtung festgelegt. An der Landestelle hält wieder ein romanischer Kapellenbau die Erinnerung an diese Entscheidung für Trier als Ruhestätte wach.

Die Krypta ist Bauteil der romanischen Kirche, die um 1220 errichtet wurde, und heute nur noch von außen zugänglich. Sie kann

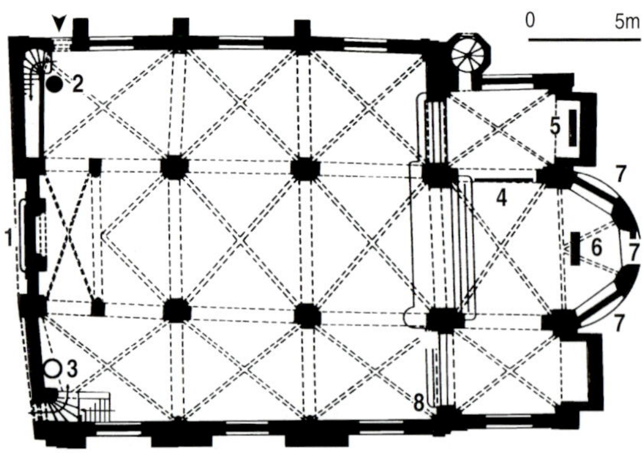

St. Maria Lyskirchen, Grundriß
1 Westportal
2 Schiffermadonna und Fresko von Peter Hecker
3 Taufbecken
4 Verkündigung, Kopie aus der Werkstatt Allessandro Alloris, um 1600, der das Gnadenbild für S. Annunziata in Florenz schuf
5 Kopie des Altars von Joos van Cleve
6 Retabel von Wolfgang Reuter mit Madonna, um 1340
7 Fenster von Hans Lünenborg: links der hl. Maternus und Galerie Kölner Erzbischöfe, rechts der hl. Nikolaus mit Schiff und Rheinschiffern, in der Mitte Himmelfahrt Mariens
8 Eingang Krypta

St. Maria Lyskirchen von Nordwesten. Zeichnung von Thomas Cranz, aquarelliert von Adolph Wegelin, um 1840, Kölnisches Stadtmuseum

keine Zelle des Maternus gewesen sein. Eine Art archäologischer Probebohrung hat aber 1972 die Spuren von Vorgängerbauten erkennen lassen. Eine ältere Mauerecke verwandte römisches Baumaterial in Zweitnutzung, und ein jüngerer Mauerzug, schon mit Tuffstein verblendet, verlief genau in der Linie der Pfeiler des heutigen Schiffs. Wann in der Schiffer- und Fischersiedlung vor den Toren der römischen Stadtmauer erstmals eine Kapelle stand, ist dadurch nicht zu klären. Es wird wohl auch wie viele Frühgeschichten der Kölner Kirchen nicht mehr zu klären sein.

Die erste kleine Kapelle ist nach den gefundenen Spuren durch einen Saalbau ersetzt worden. Dessen Maße scheinen dann die Breite des Mittelschiffs der heutigen Kirche bestimmt zu haben. Es mag zu Beginn des 13. Jh. sowieso schwierig genug gewesen sein, den notwendigen Grund und Boden für die Erweiterung und den Neubau rings um die Kirche zu erwerben. Der verzogene, unregelmäßige Grundriß, dessen Fassade der Linienführung der Straße folgt und dessen nördliches Seitenschiff sich weiter ausdehnen konnte als das südliche, schildert diese Probleme ziemlich deutlich.

Seit 1067 gehörte St. Maria Lyskirchen nicht mehr zum Stift St. Severin, wie in der Urkunde Wichfrids von 948 erwähnt, sondern zur neuen Gründung Erzbischof Annos, dem Stift St. Georg. Damit ist schon die Ausnahmestellung unseres Kirchleins gekennzeichnet. St. Maria Lyskirchen ist und war immer Pfarrkirche. Schon der Name berichtet wohl davon. Mehrfach erscheint sie als Kirche eines Lisolph. Die Schreibweisen sind unterschiedlich, und einmal wird er sogar zum Heiligen befördert. Das war aber mit der Bezeichnung ›Kirche des Lisolph‹ nicht gemeint. Dahinter steht wohl der Name des Grundherrn, der sich hier eine Kirche erbaute, um für sich, seine Familie und seine Bediensteten Gottesdienst halten zu lassen. Das bezeichnet man als Eigenkirche. Diese Besitzverhältnisse sind aber schon 948 nicht mehr aktuell, als der Besitz St. Severin zugeschrieben wird. Aber ein Lisolph mag einst den allerersten Bau errichtet haben. Aus der Bezeichnung ›Kirche des Lisolph‹ wurde dann langsam Lyskirchen, so wie wir es heute gewohnt sind.

Für eine einem Stift zugeordnete Pfarrkirche war das Stift zuständig. Meist war einer der Kanoniker zugleich Pfarrer. Er verwaltete in dieser Zeit auch noch das Vermögen der Kirche, während der Zehnt, den die Pfarrangehörigen abgaben, dem Stift St. Georg zufloß. Dem Pfarrer stand nur ein kleiner Anteil daran zu. Denn das war ja der Sinn der Inkorporation einer Pfarrkirche in ein Stift, daß das Einkommen der Stiftskanoniker vermehrt würde. Andererseits hatte damit das Stift auch die Sorge für die Pfarre und Pfarrkirche übernommen.

Die romanische Pfarrkirche

Aus der Bauzeit der Kirche liegen keine Nachrichten vor. Wir wissen weder etwas über die Finanzierung noch über Architekt oder Bauplanung. Erst aus dem folgenden 14. Jh. sind uns Nachrichten über Stiftungen vornehmer Kölner Familien überliefert. Neue Altäre werden errichtet. Trotzdem kann man wohl mit Hans Vogts annehmen, daß im Jahrhundert zuvor, als der Reichtum der Kölner Patrizier noch frischer und die Baubegeisterung aller noch größer war, es im wesentlichen die Stiftungen der vornehmen Pfarrangehörigen waren, die den Neubau ermöglichten. Die Stadt war gewachsen. Schon 1106 hatte man diesen Bereich in die Befestigungen mit Wall und Graben einbezogen. Danach wird die Zahl der Häuser und damit der Kölner, die zur Pfarre St. Maria Lyskirchen gehörten, weiter gewachsen sein. Man brauchte mehr Platz und eine modernere Kirche. Um die Ecke, in der Rheingasse, baute zur gleichen Zeit Werner Overstolz das *Overstolzenhaus,* das einzige der romanischen Patrizierhäuser, das erhalten blieb. Wenn man solche Privathäuser baute – und etwa siebzig lassen sich anhand alter Darstellungen und Pläne für Köln noch nachweisen, aber erheblich mehr wird es gegeben haben –, dann kann man sich den Eifer der vornehmen Kölner für ihre Pfarrkirche vorstellen. Sie konnte doch schlecht weniger prunkvoll aussehen als das eigene Haus.

Zuerst höhte man den Bauplatz wieder einmal auf. Das Hochwasserproblem ist ja bis in unsere Zeit akut geblieben. Am Portal sind einige Hochwassermarken notiert. Überzeugend ist jedenfalls auf dem Türsturz die Marke für das Hochwasser des 28. Februar 1784, das dazu mit kräftigem Eisgang verbunden war. Der erste nachrömische Fußboden liegt etwa 2,85 m unter dem heutigen. Der nächste, der des Saalbaus, liegt 1,70 m darunter, und der eigentliche Fußboden des romanischen Baus liegt immer noch 60 cm unter dem heutigen Boden.

Wie für Pfarrkirchen häufig, erbaute man eine **Emporenbasilika.** St. Johann Baptist, St. Kolumba oder St. Peter sind Beispiele dafür gewesen. Unter den Stiftskirchen entspricht nur St. Ursula diesem Typ, der gegenüber einer einfachen dreischiffigen Basilika mehr Raum für Besucher bietet. Allerdings plante man im Gegensatz zu all diesen Bauten bei St. Maria Lyskirchen nicht im gebundenen System. Es entsprechen beim gebundenen System zwei Joche des Seitenschiffs einem Joch des Mittelschiffs, wobei man jeweils Quadrate anstrebt. Daran war bei den beengten Grundstücksverhältnissen der Rheinvorstadt nicht zu denken. Man hätte dann die engen Emporen und Seitenschiffe kaum noch betreten können. Der vorhandene Raum wurde soweit wie möglich ausgenutzt.

Trotz der Veränderungen des 17. Jh. ist die ursprüngliche Konzeption noch gut zu erkennen. Schon im frühen 16. Jh. hatte man mit den *Fenstern* im nördlichen Seitenschiff die Veränderungen begonnen. Das erste Fenster zeigt spätgotisch eine *Verkündigung* und neben einem neuen Mittelfeld eine *Muttergottes* in noch ungefügem Renaissancerahmen. Schon geschickter sind die *Kreuzigungsdarstellung* mit Maria Magdalena, Maria und Johannes und die *Kölner Heiligen Gereon, Helena* und natürlich *Maternus,* der allerdings – fast der Legende gemäß – nur zum Teil erhalten ist. Die baulichen Veränderungen, die hiermit begonnen wurden, setzten sich im 17. und vielleicht noch im 18. Jh. fort. Einschneidend sind die Baumaßnahmen im Chorbereich und an den Emporen.

St. Maria Lyskirchen, hl. Helena, Fenster im nördlichen Seitenschiff

Im **Chorbereich** läßt man mit der alten Gewölbekappe, die niedriger ansetzte, auch Plattenfries und Zwerggalerie außen verschwinden. Damit hat man zwar Raum für die hohen gotisierenden Fenster gewonnen, die Hans Lünenborg 1987 neu gestaltete, aber das Gleichmaß der Ostfassade verloren. Auf dem großen Panoramaholzschnitt des Anton Woensam des Jahres 1531 ist der vorherige Zustand noch zu sehen. In der Höhe des Plattenfrieses der beiden Türme setzte auch der Plattenfries der Apsis an. Darunter erkennt man reich gerahmte Fenster und am Nordturm einen kleinen Kapellenerker, von dem heute nur noch der unterste Kragstein erhalten ist. Verschwunden sind auch das mit einem Dreipaß geschlossene Fenster und der Auslug am Giebeldreieck. Und statt des zierlichen Faltdaches müssen wir uns mit einem etwas schwerfälligen Rautendach begnügen. Der Südturm ist offensichtlich nie vollendet worden.

Da auch nach der Bauphase des frühen 13. Jh. die vornehmen Kölner Familien eifrig weiter stifteten, bleibt der unvollendete Südturm etwas rätselhaft. Er hätte die Ostfassade von St. Maria Lyskirchen zum genauen Gegenstück der gleichzeitig erbauten Stiftskirche St. Kunibert am anderen Ende des Kölner Rheinpanoramas werden lassen. Wollte man das nicht? Haben die Stiftsherren von St. Kunibert bei ihren Kollegen von St. Georg ein Wort zugunsten ihrer eigenen Eitelkeit eingelegt?

Auf Anton Woensams Holzschnitt ist auch die ursprüngliche Fächerform der Fenster der Emporen und Seitenschiffe noch zu sehen. Sie mußten ebenso wie die Fenster des Chors dem barocken Lichtbedürfnis weichen. Noch störender als die Veränderungen an den Fenstern sind die Eingriffe bei den Emporen. Sie sind zu weiten, etwas gedrückten Bögen geworden, die eine barocke Balustrade abschließt. Im westlichen Joch, auf der Westempore, kann man den ursprünglichen Zustand noch sehen. Ein rechteckiger Rahmen faßt eine dreifache Arkade zusammen. Die Emporen müssen tatsächlich ziemlich dunkel gewesen sein. Aber das war Absicht. So blieb reichlich Wandfläche für Wandmalereien. Diese sind auch heute noch der eigentliche Schatz der Kirche.

Manches ist allerdings untergegangen. Nach der Konzeption der Gewölbemalerei zu urteilen, könnte man sich auf der Giebelwand über der Ostapsis die fehlende Kreuzigung vorstellen und in der Wölbung der Apsis selbst die Darstellung Christi als Richter des Jüngsten Gerichts. Beides fehlt im heute erhaltenen Bestand, während die Epiphanie, die Anbetung der Heiligen Drei Könige über dem Westportal (früh, um 1230 gemalt), chronologisch und theologisch am Anfang steht und zugleich die Patronin der Kirche in den Blick rückt.

Die Gewölbemalereien

Wohl erst Mitte des 13. Jh. hatte man sich entschlossen, die drei Gewölbe des Schiffs ausmalen zu lassen. Unter den Kölner Kirchen und im weiten Umkreis – von der ein Jahrhundert älteren Ausmalung der Doppelkirche in Schwarzrheindorf abgesehen – steht hier St. Maria Lyskirchen heute einzigartig da (Abb. hintere Umschlagklappe). Viele Kirchen mögen ähnliche Schätze besessen haben.

Die Ausmalung der Gewölbe folgt einem einheitlichen Programm. Im östlichen Gewölbe geben zwei weibliche Figuren mit Heiligenschein auf ihren Spruchbändern das Thema an. Die Nordseite lautet:

»LEX PER MOYSEN DATA EST«, die Südseite: »GRATIA PER XRISTUM DATA EST«. So werden die beiden Figuren wohl auch das Gesetz, das durch Moses gegeben wurde, und die Gnade, die durch Christus gegeben wurde, verkörpern. Ganz gebildet wird zur Schreibung des Namens Christi das X als griechisches Chi verwandt. Demonstrativ gebildet war man ja auch sonst in unserer bürgerlichen Pfarrkirche. Denn fein säuberlich nach Altem Testament auf der Nordseite und Neuem Testament auf der Südseite werden nun auf den folgenden Feldern sich entsprechende Szenen zusammengestellt.

Das ist eine typologische Interpretation des Alten Testaments. Sie sieht neben dem einfachen historischen Verständnis des Textes oder neben einer moralischen, ethischen Interpretation in den Ereignissen des Alten Testaments schon Ereignisse, die das Neue Testament schildert, vorherverkündet, präfiguriert. Ausgehend von den Prophezeiungen des Alten Testaments, die auf Christus bezogen sind, fand man nach dieser Methode fast für jedes alttestamentarische Ereignis ein ›entsprechendes‹ im Neuen Testament. Ähnliches Vorgehen sieht man am Klosterneuburger Altar, am Bibelfenster in Mönchengladbach oder am Makkabäerschrein in St. Andreas, jeweils in ›gebildeten‹ Verhältnissen. Eine Fülle von Schriftbändern übernimmt zusätzliche Erklärungen, und in den spitzen Zwickeln der Gewölbefelder stehen Propheten für das Alte Testament und Geistliche unterschiedlichen Ranges für das Neue Testament als Interpreten bereit.

Das erste, *östliche Gewölbe* zeigt auf der Südseite aus dem Neuen Testament:
1. Die Verkündigung 2. Die Geburt Christi
3. Die Darstellung im Tempel 4. Die Taufe Christi im Jordan
Dem entsprechen auf der Nordseite aus dem Alten Testament (von rechts nach links):
1. Die Verheißung Isaaks an Abraham 2. Die Geburt Isaaks
3. Die Aufopferung Samuels im Tempel 4. Das Bad des Naeman auf Befehl des Propheten Eliseus

St. Maria Lyskirchen, östliches Gewölbe: ›Geburt Christi‹

Auch im *mittleren Gewölbe* werden die Felder wieder zwischen Nord- und Südseite aufgeteilt. Ein kräftiges Ornamentband bildet jeweils die Grenze:
1. Die Verklärung Christi 2. Der Einzug Christi in Jerusalem
3. Das letzte Abendmahl 4. Die Geißelung Christi
Dem entsprechen wiederum im Norden:
1. Moses mit den Gesetzestafeln 2. Salomos Einzug in Jerusalem
3. Das Gastmahl des Ahasver 4. Hiob auf dem Misthaufen
Die Mitte des Gewölbes zeigt hier nur blauen, goldgesternten Himmel.

Im folgenden, *westlichen Gewölbe* wird die Mitte von den vier Kardinaltugenden eingenommen: Klugheit, Stärke, Gerechtigkeit und Mäßigung (die gerade Wasser in ihren Wein gießt). In diesem Gewölbe wird die neutestamentarische Erzählung fortgesetzt:

St. Maria Lyskirchen, östliches Gewölbe

1. Kreuzabnahme 2. Christus befreit Adam und Eva aus der Hölle 3. Die Himmelfahrt Christi 4. Die Ausgießung des Hl. Geistes an Pfingsten
Dem entsprechen wieder auf der Nordseite:
1. Die Anbetung und Zerstörung der ehernen Schlange 2. Samson mit den Toren von Gaza 3. Die Himmelfahrt von Elias und Enoch 4. Elias im Opferwettkampf mit den Baalpriestern

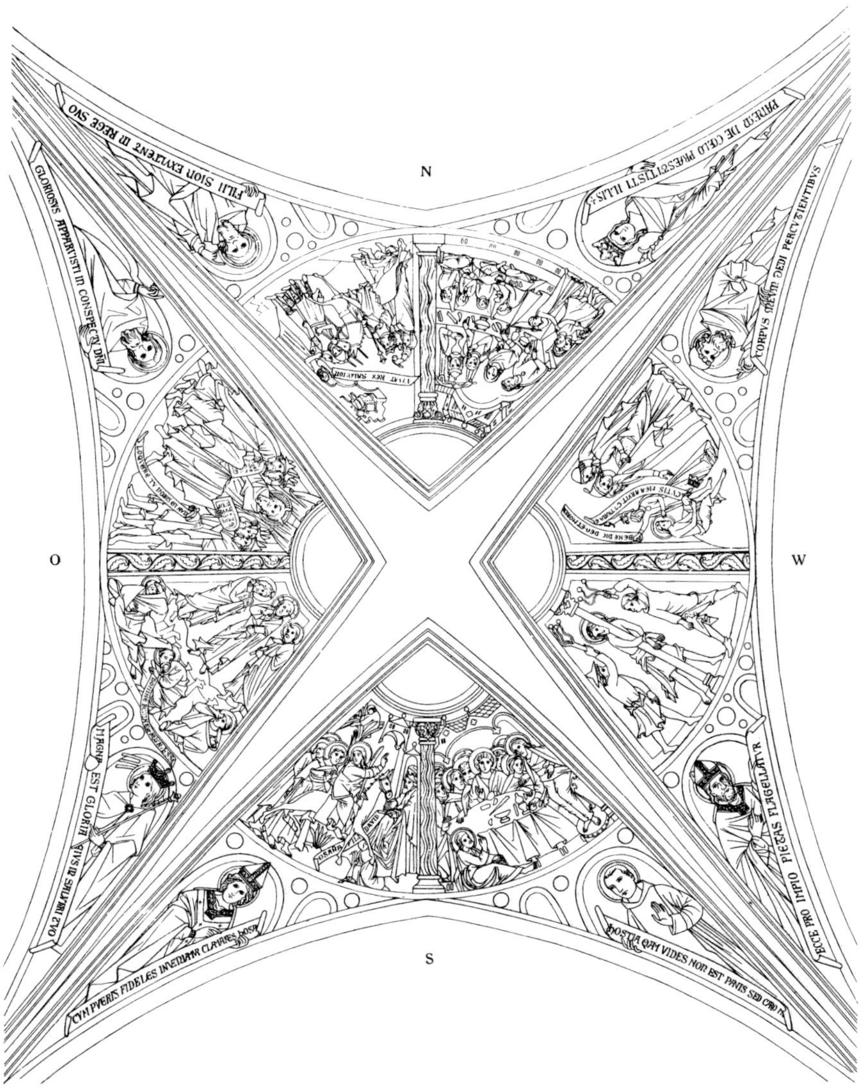

St. Maria Lyskirchen, mittleres Gewölbe

Es fällt auf, daß die Kreuzigung selbst im neutestamentarischen Bericht fehlt. Aber sie wurde durch eine in den Quellen erwähnte Kreuzigungsgruppe oder auch durch eine der untergegangenen Wand- oder Gewölbemalereien im Chorbereich geboten.

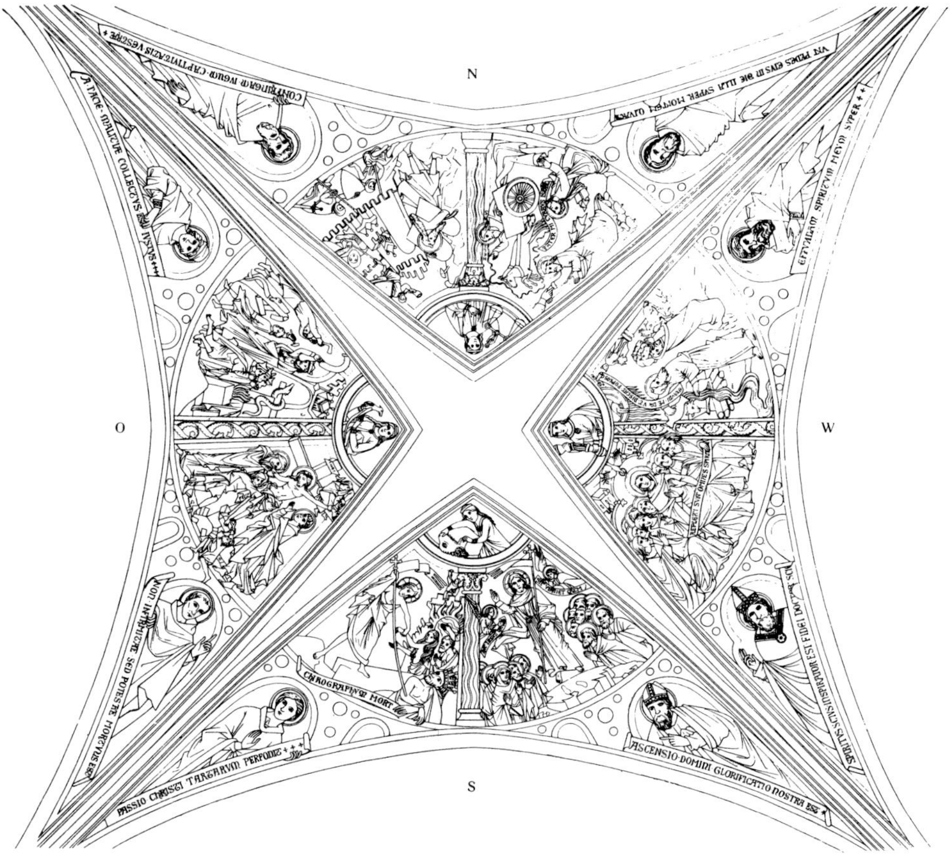

St. Maria Lyskirchen, westliches Gewölbe

Die Nikolauslegende

Vielleicht ein Jahrzehnt später, der ›Zackenstil‹ der Linienführung ist noch etwas unruhiger geworden, wird auf dem *südlichen Chorgewölbe* die Szenenfolge aus der *Nikolauslegende* entstanden sein. Unter den gesamten Malereien sind dies die am besten erhaltenen. Der Kult des heiligen Nikolaus war durch die Übertragung seiner Reliquien von Myra in Kleinasien nach Bari in Süditalien – per Raub – populär geworden. Eine Säule seiner Grabeskirche war schwimmend aus Anhänglichkeit seinem Schiff gefolgt. Und die wunderbare Rettung von Schiffbrüchigen aus Seenot, die auch in St. Maria Lyskirchen erzählt wird, hat ihn zum Patron der Schiffer gemacht. Verständlich, daß man ihn auch in Köln nahe dem Rheinufer inmitten einer Siedlung von Schiffern gerne verehrte. Eine Nikolausbruderschaft der Schiffer wurde aber ganz offiziell erst im Jahre 1670 begründet.

Die Szenenfolge beginnt in der *östlichen Gewölbekappe* mit der aufschlußreichen Kindheit unseres Heiligen. Sein Vater zeigt sich äußerst erstaunt darüber, daß er an Fasttagen nur einmal die Mutterbrust nimmt, und im Zwickel darunter sieht man ihn als Neugeborenen bereits in der Wanne stehen. Die nächste Szene schildert die Bischofsweihe. Dann folgt die erwähnte Rettung von Schiffbrüchigen und als Abschluß seiner Lebensgeschichte der Tod des Heiligen. Man sieht, wie die Seele des Heiligen mit Mitra von Engeln in den Himmel getragen wird. Drei Szenen schildern dann eine zusammenhängende Wundergeschichte. Ein Jude, am Hut gut zu erkennen, hatte seine Schätze nachts durch eine Nikolausdarstellung als Wächter geschützt. Vergeblich, Diebe tragen alles davon. Am nächsten Morgen sieht man den Juden, dem vor Eifer der Hut hoch geht, das Bild schlagen. Die Diebe aber, denen Nikolaus erscheint, bringen reumütig ihre Beute zurück. Es fehlt als Ende der Geschichte die Bekehrung des Juden und seiner Familie. Statt dessen wird ein weiteres Wunder kurz angedeutet. Drei Generäle Kaiser Konstantins waren von ihm unschuldig verurteilt worden. Man sieht sie mit gefesselten Händen im Stock sitzen. Aber schon erscheint Nikolaus und befreit sie, indem er im Traum Konstantin auf den Irrtum aufmerksam macht.

St. Maria Lyskirchen, südliches Chorgewölbe: Nikolauslegende

Die Katharinenlegende

In der gegenüberliegenden *Chorkapelle auf der Nordseite* ist die ebenso populäre *Katharinenlegende* geschildert worden. Hier waren bei der Aufdeckung der Malereien bereits die Felder der Nordseite untergegangen. Die Szenenfolge, die wohl wieder ein Jahrzehnt später entstand, beginnt im Westen. Katharina verweigert das Götzenopfer vor dem Kaiser und disputiert erfolgreich mit den Philosophen von Alexandria. Diese werden daraufhin als Christen in der nächsten Szene Opfer der Henker und im Kessel verbrannt. Katharina erhält währenddessen hohen Besuch im Gefängnis, der sie aber auch nicht von ihrem Glauben abbringen kann. In der nächsten Szene wird von Engeln das Rad, auf dem sie nun sterben soll, zerschlagen. Dann wird sie aufgehängt und gepeinigt. Die beiden letzten, ergänzten Darstellungen zeigen sicher zu Recht, wenn auch frei entworfen, die Enthauptung und den Transport ihres Körpers auf den Sinai.

Spätere Reste von biblischen Szenen hat man auf der Westempore entdeckt. Sie stammen aus der Zeit um 1330. Zumindest ein Jahrhundert lang hat man sich also bemüht, biblische Geschichte für jeden Besucher der Kirche lebendig werden zu lassen.

Im Barock wurden, wohl im Zuge der Umbauarbeiten, die Gewölbe und Malereien übertüncht. 1879 hatte man während der

Restaurierungsarbeiten schon einen Vertrag zur Ausschmückung der Gewölbe mit einem Dekorationsmaler geschlossen, als dieser dann beim Abkratzen der alten Anstriche den erstaunlichen Fund meldet. Matthias Göbbels, damals Kaplan an St. Maria im Kapitol, bekommt den Auftrag zur Restaurierung. Das heißt für den Schüler August von Essenweins, daß gründlich gearbeitet wird. Alles wird freigelegt und sauber mit leuchtenden Ölfarben übermalt. Wo etwas fehlt, wird frei ergänzt. Das Katharinengewölbe ist ein gutes, etwas abschreckendes Beispiel für diese Technik. 1934 hat man die Malereien von der inzwischen nachgedunkelten Ölfarbe befreit. Den Krieg haben sie überstanden, aber nicht ohne Verluste. Durch das zerstörte Dach konnte Regenwasser eindringen. Vor wenigen Jahren sind die Malereien wieder restauriert worden. Aber sie lohnen jeden Aufwand, auch die Nackenschmerzen des Besuchers.

Ausstattung und Geschichte

Bei anderen Stücken der Ausstattung kann man sich auch von den Nackenbeschwerden wieder erholen. Dazu gehört der *Taufstein*. Nur die Blattkapitelle zeigen, daß er in die zweite Hälfte des 13. Jh. gehört. Die groben Köpfchen würde man sonst leicht für älter halten. Er trägt einen barocken Deckel. Eine der beiden schönen *Madonnen* der Kirche, gerahmt von den modernen Fenstern Hans Lünenborgs, steht heute im Zentrum des neuen Altarretabels von Wolfgang Reuter, dessen Relief die Vergangenheit als Schifferkirche in Erinnerung ruft. Sie gehört wie die zweite Madonna nicht zum ursprünglichen Bestand. Erst 1885 kam sie als Geschenk in die Kirche. Auch die ›*Schiffermadonna*‹, etwa ein Jahrhundert jünger, um 1420 entstanden, ein bezauberndes Beispiel des Weichen Stils, ist wohl erst nach der Säkularisation aus Walberberg hierher gelangt. Bis 1868 stand sie außen an der Kirche in einer Nische und grüßte die vorüberfahrenden Schiffer. Eine andere Kostbarkeit, die der Kölner Ratsherr Gobelinus Schmitgen 1524 der Kirche stiftete, ein kostbarer *Flügelaltar* mit der Beweinung Christi von Joos van Cleve, ist nur in einer Kopie von Kaspar Benedikt Beckenkamp erhalten. Das Original ist – rechtmäßig – auf einigen Umwegen ins Städelsche Kunstinstitut nach Frankfurt gelangt. Auch der Kirchenschatz birgt noch einige Kostbarkeiten. Neben dem nördlichen Aufgang zur Empore hat Peter Hecker in seiner expressionistischen Manier die Tradition der Schifferkirche als Hintergrund der ›Schiffermadonna‹ noch einmal als *Wandmalerei* festgehalten.

St. Maria Lyskirchen, ›Schiffermadonna‹ und expressionistische Wandmalerei von Peter Hecker

Zum Schluß sollte man das *Westportal* nicht übersehen. In der Enge der Straße geschieht das leicht. Zwar sind die 1614 gestifteten Türflügel nur fragmentarisch erhalten, aber die Rahmung der Erbauungszeit gehört zu den Spitzenleistungen der Bildhauer in Köln in diesen Jahren. Reiche Ornamentik, prächtige Girlanden, Kapitelle mit kleinen Vögeln im Pflanzendickicht, Böses abwehrende Löwenköpfe rahmen ein einst vielleicht gemaltes Tympanon. Jetzt schmückt nur noch ein Rundbogenfries im Halbkreis gezogen die Fläche und bringt Motive in Erinnerung, die wohl entlang den Pilgerstraßen von Santiago de Compostela – wie in der Vorhalle von St. Andreas – nach Köln gewandert sind. Der Türsturz, giebelförmig zugeschnitten, zeigte auf seinem Medaillon ursprünglich ein Lamm. Die nicht mehr ganz exakt lesbare Inschrift lautet wohl: »SE DOLET HOC TITULO STRATA RABIES INIMICA«. Besonders das ›strata‹ ist nur zu lesen, wenn man sich auf Aegidius Gelenius verläßt, der die Inschrift Anfang des 17. Jh. zu entziffern versuchte, und hier ›stratam‹ vermutete. Soll sie bedeuten, daß vor diesem Zeichen des apokalyptischen Lamms dahingestreckt die feindliche Wut sich grämt?

St. Maria Lyskirchen, Westportal

Zumindest hat sich die Restaurierungswut des 19. Jh. nicht lange über den hohen spätgotischen Giebel der Fassade mit seinen gotisierenden Fenstern gegrämt. Man hat Giebel und Fenster Ende des 19. Jh. neoromanisch ersetzt. Nach den vorhandenen Abbildungen könnte man den alten Zustand wiederherstellen. Aber wichtiger wäre es, das Faltdach des Nordturms zu erneuern. Das gäbe dem Rheinpanorama der Stadt einen neuen reizvollen Effekt. Auf Anton Woensams Rheinpanorama entdeckt man am Turm mit seinem Faltdach dazu einen kleinen Holzverschlag. Hier war – zumindest im 14. Jh., wo sein Lohn in den Stadtrechnungen erscheint – ein Wächter untergebracht. Wahrscheinlich beobachtete er den Schiffsverkehr auf dem Rhein. Zugleich mag er die städtischen Waffen gehütet haben, die wohl auf den Emporen gelagert waren. Eine bürgerliche Pfarrkirche war so für viele Zwecke nutzbar zu machen. Später werden die Waffen allerdings im Zeughaus untergebracht worden sein, in dessen jüngstem Bau, um 1600 errichtet, heute das Kölnische Stadtmuseum zu Hause ist. Hier sind noch Waffen erhalten, die einst wohl schon auf den Emporen von St. Maria Lyskirchen lagerten.

Noch auf anderem Wege ist St. Maria Lyskirchen in die Geschichte eingegangen. Der erste Kölner Drucker, Ulrich Zell, hat seit 1466 in der Pfarre gewohnt und gearbeitet und sein Druckerzeichen ›Impressum apud Lyskirchen‹ mit einer Mariendarstellung versehen.

Groß St. Martin

Ein Akzent im Stadtbild

Kein Blick auf die Rheinfront Kölns, kein Stadtpanorama ist denkbar ohne den spätromanischen Turm der ehemaligen Benediktinerklosterkirche Groß St. Martin im Herzen der Altstadt. Doch nach dem letzten großen Luftangriff am 2. März 1945 war es fast so weit: Schon 1942 waren die Dächer des Schiffs und die Helme des Turms und seiner zierlichen Begleiter abgebrannt. Nun fielen auch die oberen Geschosse des Turms, die Gewölbe des Schiffs und seine Westwand mit der Vorhalle den Bomben zum Opfer. Einer der markantesten Punkte der Stadtsilhouette schien für immer ausgelöscht. Verzweiflung und Zweifel griffen mit dem Ende des Krieges um sich. Wie, wann, mit welchen Mitteln sollte hier je wieder aufgebaut werden? In der wichtigen Vortragsreihe des Jahres 1947 unter dem Thema Kirchen in Trümmern meinte der Kunsthistoriker Otto H. Förster: »Wir wollen in Groß St. Martin die Gewölbe wieder schließen, aber uns versagen, den Turm allzu eilfertig wieder hinzuzaubern. Es ist viel besser, wenn er einige Zeit als Stumpf stehenbleibt und noch andere nach uns daran erinnert, was wir hatten und warum es uns genommen worden ist – bis, vielleicht in hundert Jahren, der Tag kommt, wo uns ein großer Meister den Turm plant, der so schön oder schöner ist als der gewesene.« Viele stimmten ihm damals zu; aber 1963 war der Turm in seiner alten Gestalt wiedererstanden. Auf andere Bauten hatte man verzichten können, St. Kolumba blieb Ruine, St. Alban wurde zum Mahnmal. Aber das Stadtbild ohne die Silhouette dieses Turmes war den Kölnern unerträglich, auch wenn es noch zwanzig Jahre dauern sollte, bis auch die Kirche wieder erneuert war. Zugleich schlossen sich die Wunden der Altstadt, und Groß St. Martin wurde wieder zum Zeugen einer lebendigen Vergangenheit inmitten modernsten Wohnens, das Joachim Schürmann gestaltet hat.

Groß St. Martin
Choransicht **
Kreuzigungsgruppe
Taufstein
Unterkirche
(Ausgrabungen) *

Grundriß S. 179

Groß St. Martin, Gemälde von Gerd Baukhage, 1959, Kölnisches Stadtmuseum

Auf römischen Mauern

Die Fülle der Bauarbeiten in und rings um Groß St. Martin auf der einst der römischen Stadtmauer und dem römischen Hafen vorgelagerten Insel brachte den Archäologen die Gelegenheit, der Vorgeschichte von Groß St. Martin nachzugehen. Ein kleiner Ausschnitt aus ihren Grabungen ist in der neuen Krypta der Kirche zugänglich. Er hilft, die frühe Geschichte der Abtei zu klären.

Denn die Anfänge des Klosters Groß St. Martin bieten für Historiker, Kunsthistoriker, Archäologen und jeden Besucher einige reizvolle Probleme. Die erste konkrete Nachricht zum Kloster bringt die Lorscher Chronik in ihrem Bericht über Erzbischof Bruno von Köln (954–65). Er war zuvor in Lorsch Abt gewesen. In der Art eines Nachrufs wird erzählt, daß Bruno in Köln drei Klöster erbaut habe (construxit): St. Pantaleon, St. Andreas und endlich Groß St. Martin.

◁ Groß St. Martin, Blick von Südosten

Groß St. Martin, Kapitell am südwestlichen Vierungspfeiler mit ›Plektrudis‹ und ›Pippin‹

Von St. Pantaleon und St. Andreas ist bekannt, daß dort schon vorher Kirchen standen. Und erbauen heißt schließlich nicht gründen. Wahrscheinlich gab es auch an der Stelle von Groß St. Martin schon einen Bau. Zu diesem Schluß verleiten jedenfalls die Legende und das Patrozinium. Aegidius Gelenius schreibt die Stiftung von Groß St. Martin dem fränkischen Hausmeier Pippin und seiner Gemahlin Plektrudis, die uns ja auch in St. Maria im Kapitol begegnet, zu. Sie hätten im Jahre 708 die Mönche Wiro, Plechelmus und Otger unterstützt, die einige Jahre vorher vom Schotten Tilmon gegründete Kapelle in ein Kloster zu verwandeln. Das ist wohl eine späte Erfindung. Mit dieser Legende werden aber gern die beiden Köpfe am Kapitell der Arkadeninnenseite des südwestlichen Vierungspfeilers erklärt. Die Frau mit den langen Zöpfen sei Plektrudis und der bärtige König daneben daher Pippin. Die Legende ist nicht schlecht erfunden.

Das Patrozinium: der Heilige, auf den die Kirche geweiht ist, als dessen Eigentum sie gilt, der heilige Martin, war als Bischof von Tours der populärste Heilige der Franken. Der größte Teil der Kirchen, die seinen Namen tragen, ist im 7., 8. und 9. Jh. entstanden. Und daß ausgerechnet das Heilige Köln damals keine Martinskirche bekommen haben sollte, erscheint unwahrscheinlich.

Die in den letzten zwanzig Jahren in und rings um Groß St. Martin durchgeführten Ausgrabungen unterstützen diese Vermutung. In römischer Zeit hat man die *Rheininsel* zuerst als Sportplatz, mit einem großzügigen Wasserbecken, verwendet. Im 2. Jh. dann wurden große Lagerhallen, horrea, angelegt, weil der Hafenbetrieb offenbar gewachsen war. Teile der Sockel von Pfeilern, die die Lagerräume in dreischiffige Hallen gliederten, sind in der Krypta zu sehen. Die Außenmauern der Halle hat man beim späteren Bau von Groß St. Martin für die Fundamentierung benutzt. Aber die Pfeilersockel zeigen, daß die Lagerhallen schon vorher nicht mehr als Lagerhallen benutzt worden sind. Die massiven Sandsteinblöcke sind mit kräftigen Schlägen abgearbeitet worden, damit man unten ein Profil gestalten konnte. Das läßt sich an den in der Krypta sichtbaren Sockeln gut erkennen. Die recht unterschiedlichen Profile und die Flächen darüber zeigen noch glatten Verputz und eine Schicht Tünche. Auch ein stehengebliebener Rest des Fußbodens, des Estrichs, der zu dieser Bauphase gehört, ist auf der Südseite sichtbar. Drei Schichten kann man unterscheiden. Keramikscherben, die man dort gefunden hat, könnten in die karolingische Zeit gehören. Damit käme man der Zeit der legendären Gründung des Klosters unter Pippin und Plektrudis schon recht nahe.

In der *Krypta* steht man an manchen Stellen noch auf dem sauber zusammengefügten Plattenboden des Sportplatzes. In der Nordkonche entdeckt man sogar die Umrandung und den Plattenboden des Schwimmbeckens, das zu ihm gehörte. Es war im 1. Jh. bald nach der Gründung der Colonia Claudia Ara Agrippinensium angelegt worden. Etwa ein Jahrhundert später wurden, wie bereits erwähnt, über der schon Jahrzehnte zuvor aufgegebenen Sportanlage die vier *Lagerhallen* erbaut. Ihr Boden lag gut 1,5 m höher; ihn hat man bei der Wiederbenutzung des Geländes in karolingischer Zeit planiert und mit einer neuen Schicht Estrich abgedeckt. Damals erhielten die Pfeiler ihre mühsam erarbeiteten Profile, die in die Zeit von Plektrudis und Pippin gehören könnten. Für diese Wiederverwendung eines römischen Baus hatte man sich die kleinste der vier Hallen ausgesucht. Eine Seite des Hofraums, fast so groß wie der Platz über der heutigen Tiefgarage nördlich von Groß St. Martin, war nur mit einer Mauer abgeschlossen. Zwei Seiten, im Westen und im Osten, waren in voller Länge mit Hallen belegt, und auf der Südseite, unter Groß St. Martin, lagen zwei kürzere Hallen. Zwischen beiden blieb ein etwa 12 Meter breiter Zugang frei; er liegt im Westen des heutigen Schiffs. In einer der folgenden Bauphasen wurde er überbrückt, als man im Westen eine Dreiturmgruppe errichtete. Bei den Grabungen hat man das schwere Fundament des Mittelturms mit gut 12 × 10 Metern Grundfläche gefunden, begleitet von zwei kleineren Fundamenten für Flankierungstürme. Auch in der Krypta sind spätere Bauphasen erkennbar. Knapp westlich der Westseite des Trikonchos verläuft die westliche Abschlußmauer einer älteren Kryptenanlage, die man zugeschüttet hat, als der spätromanische Kleeblattchor erbaut wurde. Auf der Westseite dieser Mauer ist ein schweres Altarfundament erkennbar. Auf der Ostseite, gegenüber dem heutigen Altar der Krypta, erkennt man nachträglich geschlossene Öffnungen mit kleinen Pfeilern und eine ebenfalls nachträglich eingefügte Nische mit Verputz und Tünche. Diese Nische wurde, wie Rolf Lauer vermutet, für die Reliquien des hl. Eliphius errichtet. Der östliche Abschluß der Krypta ist nicht genau zu erkennen.

Baunachrichten haben wir ausreichend. Aber das heißt leider nicht, daß man sie immer mit den archäologischen Ergebnissen exakt in Übereinstimmung bringen könnte. Aus der Lorscher Chronik wissen wir, daß Erzbischof Bruno hier gebaut hat. Das könnte zur Dreiturmgruppe passen, auch die Krypta entspräche seinem Bauvorhaben: Er schenkte der Kirche Gebeine des heiligen Eliphius, die er aus

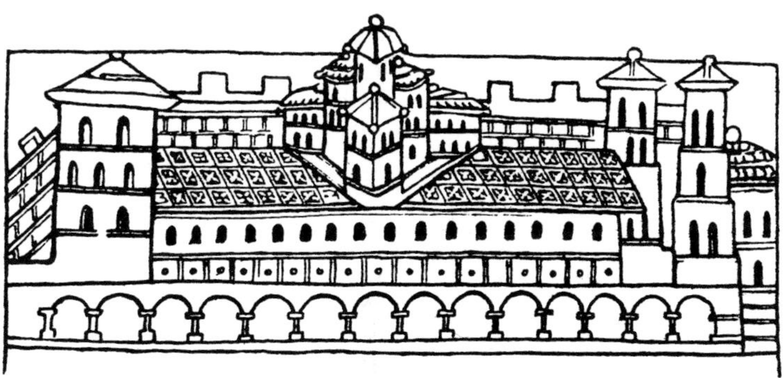

Groß St. Martin. Nachzeichnung einer Miniatur, um 1120

Toul mitgebracht hatte; für ihre Aufbewahrung wäre eine Krypta der geeignete Ort gewesen. Und noch einer der eifrigen erzbischöflichen Bauherren Kölns hat sich hier betätigt: Dem immer wieder lebhaft träumenden Erzbischof Anno (1056–75) erscheint mahnend der heilige Eliphius im Traum, woraufhin er zwei Türme errichten läßt (duas turres a fronte sanctuarii). Dieser Hinweis seiner Lebensbeschreibung spricht für zwei Türme am Chor der Kirche, ähnlich wie er sie für St. Gereon bauen ließ. Die Neuanlage des Kleeblattchors hat ihre Spuren völlig verschwinden lassen. Eine Miniatur des 12. Jh. hält diesen Bau fest, Westwerk und zwei Türme am Chor sind zu erkennen. Auf dem Dach sieht man einen hölzernen Aufbau, der an ähnliche Dachreiter von St. Caecilien und St. Aposteln erinnert.

Die übrigen Nachrichten zur frühen Geschichte der Abtei sind verworren und verwirrend. Den Bau von Erzbischof Bruno scheinen noch keine Mönche, sondern Kanoniker genutzt zu haben. Sie führten mit dem Recht auf Eigentum und ohne Gehorsamspflicht, im Zölibat gebunden, ein wesentlich freieres Leben als das sich im 10. Jh. reformierende Mönchstum. Aber die wenigen Kanoniker, die an Groß St. Martin lebten, wurden entweder vertrieben oder zu Mönchen, als Erzbischof Everger (985–99) die Mönche des Klosters von St. Vitus in Mönchengladbach nach Groß St. Martin in Köln verlegte. Da sich nun der Heilige Vitus im Traum – wieder einmal – über diesen Raub beklagte und Everger mit der Hölle drohte, kehrten die Mönche bald nach Mönchengladbach zurück. In Groß St. Martin zogen nun ›schottische‹ Mönche ein. Das waren Iren, deren religiöser Wandertrieb sie in die Fremde des Kontinents geführt hatte. Ihr erster Abt, Minnborinus Scottus, soll das Kloster zwölf Jahre lang geleitet haben.

Die Verwirrungen beginnen mit seinem Amtsantritt. Denn es gibt eine Quelle, die Chronik des Marianus Scotus, die seinen Amtsantritt vor die Regierungszeit Evergers legt. Marianus Scotus, der 1056 in Groß St. Martin Mönch wurde, das Kloster aber bald verließ und 1082 in Mainz starb, muß sich geirrt haben, obwohl er für seine Zeit, die Wirren des Investiturstreites, eine gute Quelle bleibt. Er beschäftigte sich auch eifrig mit Chronologie. Bei seiner Berechnung des Geburtsjahres Christi hat er sich jedoch um gut zwanzig Jahre vertan. Die Gründung des Klosters schreibt er Erzbischof Everger zu. Damit kann nur die Umwandlung des Stifts etwa 988 in ein Kloster gemeint sein, als die Mönche aus Mönchengladbach eingesetzt wurden.

Bis ins 11. Jh. spielen die irischen Benediktiner in Groß St. Martin noch eine wichtige Rolle im geistlichen Leben der Stadt. Abt Helias (1004–42) war seit 1019 zugleich Abt des Klosters St. Pantaleon. Danach ging es mit dem irischen Einfluß langsam zu Ende, und Anfang des 12. Jh. übernahm Groß St. Martin, wie schon zuvor St. Pantaleon, die Gewohnheiten und Lebensformen der von der Abtei Siegburg ausstrahlenden Reform.

Ringsum war inzwischen die Kölner Altstadt gewachsen. Ihre Anfänge liegen im dunkeln. Langsam, nachdem Köln unter Erzbischof Hildebold (etwa 787–818) aus einem Ort in gefährdeter Grenzlage zu einer Metropole geworden war, werden Schiffahrt und Handel entlang dem Rhein wieder gewachsen sein. Die bescheidenen Anfänge von entsprechenden Anlagen am Rheinufer sind Mitte des 10. Jh. schon wichtig genug, um sie mit neuen Befestigungsanlagen an die römische Stadtmauer anzubinden. Irgendwann wird endgültig der versumpfte römische Hafen zugeschüttet, und die Kaufleute bauen auf dem Grund und Boden des Erzbischofs – ihm zahlen sie Zins für die Grundstücke – erst Hütten, dann Häuser. Ein reger Markt für Güter aller Art bildet sich. Köln wird reich. Dieses Wirtschaftswunder muß die Zeitgenossen überwältigt haben. Für die wachsende Bevölkerung der Altstadt entsteht St. Brigiden als zum Kloster Groß St. Martin gehörige Pfarre und Pfarrkirche. 1172 wird sie erstmals erwähnt, aber ihre Patronin Brigida, eine der großen Heiligen Irlands, weist darauf hin, daß die Pfarre zumindest einige Jahrzehnte älter sein muß. In der Baugeschichte der Kirche Groß St. Martin macht sie sich immer wieder bemerkbar, und die Gebeine aus dem Friedhof der Pfarre haben zusammen mit denen der Mönche in der neuen Krypta eine neue Ruhestätte gefunden.

Romanischer Reichtum

Die gewachsene Bevölkerung und der gewachsene Reichtum machen sich bis heute als Architektur bemerkbar. Unser bester Anhaltspunkt ist eine Weihenachricht, die ein spätmittelalterliches Bruderschaftsbuch überliefert. In Bruderschaften schloß man sich bei oft gleichem Beruf zu gemeinsamen Gottesdiensten, zur Fürsorge für das Begräbnis der Mitglieder und auch zur allgemeinen Geselligkeit zusammen. Die Weihenachricht schildert, daß Erzbischof Philipp am 1. Mai 1172 den Bau geweiht habe, der von den Almosen der Gläubigen erbaut sei, die Abt Gottschalk wortgewaltig dazu ermahnt

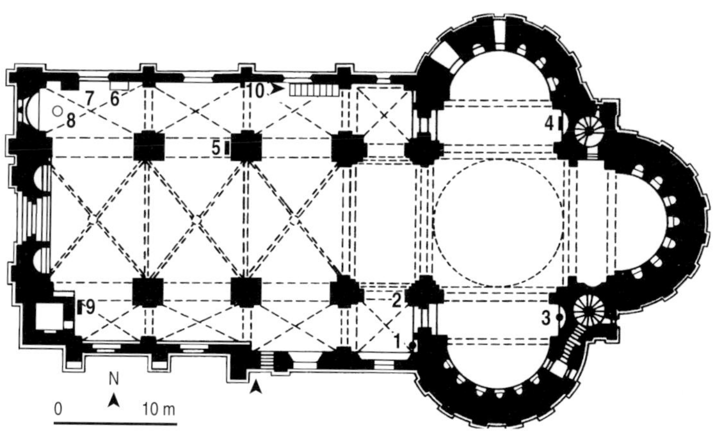

Groß St. Martin, Grundriß
1 Schmerzensmann
2 Kapitell mit ›Plektrudis‹ und ›Pippin‹
3 Hl. Eliphius
4 Tabernakel
5 Triptychon mit der Anbetung der Hl.Drei Könige, Antwerpen, um 1530
6 Grablegungsgruppe
7 Kreuzigungsgruppe
8 Taufstein
9 Hl. Brigida (17. Jh.)
10 Eingang zur Unterkirche

Groß St. Martin, Aufriß

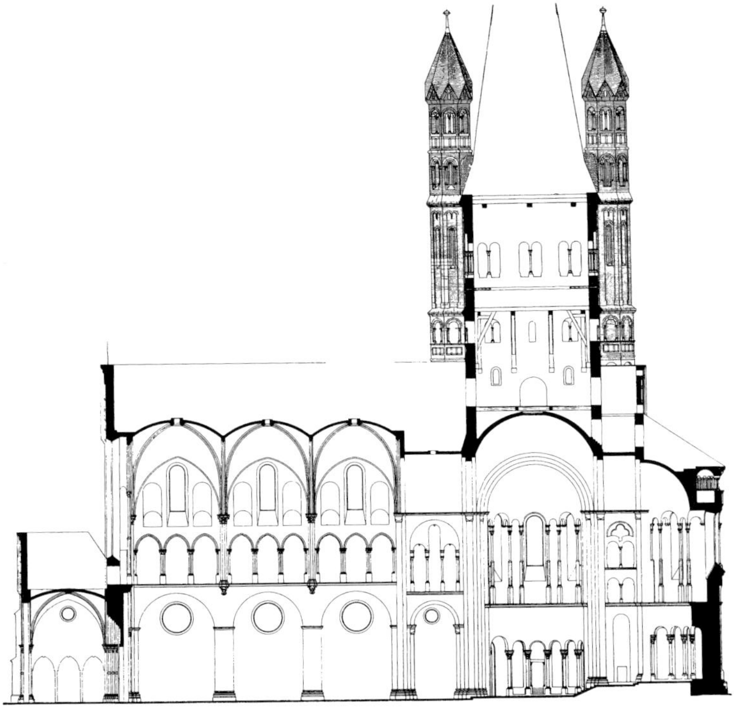

habe. Den Hauptanteil an dieser Sammelaktion muß allerdigns sein Vorgänger Adalrad (1149–69) geleistet haben. Er stiftete am Ende seines Lebens großzügig für die Beleuchtung des Baus, der, wenn solche Stiftungen verzeichnet werden, meist weitgehend fertig ist. Adalrad stiftet Ackerland, die Mieteinkünfte von zwei Häusern in der Mühlengasse und eine Fuhre Wein für die Kosten der Beleuchtung von zwei Altären und die Hälfte der Einkünfte aus einem Haus am Rhein für die Beleuchtung des Hospitals.

Zur Versorgung der Kranken und als Altenheim von den Mitgliedern der Gemeinde gestiftet, wird das Hospital 1157 in die Obhut und Verwaltung des Klosters übertragen, in der es allerdings nicht lange bleibt. Dabei wird erwähnt, es sei nach dem Stadtbrand von 1150 wieder aufgebaut worden. Wahrscheinlich haben wir damit einen Anhaltspunkt für den Beginn der spätromanischen Bauarbeiten an Groß St. Martin. Auch die Kirche könnte von einem Stadtbrand, der, wie die Kölner Königschronik verzeichnet, einen Teil der Stadt zerstörte, in Mitleidenschaft gezogen worden sein. Zu diesem Datum paßt auch, daß die neu begonnene Kirche mit mächtigem Vierungsturm über dem Kleeblattchor und kurzem Schiff an die Doppelkapelle von Schwarzrheindorf erinnert. Diese hatte sich Arnold von Wied auf seinem Burgsitz erbauen lassen, als er noch

Groß St. Martin, Ansicht von Norden. Nach M. Moret, ›Le Moyen Age Pittoresque‹, um 1840, Kölnisches Stadtmuseum

Dompropst in Köln war. Die Weihe feierte er am 24. April 1151 in Gegenwart Friedrich Barbarossas und eines glänzenden Hofstaats schon als erwählter Erzbischof von Köln (1151–56). Manches andere an Architektur wäre vielleicht von Arnold von Wied noch zu erwarten gewesen, der binnen weniger Jahre das finanziell und geistlich zerrüttete Erzbistum wiederherstellte, wäre er nicht bei einem Wettlauf in Xanten gestürzt und kurz darauf gestorben.

Weitere Baunachrichten über Groß St. Martin haben wir für die Zeit zwischen 1150 und 1172 nicht. Auch die beiden erwähnten sind nicht sehr überzeugend. Die Weihenachricht ist spät überliefert und der Brand nur zu vermuten. Aber kunsthistorische Überlegungen stützen das Ergebnis ab.

Vorbild der **Dreikonchenanlage**, des **Kleeblattchors**, des unteren Drittels der Ostanlage, ist in Köln der Trikonchos der Kirche St. Maria im Kapitol. Er war 1065 von Erzbischof Anno geweiht worden und hatte keine direkte Nachfolge gefunden. Aber in den Jahrzehnten um 1100 herrscht in Köln auch eine auffällige Ruhe auf dem Bausektor. Erst im Untergeschoß der Doppelkapelle der Burg des Kölner Erzbischofs Arnold von Wied in Schwarzrheindorf wird in bescheidenem Ausmaß das Kölner Vorbild wieder zitiert. Der Trikonchos ist allerdings keine Kölner Erfindung. Er geht auf frühe christliche Grabkapellen und besonders auf die Anlage der Geburtskirche in Bethlehem zurück. Das ist am Beispiel des Trikonchos von St. Maria im Kapitol schon genauer dargelegt worden. Der mißglückte Zweite Kreuzzug 1147–49, der König Konrad III. (1138–52) bis nach Jerusalem führte, wird die Vorstellung von den Stätten des Heiligen Landes wieder belebt haben. Arnold von Wied hatte als Kölner Dompropst den König begleitet.

Das Vorbild St. Maria im Kapitol wird an Groß St. Martin sowohl vereinfacht als auch verändert. Auf die eindrucksvollen Säulenum-

Groß St. Martin, Blick in die südliche Apsis und das Mittelschiff

gänge wird verzichtet. Damit ist der zentrale Raum straffer zusammengefaßt. In den tiefen und steilen Nischen des Untergeschosses bleibt der Säulenumgang trotzdem noch angedeutet. Gleichzeitig dienen die Nischen als Vorspiel für den Laufgang des Obergeschosses. Die Säulen, die vor den Nischen einen Rundbogen tragen, geben mit ihren strengen Blattkapitellen ein gutes Beispiel der grundsätzlich konservativen Haltung der Kölner Architektur. In Gestaltung und Dekoration greifen sie auf ottonische und karolingische Vorbilder zurück, erinnern auch an ein Kapitell, das bei den Grabungen unter dem Dom gefunden wurde. Über den Säulen, deren Kapitelle zusätzliche Blockaufsätze tragen, um mehr Höhe zu überbrücken, folgt glatte Wand unter dem Gesims des Laufgangs. Das ist in Nord- und Südkonche mehr zu spüren als im Osten. Hier macht sich die Erhöhung des Bodens um ein paar Stufen bemerkbar, die einst den Altar aus dem Niveau des Chorgestühls der Mönche heraushoben. Trotzdem spürt man auch hier noch, daß diese Flächen nach malerischer Ausgestaltung verlangen, wie sie bis zur Zerstörung in immer wieder neuer Gestalt gegeben war. Der Säulenumgang, auf den der Architekt im Untergeschoß verzichtet hat, wird nun in elegantester Form im Obergeschoß vorgeführt.

Die Überlänge der Pfeiler – auf quadratischem Sockel ein achtseitiger, an Basaltsäulen erinnernder, dann erst ein schlanker runder Schaft, ein zierliches Kapitell, ein Blockaufsatz und fast noch ein Kapitell – hat oft dazu verführt, ein späteres Baudatum als unseren Zeitraum zwischen 1150 und 1172 anzunehmen. Eine gotische Steilheit scheint Vorbild zu sein, und der Wechsel zwischen enger, fensterloser Pfeilerstellung und weiterer, fensterrahmender Stellung in lebendigem Rhythmus betont den Eindruck.

Die Bauuntersuchung Walther Zimmermanns aber, durch die Zerstörungen des Krieges möglich gemacht, und die Überlegungen Werner Meyer-Barkhausens haben diesen Eindruck als täuschend erwiesen. Walther Zimmermann hat keine Bauunterbrechung zwischen Ober- und Untergeschoß im Trikonchos feststellen können. Der Stumpf, den der Krieg stehengelassen hatte, war in einem Zuge entstanden. Und die Steilheit des Raums wird verständlich, wenn man die Lage des Baus bedenkt. Am Rheinufer, in bester Baulage des Mittelalters, erreicht der Trikonchos von Groß St. Martin innen von Nord nach Süd einen Durchmesser von gut 25 Metern. St. Aposteln, am Neumarkt mit reichem Grundbesitz bedacht, bietet gut 30 Meter. Auch stehen am Rheinufer – im Mittelalter – längst höhere Häuser als am Neumarkt. So streckt sich der Bau über sie hinaus. Muß doch Frömmigkeit in diesem Zeitalter demonstrativ gepredigt werden. Das Auftreten Bernhards von Clairvaux 1147 hatte das gelehrt. Seine – französische – Predigt rührte alle zu Tränen, die deutsche Übersetzung anschließend niemanden mehr. Die Gebärde entzündete, nicht das Wort. Ähnliches gilt wenige Jahre später für die Mahnung der Heiligen Hildegard von Bingen an den Klerus und das Volk in Köln.

Die Richtung enger und weiter Arkaden, je nachdem ob ein Fenster eingeschlossen wird oder nicht, wirkt auf uns zwar elegant, ist aber eigentlich noch Unbeholfenheit im Umgang mit der Doppelschaligkeit der Wand. Werner Meyer-Barkhausen hat auf das Problem hingewiesen, das eine Mauerstärke von bald drei Metern für den Architekten bedeutet. Umgibt er außen Fenster und fensterlose Wand mit gleichmäßigen Arkaden und Säulenabständen, kann er innen nicht das gleiche Bild erzielen, denn der äußere Umfang der Mauer ist ja erheblich länger als der innere. Für das Fenster braucht er sogar mehr Raum, die Gewände treten zurück, und das Innenmaß wird durch die Mauerstärke sowieso erheblich kürzer. Das hat den Rhythmus der Abstände der Pfeiler zur Folge. Der Architekt von St. Aposteln hat das Problem gelöst. Er verbindet die Säulen zwischen den Fenstern, die außen Mauer von der Fläche eines Fensters umspannen, innen zu einer Doppelsäule. Und um diese Säulen nicht zu lang strecken zu müssen, werden sie vor einen Pfeiler von entsprechender Höhe gestellt. Dadurch entsteht ein ruhiges, ausgewogenes Bild .

Damit wird verständlich, weshalb man sich entschlossen hat, den Baubeginn von Groß St. Martin mit dem Stadtbrand des Jahres 1150 und der Weihe des Jahres 1172 in Verbindung zu bringen. Die scheinbare Nähe zur Gotik ist dagegen durch die Enge des Bauplatzes und das Experimentieren des Architekten zu erklären.

Experimentiert wird noch mehrfach während des Baus. Ein zeitlicher Anhaltspunkt ist in den Annalen des Prämonstratenserklosters Floreffe in der Nähe von Namur gegeben: Sie berichten für das Jahr 1185 vom Brand der Kirche St. Martin in Köln. Was dabei vernichtet worden ist, wissen wir nicht, aber es mag einer der Anlässe gewesen sein, bei denen man über die Baupläne neu nachdachte. Auf die ursprünglich geplanten Emporen wurde nun – wie in St. Andreas – verzichtet. Und so einheitlich aus einem Guß, wie Groß St. Martin auf den ersten Blick auch wirkt, ist es nicht; allein schon sorgfältiges Schauen belehrt uns eines anderen. Das beginnt beim mächtigen **Turm** mit seinen vier Ecktürmchen. Der quadratische Mittelteil sollte wohl ursprünglich gar nicht so hoch werden. Auf halber Höhe zeigen sich Plattenfries und Zwerggalerie, die man als Abschluß erwarten würde. Gab es hier einen Wettlauf im Höhenrausch, vielleicht mit dem Damenstift St. Quirin in Neuss?

Erkennbar ist auch, daß die beiden westlichen Ecktürmchen nicht gleich mitgeplant waren. Zuerst scheint man noch nicht einmal Seitenschiffe angelegt zu haben. Denn die Arkadengliederung der Apsiden auf beiden Seiten läuft einfach weiter, wird von den Wänden der Seitenschiffe überschnitten. Im Obergeschoß sieht der Übergang der Apsidengliederung zum Schiff etwas besser aus. Aber die beiden Räume über den Seitenschiffen, auf denen die westlichen Ecktürme stehen, wirken immer noch wie angestückt. Und vom Statischen her gesehen waren die beiden Türmchen gefährliche Wagnisse. Das hat man erst jetzt, nach dem Krieg, mit einem soliden Betonkorsett in

Groß St. Martin,
Blick von Westen

den beiden Räumen beseitigt. Das so selbstverständlich wirkende Bild des Turms ist Schritt für Schritt entstanden. Wenn man das weiß, braucht man auch keine entfernten Vorbilder, wie den ein Jahrhundert zuvor erbauten Vierungsturm der Westminster Abbey in London oder den etwa gleichzeitigen Westturm von Ely zu bemühen, sondern spürt, wie aus den gewohnten Chorflankentürmen durch Verdoppelung die Vierergruppe wird. Sah man im Vierungs-

Groß St. Martin,
Vierung und Langhaus
nach Westen

turm mit seinen vier Ecktürmchen eine Abbildung Gottes, begleitet von den vier Evangelisten? Zu Beginn des 15. Jh. wird so der Vierungsturm des Mailänder Doms verstanden. Aus dem Köln des 12. Jh. erfahren wir keine Antwort darauf. Die Zeitgenossen muß das, was hier entstand, auf jeden Fall tief beeindruckt haben. In Köln gibt St. Aposteln architektonische Antwort, und der wachsende Baueifer des Domkapitels ist vielleicht auch hier angeregt worden.

Auch beim Bau des **Schiffs** hat man immer wieder neue Pläne entwickelt. Am Ansatz der Apsiden war schon zu sehen, daß zuerst nur ein einschiffiger Raum entstehen sollte, wahrscheinlich flach gedeckt geplant. Auf der Südseite hatte man sogar die alte Seitenschiffswand zum Teil schon abgerissen. Sie ist im Westen neu erbaut worden. Auf der Nordseite wurde die alte Wand mit Spuren verschiedener Bauepochen in voller Länge wieder in den Neubau einbezogen.

Die Datierung des wiederbenutzten Mauerwerks der Seitenschiffswände, das auf den Fundamenten der römischen Lagerhallen ruht, ist nicht geklärt. Aber auch das neuere Mauerwerk darüber gab zumindest zwei Bauphasen preis. Eine deutliche Baufuge, Zeichen einer Bauunterbrechung oder eines teilweisen Abrisses, im letzten, westlichen Joch des Schiffs belegt, daß der schon gotisch wirkende Westabschluß mit seinen hohen, gestaffelten Fenstern nachträglich angefügt wurde. Damals, Mitte des 13. Jh., hat man auch aus den schon stehenden, etwas älteren Wänden über den Seitenschiffen den Gang und die Nischen des Triforiums herausgestemmt. Nur so gelang es, die gewünschte Leichtigkeit zu erreichen. Auch die eleganten Konsolen für die Dienste des **Gewölbes** hat man jetzt erst eingefügt und das Gewölbe geschlossen. Es trat vielleicht erst zu dieser Zeit an die Stelle einer flachen Holzdecke. Insgesamt hat man das Schiff dabei noch einmal um fünf Meter verlängert und zum Schluß die Vorhalle angefügt, die nach dem Kriege nicht wieder aufgebaut worden ist. Sie fehlt. Aber nach den einengenden Bauten rings um die Kirche besteht wohl kaum noch eine Chance, sie zu erneuern und der zu einfachen Fassade ihr ursprüngliches Gesicht zurückzugeben. Nur die beiden Säulen in ungleichen Abständen links und rechts des Portals zeigen noch, wo die Vorhalle angesetzt war. Auch das **Portal** selbst, dreifach gestuft mit eingestellten Säulen mit Schaftringen, hatte schwer Schaden genommen. Es ist aber in seiner alten Gestalt wiedererstanden.

Groß St. Martin, Detail des Westportals

Ausstattung und Geschichte

Ebensowenig wie man den ungleichen Säulenabstand bereinigt hat, ist die ungleichmäßige Westwand ›bereinigt‹ worden. Im 19. Jh. hätte man das wohl getan. Aber so bleibt, wenn man etwas genauer hinschaut, immer noch erkennbar, daß sich das südliche Seitenschiff nicht so ausdehnen konnte, wie es eigentlich sein müßte. Hier stand die zum Kloster gehörige Pfarrkirche St. Brigiden im Wege. Der Grundriß zeigt schon, daß das Seitenschiff in den beiden westlichen Jochen enger wird und schließlich den nordwestlichen Turm der Pfarrkirche mit ins Seitenschiff einbeziehen mußte. Bis zu den Zerstörungen des Krieges waren noch die Ansätze der Gewölbe der Pfarrkirche zu erkennen, die man Anfang des 19. Jh. abriß. Die Pfarrgemeinde übernahm damals, als mit der Säkularisation das Kloster aufgelöst wurde, den größeren Bau, und so wollte man sich wenigstens von den Unterhaltungskosten für den kleineren trennen. Auch den Turm, der im Seitenschiff aufragte, hat man damals bis in Dachhöhe abgetragen. Bauherren vergessen meist während der mühseligen Bauzeit und im Jubel der Vollendung eines Bauwerks, daß anschließend die ebenso mühselige und kostspielige Zeit der Bauerhaltung beginnt. Sie dauert an, und ihre Probleme wachsen mit dem Alter des Bauwerks. Für Groß St. Martin setzen unsere Kenntnisse gut ein Jahrhundert nach der Vollendung ein. 1378 greift ein in der Nähe ausgebrochenes Feuer auf das Dach des großen Turms über. Der Rat der Stadt stiftet noch im gleichen Jahr die beachtliche Summe von 100 Goldgulden, und im Jahr darauf ermöglicht ein Ablaßbrief zusätzliche Einnahmen. Und noch 1401 stiften die Eheleute Konrad und Druda von Gluwel (Gleuel) 500 Goldgulden für den Turm, dafür soll am Altar der Peterskapelle täglich eine Messe für ihr Seelenheil gelesen werden. Trotz weiterer zusätzlicher Bemühungen geschieht aber nicht viel.

Es können nur notdürftige Reparaturen ausgeführt worden sein, denn bei einem schweren Sturm im Jahre 1434 werden drei der Giebel, die zwischen den Ecktürmen zu viert standen, heruntergeweht. Auf einer Darstellung der Ursulalegende im Wallraf-Richartz-Museum, um 1411 entstanden, sind sie noch zu sehen, und kein Dach schützt sie auf dieser Wiedergabe vor Winddruck. Zwei der Giebel schlagen über dem Hochaltar durch das Gewölbe, einer zerstört drei Häuser auf dem Fischmarkt.

Auf die Wiederherstellung der Giebel wird verzichtet. Einst sah der Turm im Abschluß dem Westturm von St. Aposteln ähnlich. 1455 wird eifrig Geld für die notwendigsten Reparaturen gesammelt, aber nur 300 Gulden bringt man zusammen. Den Rest der Kosten von gut 700 Gulden stiftet Ewald von Bacharach der Alte.

Verfall und Erneuerung des Turms mit seinem nun gewohnten gotischen Knickhelm spiegeln Niedergang und Reform des klösterlichen Lebens. Schon im 13. Jh. hatte sich vieles im Leben der Mönche an das Leben der Stiftsherren angenähert. In den Urkunden wird das für uns dadurch besonders spürbar, daß die Mönche, meist Söhne gutbürgerlicher oder patrizischer Familien Kölns, über eigene Einkünfte oder gar Besitzungen verfügen. Und aus den Stiftungen für Seelenmessen empfangen sie wie Stiftsherren Präsenzgelder, jeder Teilnehmer erhält seinen Anteil am Ertrag der Stiftung; Gebet machte sich bezahlt.

Aus einer solchen Stiftungsurkunde ist zumindest einer der altgedienten Mitarbeiter am Bau der Kirche in den ersten Jahren des 13. Jh. bekannt. Dieser Rudengerus vermacht sein Haus dem Kloster, damit jeweils am Todestag seiner beiden Frauen und an seinem eigenen und am Tage der Weihe der Kirche Messen gelesen und die Gelder aus den Mieteinkünften verteilt werden können. Zusätzlich vermacht er sieben Mark Silber, die etwa acht Jahresmieten für das Haus entsprechen, zum Kauf von Steinen und einen beachtlichen Betrag für einen Kelch. Der Abt bezeichnet ihn in der Urkunde als

»getreulich am Bau unserer Kirche arbeitend«. Architekt des Baus war er wohl kaum, das hätte man deutlicher ausgedrückt, aber einer der Spitzenverdiener auf der Baustelle muß er schon gewesen sein, um so für seine Seele und die seiner Frauen sorgen zu können, mit denen er natürlich nacheinander verheiratet war.

Die kostspieligen Bauarbeiten hatten trotz aller Stiftungen zu finanziellen Schwierigkeiten für das Kloster geführt. Mißwirtschaft, die wir heute als schlechtes Management bezeichnen würden, und Verbrauch der Einkünfte für private Zwecke statt für den Bau kamen hinzu. Klagen über das Leben der Geistlichkeit lassen sich aus jedem Jahrhundert zitieren. Kein Wunder auch, daß die Bettelorden einen solchen Aufschwung nehmen. Aber auch in den alten Orden entstehen Reformbewegungen, die sich für die Benediktiner in der Bursfelder Kongregation zusammenfassen. Schon Jakob von Wachendorp (1439–1454) hatte damit begonnen, auch der Rat hatte dazu aufgefordert, und unter Abt Adam Meyer (1454–1499) tritt Groß St. Martin sogar mit einer führenden Persönlichkeit an die Spitze der Bewegung. Nur ein Mönch entzieht sich. Alle anderen reformieren sich und ihre Gemeinschaft, und auch die Finanzen werden in Ordnung gebracht.

Das reformierte Leben strahlt aus, bringt neue Stiftungen, die den Raum schmücken. Eine davon hat man 1949 nach den Zerstörungen wiederentdeckt. Im Westen des nördlichen Seitenschiffs sind große Teile eines reichgearbeiteten spätgotischen Rahmens mit den Figuren von Adam und Eva und einem Propheten gefunden worden. Sie gehören wohl mit ihrem Gerank zum *Kreuzaltar*, den 1509 Johann von Aich stiftete. Wenige Jahre später bringt er es zum Bürgermeister von Köln, von denen es allerdings immer zwei gleichzeitig gab. Auch die ruhige, vornehme *Kreuzigungsgruppe* des Altars ist erhalten und ebenso die mehr betrachtende als verzweifelte *Grablegungsgruppe*. Aus der gleichen Werkstatt stammt auch die Skulptur *Christi als Schmerzensmann*. Zusammen mit dem romanischen *Taufstein*, dem schönsten dieser Zeit in Köln, mit seinen Seerosen in die klare Form des Steins gespannt, ergibt sich eine Erinnerung an den mittelalterlichen Glanz der Ausstattung.

Diese ist nicht erst den Aufräumungsarbeiten der Säkularisation zum Opfer gefallen. Schon 1660 und 1669 hat man die Einrichtung des Chors verändert und die Altäre neu errichtet, und Anfang des 18. Jh. wurde modern ausgemalt und eine neue Orgel aufgestellt. 1749 zerstört man die Grabplatten der Äbte und erhöht die Fußböden in Chor und Altarraum, und schließlich, im Schwung klassizistischer Aufklärung, wird die ganze Ausstattung nach den Entwürfen Ferdinand Franz Wallrafs zwischen 1789 und 1798 erneuert, mit verringerten Altären und wieder moderneren Gewölbemalereien.

Groß St. Martin, romanischer Taufstein im nördlichen Seitenschiff

Diese Arbeiten sind noch nicht abgeschlossen, da bricht die Säkularisation über Groß St. Martin herein. Der letzte Abt des Klosters, Gerhard Felix Ohoven, wurde Pfarrer der neuen Gemeinde St. Martin, die auch die Kirche des Klosters übernahm, während St. Brigiden aufgehoben und Schritt für Schritt abgebrochen wurde. Auch die Gebäude des Klosters fielen dem ›Fortschritt‹ zum Opfer. Noch heute aber sieht man, daß der Zugang der Mönche über den nördlich gelegenen *Kreuzgang* erheblich tiefer lag als der Westeingang des 13. Jh. Daran erkennt man, daß der Boden des Kreuzgangs wohl seit dem 10. Jh. nicht mehr höhergelegt wurde. Ringsum, und damit für den Neubau des Kirchenschiffs, stieg das Bodenniveau – dank dem niedrigen Niveau damaliger Straßenreinigung. Das gilt entsprechend auch für den Zugang zur Nordkonche und das Niveau der angrenzenden Benediktuskapelle mit dem Neubau der Sakristei darüber.

Victor Hugo sah 1839 auf seiner von unermüdlichem Schreiben begleiteten Rheinreise die letzten Steine des Kreuzgangs fallen. Die nun freigelegte Nordseite sah elend aus. Dem nördlichen Seitenschiff fehlten bis jetzt Fenster in ausreichender Zahl. 1843 wurde die nördliche Seitenschiffswand erneuert und mit den heutigen Rosettenfenstern versehen. Auch der nordwestliche Flankierungsturm, der wegen Baufälligkeit 1789 abgetragen worden war, wurde nun erneuert. Immer noch fehlte der südwestliche Flankierungsturm, der schon 1527 abgestürzt war.

Groß St. Martin, Figur der Eva in einer spätgotischen Archivolte im nördlichen Seitenschiff

Er wurde erst im Rahmen umfassender Restaurierungsarbeiten wiederhergestellt, die seit 1857 geplant wurden. Nach den Plänen Heinrich Nagelschmidts wurde die Vorhalle verkürzt, das südliche Seitenschiff dem nördlichen angeglichen und schließlich 1875 auch das südwestliche Vierungstürmchen erneuert.

Seit 1864 liefen daneben die Arbeiten an der neuen *Innenausstattung*, die August Essenwein entworfen hatte. In der präzisen Systematik des späten 19. Jh. versuchte man die Gesamtheit von Theologie und Heilsgeschehen in Wandmalerei und Fenstern zusammenzufassen. Eine Fülle, der wir heute wohl kaum noch gewachsen wären. Der letzte Krieg hat Spuren davon übriggelassen. Diese versucht man zu erhalten, da sonst in kaum einer der romanischen Kirchen Kölns noch etwas vom Glanz dieser Zeit zu sehen ist. Die Frage ist nur, ob man mit dem Bewahren von Fragmenten, wie den *Mosaiken* rings um den neuen Altar und den Schemen der *Ausmalung* nicht gerade die Absicht des 19. Jh. unterläuft, ein volles, vollständiges Programm zu bieten. Gerade vor Stückwerk schreckte man ja zurück. Auch die Reste der Ausstattung des späten 18. Jh. werden wieder aufgestellt, die Skulpturen Peter Josef Imhoffs für das Programm Ferdinand Franz Wallrafs. Damit beginnt der mühsame Weg, eine neue Ausstattung zu erarbeiten, damit auch die letzte der großen romanischen Kirchen Kölns wieder für eine Gemeinde nutzbar wird, ihren Sinn wie seit Jahrhunderten erfüllt.

Groß St. Martin, historisierendes Fußbodenmosaik im südlichen Seitenschiff

Mit den *Glasmalereien* Hermann Gottfrieds, dem *Tabernakel*, dem *Vierungsaltar* und dem *Bronzedeckel* für den *Taufstein* von Karl Matthäus Winter und dem auf mittelalterliche Vorbilder zurückgreifenden *Radleuchter* hat man ein sehr zurückhaltendes Programm entwickelt, dessen theologisches Konzept Wilhelm Nyssen formulierte. Im Mittelpunkt, mit dominierendem Rot in den Fenstern der Ostkonche, steht die Mantelteilung des hl. Martin. Die Nachbarfenster zeigen ihn in seinen Rollen als Mönch und Bischof. In den Seitenapsiden sind die Nebenpatrone St. Eliphius und St. Brigida dargestellt. Engel und Spruchbänder füllen die Fenster des Mittelschiffs. In den Fenstern der Seitenschiffe wird die Schöpfungsgeschichte erzählt. Im Westen wird mit Szenen aus seinem Leben noch einmal an St. Martin erinnert. Die bis auf die Fenster zurückhaltende Gestaltung des Innenraums steht in interessantem Kontrast zum Prunk der neuen Ausstattung in St. Gereon.

Zum Schluß sei ein *Denkmal* nachgetragen, das einem leicht entgeht. Auf dem Wege zu Groß St. Martin sollte man am *Alter Markt* am Hause *Nr. 24* nicht vorübergehen, ohne einen vorsichtigen Blick nach oben zu werfen. Hier hat der Kölner Jupp Engels von Ewald Mataré die Figur eines *Kallendressers* neu schaffen lassen, die einst am Hause Nr. 40 dargestellt war. Die ›Kalle‹ ist die Regenrinne, und das andere ein menschliches Endprodukt, das normalerweise in einer Regenrinne nichts zu suchen hat. Eine der Legenden, die sich damit verbunden hat, greift auf die schwierigen juristischen Verhältnisse der Reichsstadt Köln zurück. Sie macht uns die Rolle der Abteien und Stifte in der Stadt unnachahmlich sichtbar. Nach dieser Version hätten empörte Bürger die ursprüngliche Figur am Hause gegenüber dem Rathaus angebracht, um ihren Unwillen gegen den Rat Luft zu machen. Hatte doch dieser einen Übeltäter – wenn auch mit Einwilligung des Abtes – aus der Immunität des Klosters, in die er geflüchtet war, herausgeholt und in Haft genommen. Die Immunität, genau durch Mauerzüge festgelegt, war nicht der städtischen Obrigkeit unterstellt, ihre Büttel hatten nur mit Genehmigung des Propstes oder Abtes Zutritt, und Steuern konnte die Stadt in diesem Gebiet auch nicht erheben. Deshalb gingen die Kölner hier auch gerne den billigeren Wein der geistlichen Institutionen trinken, der ja auch aus den besten Lagen stammte, die man sich frühzeitig gesichert hatte. Grund genug für manchen Unwillen anderer Wirte und die Trauer über manchen Steuerausfall. Für uns ein erneuter Anlaß, sich bewußtzumachen, wie sehr sich mit der Französischen Revolution das Leben geändert hat.

St. Pantaleon, Westwerk ▷

St. Pantaleon

Kloster und Kirche des hl. Pantaleon

St. Pantaleon
*Westwerk ***
Kapitelsaal
(Schatzkammer)
*Lettner **

Grundriß S. 201

Noch heute liegt St. Pantaleon, Zeuge der Anfänge großer mittelalterlicher Architektur in Köln, so »still und von der lästigen städtischen Unruhe entfernt«, wie es Ruotger, der Biograph des Gründers, rühmt. Die Atmosphäre des von Erzbischof Bruno (953–965) gegründeten Benediktinerklosters wirkt noch nach. Die Reste des Immunitätsbezirkes der Abtei, ihre heute als Altersheim genutzten Gebäude, lassen Distanz zur Stadt entstehen – auch wenn die Finanzämter sich direkt davor niedergelassen haben.

Wie bei anderen Kölner Kloster- und Stiftsgründungen ist auch St. Pantaleon nicht ohne Bezug auf Vorhandenes entstanden. Eine Kirche des Heiligen wird bereits in der Bestätigung angeführt, die König Lothar II. am 15. Januar 866 für die Güterumschreibung Erzbischof Gunthars ausfertigt. Genauer gesagt war Gunthar zu diesem Zeitpunkt nicht Erzbischof. Er war von Papst Nikolaus I. des Amtes enthoben worden, da er bei der Lösung der Eheprobleme Lothars II. politische Rücksichten höher bewertet hatte als kirchliches Recht. Trotzdem verwaltete er sein Bistum weiter. Und gerade in dieser problematischen Situation war natürlich eine Bestandsaufnahme des Besitzes und der Einkünfte verständlich, um allen die notwendigen Einkünfte zu sichern. Die Güterumschreibung selbst ist nicht erhalten, aber die Bestätigung zählt neben den großen Stiften in Köln, Bonn und Xanten erstaunlicherweise auch St. Pantaleon als zugehörig zum Schatz und zum Besitz des Doms. Unter den Besitztümern und Gütern in der Erzdiözese muß die Kirche schon eine herausragende Rolle gespielt haben. Wurden von hier aus die weiten erzbischöflichen Besitzungen westlich der römischen Stadt verwaltet?

Aber im Gegensatz zu den alten Stiften, die die Bestätigung erwähnt, die zumindest im 7. Jh. und teils erheblich früher entstanden waren, war St. Pantaleon noch jung. Reliquien des Heiligen scheinen aus Byzanz erst im frühen 8. Jh. das Abendland erreicht zu haben. Es mag Erzbischof Hildebold, der erste Geistliche am Hofe Karls des Großen gewesen sein, der vor den römischen Mauern Kölns dem Heiligen eine Kirche errichtete. Die Schicksale der wohl bescheidenen Kirche sind unklar. Hat sie unter dem Überfall der Normannen zur Jahreswende 881/82 gelitten? Oder ist ihr Zustand 955, als sie von Ruotger als ungepflegt und fast schon Ruine beschrieben wird, altersbedingt? Trotz oder wegen des Zustandes der Kirche wird sie bewußt von Bruno gewählt, um das Pallium entgegenzunehmen. Er hatte Abt Hadamar von Fulda nach Rom gesandt, um für ihn das schmale weiße Band, mit sechs schwarzen Kreuzen bestickt, als Zeichen seiner Würde zu empfangen. Den Aufenthalt in Rom hatte Hadamar noch für einen anderen Auftrag Brunos genutzt. Er hatte Reliquien des heiligen Pantaleon erworben. Waren die Kölner Reliquien verloren? Jedenfalls war nun die Gegenwart des Heiligen in seiner Kirche, deren Patron er war, wieder gesichert.

Das spricht für eine weit vorausschauende Planung Brunos. So wie er, seinen Bruder Kaiser Otto den Großen (936–73) unterstützend, den Westen des Deutschen Reiches reorganisiert, so formt er auch in Köln die Aufgaben der Kirchen neu. Die Kanoniker von St. Maria im Kapitol setzt er in St. Andreas ein. St. Maria im Kapitol beziehen Benediktinerinnen. Zahlreich sind die Reliquien, mit denen er die Bedeutung des Heiligen Köln noch steigert. An fast allen Kirchen wird gebaut. Mit dem neuen Kloster St. Pantaleon entsteht zugleich das erste Kölner Benediktinerkloster, geistliches Zentrum nicht nur für die Vorstadt, deren Erwähnung von der neuen Blüte Kölns zeugt.

Im Jahre 964, kurz vor seinem Tode, setzt er den Mönch Christian aus St. Maximin in Trier als ersten Abt ein. Dieser verwaltet das Amt bis zum Jahre 1001. Er hätte einiges über die Baugeschichte der Kirche zu erzählen gehabt, die unter Mühen in diesen Jahrzehnten errichtet wird. Da er es nicht getan hat, bleiben wir bei vielen Fragen auf Schlußfolgerungen und Vermutungen angewiesen. Das beginnt mit der Frage nach der Gründung des Klosters. Die zumindest verfälschte Gründungsurkunde vom 22. Mai 964 ist wie die Einsetzung des Abtes ein Anhaltspunkt. Aber zu diesem Zeitpunkt können wir bereits ein funktionierendes Kloster voraussetzen. Die Gebäude des **Konvents** sind erstellt, und ein **Kreuzgang** steht auch schon. Von ihm hat man nach dem letzten Krieg sogar noch einige Bögen entdeckt. Sie sind, einbezogen in den Bau des Kindergartens, nordöstlich der Kirche zu sehen. Die Grabungen vor und nach dem letzten Krieg haben, aufgearbeitet von Helmut Fußbroich, wesentlich zur Klärung der Baugeschichte beigetragen. Für den 866 erwähnten Vorgängerbau, in dem Bruno 955 das Pallium entgegennimmt, ist durch die Grabungen erkennbar, daß er nur im Bereich des nördlichen Querhauses gestanden haben kann. Dort lassen sich seine Spuren allerdings auch nicht nachweisen, da die 1892 dort eingebaute Heizung alle möglichen Spuren beseitigt hat. Aber der ungewöhnliche Ansatz des Kreuzgangs und das Fehlen von Spuren an anderer Stelle lassen diesen Schluß zu. Wann aber ist das alte Kirchlein beseitigt worden? Wann ist daher mit dem heutigen Bau in seiner ersten Form begonnen worden?

In den für die Anfänge des Klosters zu reichlich fließenden Quellen werden uns die Jahre 953, 954, 956, 957 und 964 als Gründungsdaten angeboten. Da Ruotger, Mönch in St. Pantaleon, der im Auftrag von Brunos Nachfolger Folkmar Brunos Biographie verfaßt, die Berufung der Mönche nach dem Empfang des Palliums ansetzt, kommt frühestens das Jahr 956 in Frage. Acht Jahre später ist die Einrichtung so weit gediehen, daß ein Abt eingesetzt werden kann. Dieses Jahr 964 wird dann in der Kölner Königschronik, die Anfang des 12. Jh. in St. Pantaleon begonnen wird, benutzt, um auch alle anderen Kenntnisse zur Gründungsgeschichte anzuhängen: das Legen von Fundamenten und den Fund der Reliquien des heiligen Maurinus. Sehr genau nahm man es also nicht, denn die Gebeine des heiligen Maurinus sind erst 966 gefunden worden.

Nicht nur diese Großzügigkeit spricht gegen einen Baubeginn erst 964. Kann man sich wirklich vorstellen, daß der zweite Mann im Deutschen Reich, der für seinen Bruder, Kaiser Otto den Großen, den Westen des Reiches verwaltet, nur die Klostergebäude errichten sollte und mit dem Bau der Kirche wartete? An finanziellen Mitteln hat es ihm sicher nicht gefehlt, das belegt schon sein großzügig Baugelder verteilendes Testament.

Vor Beginn der Bauarbeiten hat man die Reste der *römischen Villa,* die teils noch oberirdisch zu erkennen war, eingeebnet. Ihre Mauerzüge liegen teils parallel, teils senkrecht zu den Mauerzügen der ottonischen Kirche. Man darf wohl annehmen, daß die Kirche des 9. Jh. für ihren Bau, wie auch an anderen Stellen in Köln, römische Mauerteile wiederbenutzt hatte. Damit war die um etwa 45° abweichende Orientierung auch der heutigen Kirche programmiert. Sie entspricht auch dem Gefälle des Geländes, dem Pantaleonshügel. Noch vor Baubeginn wird mit einer teils über einen Meter hohen Planierungsschicht ein einigermaßen ebenes Baugelände geschaffen. Hier beginnt man zwei Bauten gleichzeitig: eine einschiffige Kirche mit Westwerk und zwei Annexbauten, die zum Chorbereich hin in

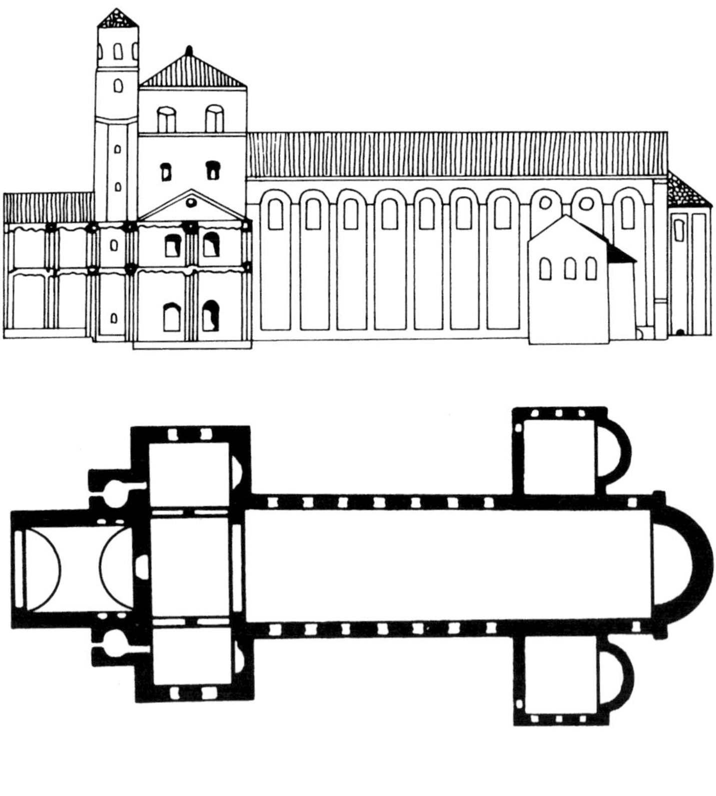

St. Pantaleon, Rekonstruktion, Grundriß und Ansicht (nach P. A. Tholen)

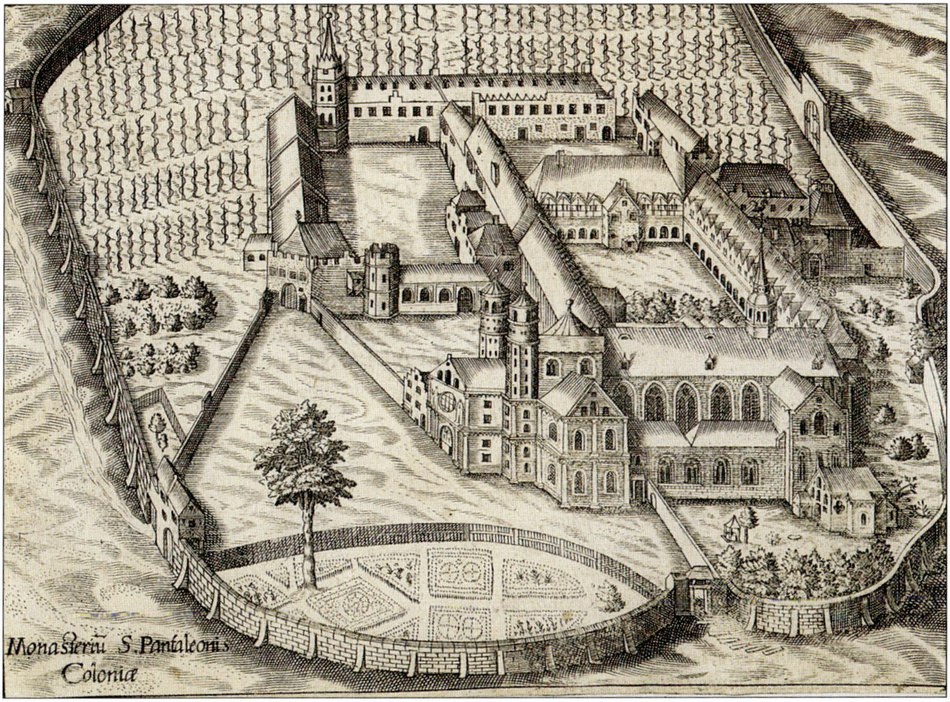

St. Pantaleon, Ansicht von Süden. Kupferstich, 1636, Kölnisches Stadtmuseum

den Saal der Kirche geöffnet sind, und einen kleinen **Zentralbau**. Seine Mauerzüge sind vor dem heutigen Westwerk in der Pflasterung mit rotem Ziegelstein nachgezogen worden. Er gibt uns bis heute Rätsel auf.

Im Innern achtseitig, sind an die Seitenflächen abwechselnd gerundete Nischen und rechteckige Anbauten angesetzt. Solche Zentralbauten im Zusammenhang mit Kirchen dienten entweder als Grab- oder Reliquienkapellen, oft aber auch als Taufkapelle. Der kleine Bau ist anscheinend nie vollendet und bald, als man die Kirche nach Westen verlängerte, nicht mehr beachtet worden. Was plante Bruno hier? Eine Reliquienkapelle, wie er sie nach seinem Testament für den heiligen Privatus erbaut hatte und eine zweite für den heiligen Gregorius stiftete? Eine Grabkapelle für sich selbst, dessen Bescheidenheit Ruotger so preist? Die Frage wird wohl nicht mehr zu lösen sein.

Das Westwerk seiner Kirche war sicherlich noch längst nicht vollendet, als Erzbischof Bruno im Jahre 965 unerwartet früh starb. Sein Biograph Ruotger berichtet, daß die Geistlichkeit des Doms seinen Leichnam nur widerwillig herausgab. Aber am 19. Oktober wird er in der Kirche der heiligen Märtyrer – der Bau ist neben dem heiligen Pantaleon auch noch den heiligen Cosmas, Damian und Quirin geweiht – beigesetzt. Dafür wählte man wohl sofort die **Krypta.** Ihre Anlage als Ringstollenkrypta mit einem westlichen Quergang ist ja prädestiniert dafür. Ob auch Bruno sich das so gedacht hatte? Quellen des späten 15. Jh. und danach meinen, er wäre zuerst im Kreuzgang begraben worden.

1696 zerstörte man die Krypta, um die massiven Fundamente für den barocken Altar legen zu können. Erst nach dem letzten Krieg hat man sie, mit flacheren Betongewölben, wiederhergestellt. Dabei ist sie nach Westen erweitert worden, und man bekommt Einblick in das Kellergeschoß der einstigen römischen Villa. Inmitten der Krypta steht nun wieder an der ursprünglichen Stelle der römische *Sarkophag* aus rotem Sandstein mit den Gebeinen des Heiligen. Übrigens ist Bruno ein gutes Beispiel dafür, daß nicht alle unsere mittelalterlichen Vorfahren klein waren. Man schätzt seine Größe auf immerhin 1,90 m. Den schon bei einer ersten Wiederentdeckung des Sarkophags im Jahre 1747 zerbrochen vorgefundenen Deckel ersetzt nun eine von Sepp Hürten gestaltete Platte. Die östliche Fensternische der Krypta erinnert mit ihren aufgelegten Wulstrippen noch an eine Umgestaltung der Krypta im frühen 13. Jh.

Helmut Fußbroichs Untersuchungen zu den Grabungen haben gezeigt, daß der Chor des ersten Bauversuchs der Kirche eingestürzt ist. Die Apsis ist in sich zusammengefallen und hat dabei auch einen großen Teil der Gewölbe der Krypta zerschlagen, die man danach etwas erweitert wieder aufgebaut hat.

Von diesem Einsturz berichtet der Mönch Stephan in seinem im Auftrage Abt Christians um 980 verfaßten Bericht über die Auffindung der Reliquien des heiligen Maurinus und der damit verknüpften Wunder. Er betont ausdrücklich, daß der Bau ganz von selbst, ohne Mithilfe der Mönche, aus der Macht Gottes, ohne daß irgend etwas sonst beschädigt worden sei, einstürzte. Das trägt er allerdings sehr wohlgefällig vor. Der angefangene Bau erschien ihm mit seinen gut fünfzig Metern Länge als zu eng, sowohl für die wachsende Gemeinschaft der Mönche als auch für den Ruhm des dort begrabenen Erzbischofs. Als man danach Gruben für die Fundamente aushebt, stößt man auf das Grab des Märtyrers Maurinus. Die Begeisterung über den kostbaren Fund, mit dem das Kloster endlich einen vollständigen eigenen Heiligen aufweisen kann, wird durch eine Reihe von Wundern weiter gesteigert. Das wird auch die Baukasse noch gefördert haben.

Diese war von Erzbischof Bruno schon in seinem Testament des Jahres 965 mit einem beachtlichen Startkapital versehen worden. Er setzt darin neben kostbaren Geschenken 100 Pfund Silber für die Vollendung des Klosters und weitere 300 Pfund für die Erweiterung der Kirche aus. Offensichtlich teilte Bruno die später von Stephan formulierte Meinung, daß der von ihm begonnene Bau zu klein geraten war. Die Maßverhältnisse zwischen Höhe des Saals und Länge, mit einem schlichten Westwerk abgeschlossen, wirken tatsächlich beengt. Nun wird der Saal um fast zehn Meter verlängert und ein erheblich aufwendigeres **Westwerk** angeschlossen. Insgesamt wächst der Bau um etwa die Hälfte! Am 24. Oktober des Jahres 980 kann Erzbischof Warin die vollendete Kirche weihen. Die Gebeine des heiligen Maurinus hatte man, da die Kirche durch Einsturz der Apsis und Verlängerung im Westen eine einzige Baustelle war, in der Benediktus-Kapelle untergebracht. Sie wird, vom Kreuzgang aus zugänglich, nach H. Fußbroich, einer der ersten Bauten der Abtei überhaupt gewesen sein. Damit war in der neuen Gründung des Ordens, bedrängt vom weltlicheren Vorbild der Stiftskanoniker ringsum in Köln, der Ordensstifter gegenwärtig.

Bisher wurde gern die Vollendung des Baus zeitlich später angesetzt. Aber nichts spricht dafür. Es wird in den Quellen, die für Pantaleon ja eher zu reichlich fließen und wo die Mönche sich selbst als Chronisten betätigen, keine weitere Weihe in den nächsten Jahrzehnten erwähnt. Notiert wird eifrig. Aber von Kaiserin Theophanu, die als byzantinische Prinzessin Gemahlin Kaiser Ottos II. wurde, also angeheiratete Nichte Brunos war, wird nur erzählt, daß sie die Kirche reich beschenkte und sich dort begraben ließ. Das wichtigste Geschenk sind 984 die Reliquien des heiligen Albinus aus Rom. Auf ihn überträgt man später, um ihn nicht mit dem heiligen Alban von Mainz zu verwechseln, die Legende des heiligen Alban von St. Albans in England. Für das Kloster sind die Gebeine ein wertvoller Schatz. Zusätzlich werden noch reiche Geschenke für die Verschönerung der Kirche erwähnt. Das werden Teppiche wie für St. Maria im Kapitol oder kostbare Geräte gewesen sein. Bei der Vielzahl von Quellen, die Theophanus Vorliebe für St. Pantaleon, den auch in ihrer Heimat verehrten Großmärtyrer, erwähnen, hätte doch wenig-

St. Pantaleon, Ansicht von Südwesten. Aus dem Skizzenbuch von J. Finckenbaum, um 166o, Kölnisches Stadtmuseum

stens eine von Bauarbeiten gesprochen. Und, wie gesagt, kann man sich wirklich vorstellen, daß Bruno zu geizig war, sein Kloster mit einer Kirche auszustatten? Auch erwähnen die Quellen der nächsten Jahrzehnte nichts von einer Übertragung seiner Gebeine an einen neuen Ort. Erst im späten 15. Jh. wird ein Denkmal am Eingang vom Kreuzgang zur Kirche auf seine erste Ruhestätte bezogen. Sollte es nicht eher die Mönche beim Einzug in die Kirche daran erinnern, den Stifter ins Gebet einzuschließen? Gebete für das Heil der Seele des Stifters zu kumulieren, war schließlich der Gründungsauftrag des Klosters. Es ist auch in dieser Zeit noch nicht ungewöhnlich, seine Bauplanung so rasch zu ändern und einen Einsturz als Anlaß zu nehmen. Auch Erzbischof Heribert erlebt das gleiche beim Bau seines Klosters in Deutz und muß für den zweiten Anlauf erfahrenere Architekten herbeirufen.

Kaiserin Theophanu, die die Pfalz Nymwegen als Lieblingsaufenthalt gewählt hatte, wird 991 vor dem Altar des hl. Albinus wohl im Westwerk begraben. Dabei ist auch ihr Sohn, Kaiser Otto III., zugegen, der die Mönche wieder reich beschenkt, damit sie fleißig für das Seelenheil seiner Mutter beten. Er ahnte wohl nicht, daß sie auch ihn bald mit in ihr Gebet einschließen würden. Als Otto III. im Jahre 1002 in Rom stirbt, wird sein Leichnam auf dem Wege nach Aachen zuvor auch in St. Pantaleon aufgebahrt. Doch der Aufstieg zur vom Bischof unabhängigen Reichsabtei ist St. Pantaleon nicht gelungen.

In Köln aber nehmen die Äbte zeitweise einen hohen Rang ein. Ein Privileg Papst Benedikts VII. gestattet ihnen seit dem Jahre 976, bei bestimmten Gelegenheiten den Erzbischof zu vertreten und – erstmals nördlich der Alpen – Sandalen und Dalmatika als Teil bischöflicher liturgischer Gewandung zu tragen. Die intensiven Beziehungen zur kaiserlichen Familie und zum Papst – auch das Privileg freier Abtswahl springt dabei heraus – reichen jedoch nicht aus, um vom Erzbischof unabhängig zu werden. Das gelingt nur wenigen und keinem der Kölner Klöster und Stifte.

Der ottonische Bau

Die Architektur der Kirche gehört, trotz aller Veränderungen und Restaurierungen, zu den großen Leistungen der ottonischen Baukunst, Vorstufe und Vorspiel zum Glanz des romanischen Köln. Wie Günther Binding gezeigt hat, griff Bruno mit seinem ersten Bauplan (auch das spricht übrigens für einen Baubeginn zu Lebzeiten) auf die Kirche des Klosters Lorsch zurück. Hier war er vor seiner Berufung zum Kölner Erzbischof Kommendatarabt gewesen, von seinem Bruder eingesetzt, Nutznießer der Einkünfte. So übel sich oft sonst diese Institution auswirkte, hier hat sich die Klosterkirche, die 774 im Beisein Karls des Großen geweiht wurde, als Vorbild eingeprägt. Das gleiche kaiserliche Vorbild Karls des Großen, das 962 der Bruder mit seiner Kaiserkrönung in Rom wiederholt, wird in der Architektur

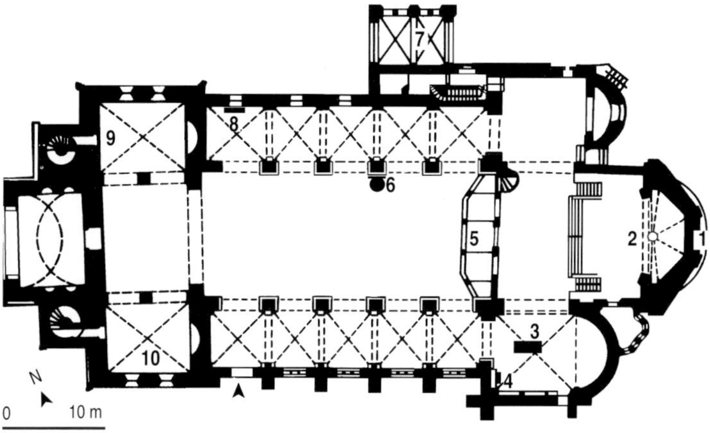

St. Pantaleon, Grundriß
1 Fenster um 1620; in der Mitte Kreuzigung, links und rechts Heiligendarstellungen
2 Hochaltar, 18. Jh.
3 Sarkophag der Kaiserin Theophanu (S. Hürten)
4 Grabfiguren der Grafen Friedrich IV. († 1448) und Vincenz († 1499) von Moers
5 Lettner (um 1510) mit Kruzifixus um 1370 und Kreuzaltar von E. Hillebrand
6 Kanzel
7 Schatzkammer
8 Kreuzigung, ›Korbacher Franziskaner‹, um 1520
9 Johannes der Täufer, süddt., um 1500
10 Pietà, mittelrheinisch, Anf. 15. Jh.

zitiert. Auch in den durch Rundbögen verbundenen Lisenen der Wände des Saalbaus, innen unterhalb der Fenster, außen die Fenster rahmend, wird Römisches ebenso zitiert wie die Aula regia der Aachener Pfalz. Das Baumotiv läßt sich im nahen Umkreis an der Basilika in Trier, an der letzten Fassung des römischen Prätoriums in Köln wie im karolingischen Aachen verfolgen. Ein kaiserlicher Raum wird zur Aula Christi.

Das Westwerk

Das **Westwerk**, sowohl in der unvollendeten ersten Fassung nach Lorscher Vorbild wie in der zweiten Fassung, bringt noch ein weiteres Bild ins Spiel. Die Dreiturmgruppe ist auf Münzen, Siegeln und in Handschriften, wie Günter Bandmann dargestellt hat, für das hohe Mittelalter Zeichen für Stadt. Ein für jedermann, nicht nur für die Gebildeten lesbares Symbol. Aber es wurde nicht als Abstraktion verstanden, vielmehr als Abbildung. Und dann gewinnt das Westwerk ein unglaubliches Gewicht; die Stadt, die es abbildet, ist für jeden zeitgenössischen Betrachter das Himmlische Jerusalem, das am Ende der Zeiten, nach dem Jüngsten Gericht, auf Erden erscheinen wird. Unsere mittelalterlichen Vorfahren wird es noch mehr beeindruckt haben als uns. Kannten sie doch Steinbauten fast nur von Kirchen zu dieser Zeit, und die Fachwerkbauten ihrer Stadt werden ihnen ein anderes Gefühl für Größen vermittelt haben, als wir es, mit Hochhäusern aufgewachsen, besitzen. Solche Bilder prägen sich ein, wirken nach. Daß die noch von Bruno begründete Stiftskirche St. Patroklus in Soest, wie die Grabungen nachgewiesen haben, ein vergleichbares Bauprogramm verfolgte, wundert kaum. Aber noch gut zwei Generationen später baut man eine etwas verkleinerte Kopie des Westwerks für das Stift St. Chrysanthus und Daria in

Münstereifel. Dabei hätte man Mitte des 11. Jh. längst auf andere Vorbilder zurückgreifen können.

In anderer Form haben die Bauerfahrungen der Mönche von St. Pantaleon weiter im Osten, in Hildesheim, nachgewirkt. Dort stirbt Propst Goderamnus von St. Pantaleon, dessen Lebensweg G. Binding geklärt hat, als Abt des Klosters St. Michael. Hier ist für die Klosterkirche eine faszinierende Zahlensymbolik erschlossen worden, die man gerne einmal an St. Pantaleon überprüft sähe. Denn Goderamnus, der als Propst durch Bischof Bernward nach Hildesheim berufen und 1022 Abt des Klosters wurde, hat eventuell eine Vitruv-Handschrift besessen, die heute im Britischen Museum aufbewahrt wird. Hat er sich schon in Köln mit Baufragen beschäftigt und ist als Baufachmann nach Hildesheim gerufen worden? Ein verführerischer Gedanke.

Man gerät damit leicht in den Bereich der nicht mehr nachprüfbaren Legendenbildung. Sie hat sich bei der großen Architektur von St. Pantaleon schon im Mittelalter festgesetzt. Hier verehrte man, auch nachdem Erzbischof Anno die Reliquien nach Dortmund überführt hatte, den heiligen Reinold. Er war als Mönch, so berichtet die Legende, in St. Pantaleon eingetreten und vom Abt mit der Aufsicht über die Bauleute beauftragt worden. Er scheint seine Vertretung des Bauherrn ernster genommen zu haben, als es den Handwerkern lieb war. Jedenfalls findet man ihn erschlagen im Wasser des Stadtgrabens wieder, wunderwirkend, und entdeckt dann auch noch, daß er ein Nachkomme Karls des Großen war.

Die Aufgabe des Klosters war es, für das Seelenheil des Stifters zu beten. Die um 968 verfaßte Lebensbeschreibung des Stifters Bruno aus der Feder des Mönchs Ruotger trug, indem sie einen Heiligen schildert, auf ihre Weise dazu bei. Mit dem Grab der Kaiserin Theophanu, ihren Geschenken und denen ihres Sohnes, Kaiser Ottos III., vermehrten sich diese Aufgaben noch. Es scheinen teils mehr als fünfzig Mönche damit betraut gewesen zu sein, denn 1251 beschränkt Papst Innozenz IV. wegen der wirtschaftlichen Schwierigkeiten des Klosters ihre Zahl ausdrücklich auf fünfzig. Damals ist die erste Blütezeit des Klosters vorüber, obwohl wir in vielem auf Vermutungen angewiesen bleiben. So entstand die deutsche Kaiserkrone, die sich heute in Wien befindet, in den Anfängen der Klostergeschichte zwischen 965 und 967 im Kloster, das auch als Heimat der ottonischen Kölner Buchmalerei angesehen wird. Und Eckhard Freise hat wahrscheinlich gemacht, daß der große Goldschmied Roger von Helmarshausen zu Beginn des 12. Jh. als Mönch und Goldschmied in St. Pantaleon gewirkt und hier sein nicht nur für Goldschmiede wichtiges Handbuch konzipiert hat, das dann als die ›Schedula de diversis artibus‹ seine gesammelten Kenntnisse publizierte. Darin wird, bis heute eine spannende Lektüre, der Erfahrungsschatz der Zeit in Metallhandwerk, Buch- und Wandmalerei und der Verarbeitung von Glas zusammengefaßt. Zwar verläßt Roger, dessen Werk meist unter dem Namen Theophilus Presbyter kursiert, wohl 1121 St. Pantaleon – auf den Grund ist später noch zurückzukommen –, aber Werkstätten werden sowohl vor wie nach seiner Zeit hier produziert haben.

St. Pantaleon, Christuskopf im Kapitelsaal

Trotzdem ist es schwer, einzelne Arbeiten in St. Pantaleon zu lokalisieren. Waren es Kölner Laienbrüder, Mönche oder Fremde, die die einzigartigen *Skulpturen für die Westfassade des Westwerks* schufen? Die Fragmente, Ende des 19. Jh. bei den umfangreichen Restaurierungsarbeiten entdeckt, werden heute im sogenannten **Kapitelsaal** aufbewahrt. Matthias Untermann hat sich intensiv mit dem Programm beschäftigt. Nimmt man nun aber das Westwerk als 980 vollendet an, sind wahrscheinlich neben die Gestalt Christi, deren Haupt zu den eindrucksvollsten Köpfen des Mittelalters zählt, die damals populären Heiligen Maurinus und Pantaleon gestellt. Die Reliquien des Albinus erreichen das Kloster erst 984. In einer Zweiergruppe darunter treten zwei Engel als Torwächter des Himmlischen Jerusalem auf. Entstand in derselben Werkstatt, die man gerne in St. Pantaleon vermuten möchte, auch kurz zuvor der Gero-Kruzifixus für den Dom? Diese Arbeiten stehen an den Anfängen der großfigurigen Skulptur des Abendlandes, die uns erhalten ist.

Spuren anderer künstlerischer Techniken haben die Grabungen und Restaurierungen erbracht. Wenige Reste der Ausmalung, darunter ein Stück des perspektivisch gesehenen Mäanderfrieses, der den Raum unter der flachen Decke abschloß, sind erhalten. Die Grabungen haben mit Schlacken und Feuerungsrinnen Spuren einer Bronzegießerei zwischen Kreuzgang und Saalbau erbracht. Spätestens bei der Erweiterung der Kirche um Seitenschiffe Mitte des 12. Jh. sind die Spuren der Werkstatt überdeckt worden. Sie wurde wohl um 1000 vom Mönch Froumond geleitet, der 1012 starb, aber zuvor seine Kenntnisse über den Bronzeguß schriftlich niederlegte.

Maurinus- und Albinusschrein

Weniger sicher ist man sich heute in der Lokalisierung der großartigen Werkstatt, die Ende des 12. Jh. den *Maurinus-* und *Albinusschrein* geschaffen hat, die in der Schatzkammer im Kapitelsaal aufgestellt sind. Sind der Fridericus und jener Herlivus Prior, die an der Sockelleiste des Maurinusschreins als Gravierungen erscheinen, Mitglieder des Konvents von St. Pantaleon? Die schriftliche Überlieferung läßt so große Lücken, daß die Vermutung weder bestätigt noch widerlegt werden kann. Aber gut erkennbar ist selbst in der Nachzeichnung, daß der Fridericus, der anscheinend als Goldschmied seinem Auftraggeber und Prior gegenübertritt, erst nachträglich mit eingefügt wurde. Beide flehen nun mit der angeschnittenen Inschrift den heiligen Johannes um Fürbitte an, dessen in Silberblech getriebene Gestalt in der Arkade darüber verloren ist. Das gleiche Schicksal erlitten auch die übrigen Reliefs der Apostel, dazu Johannes der Täufer und Paulus. Nur auf dem Dach, wo das

St. Pantaleon, die Erzengel Michael und Gabriel vom Maurinusschrein

weniger kostbare Kupfer vergoldet wurde, sind die Darstellungen verschiedener Martyrien erhalten. Auf der einen Seite sind Laurentius auf seinem Rost, die Steinigung des Stephanus, Bartholomäus, dem die Haut abgezogen wird, und Petri Kreuzigung zu erkennen. Eine Szene ist nicht exakt zu bestimmen. Das gilt auch für die andere

Seite; hier sind die Enthauptung des Apostels Paulus, die Kreuzigung des Andreas an einem T-förmigen Kreuz und Johannes der Evangelist im siedenden Öl zu bestimmen. Die durch einen Kreis hervorgehobene Szene in der Mitte zeigt das Martyrium des Maurinus, nur die letzte bleibt nicht zu erklären. Die Dachreliefs sind hier wie auch am zweiten Schrein der Schatzkammer für die Reliquien des heiligen Albinus später, um 1200 und zu Beginn des 13. Jh., entstanden. Aber auch sie sind nicht die eigentlichen Prunkstücke des Schreins. Das sind die großen *Emailplatten* des Erzengels Michael und des Cherub, denen gegenüber die Gegenstücke, der Seraph und Erzengel Raphael, schon wieder schwächer erscheinen. Mit ihren kräftigen, fein schattierten, aber nicht verlaufenden Emailfarben, dem sicheren Fluß der feinen Stege, die im ausgehobenen Kupferfeld stehenblieben, sind sie der Höhepunkt kölnischer Emailkunst.

Wenige Jahre später entstand der *Albinusschrein* für die Reliquien des Märtyrers, die Kaiserin Theophanu dem Kloster geschenkt hatte. Es wird um 1186 gewesen sein. Dieses Datum der Übertragung der Reliquien wird im 17. Jh. überliefert, und schon der lebendigere Schwung der Arkaden bestätigt das. Auch hier sind nur die späteren Reliefs des Dachs erhalten. Sie zeigen einmal die Legende des Albinus mit Unterweisung und Taufe, Verhör vor dem Richter, Geißelung und Enthauptung. Auf der anderen Seite das Leben Christi mit Geburt, Kreuzigung, Auferstehung und Himmelfahrt. Glanzvoll gestaltet sind die in Bronze gegossenen und vergoldeten Firstkämme des Schreins. Sind sie und ihre Gegenstücke am Siegburger Annoschrein in der aus den Grabungen bekannten Bronzegießerei entstanden? Den Auftrag zur Erhebung der Reliquien gab Abt Heinrich von Horn Ende des 12. Jh. Die Reliquien wurden dann zur Verehrung ausgestellt, und wieder spät, aber ausdrücklich wird berichtet, daß der Schrein aus den Stiftungen der Gläubigen finanziert wurde, und das werden zum großen Teil Kölner gewesen sein.

Aus derselben Werkstatt stammt das ebenfalls in der Schatzkammer bewahrte *Albertus-Kreuz.* Wieder blieb das ›wertlose‹ Kupfer mit dem herrlichen Email erhalten, und die wohl in Silber getriebene Gestalt Christi ist verloren. Einige Fragmente von den Schreinen, allein schon Stück für Stück eine Kostbarkeit, und jüngere Goldschmiedearbeiten runden das Bild. Für die künstlerische Betätigung der Mönche des hohen Mittelalters und der von ihnen unterhaltenen Werkstätten haben wir noch mögliche Mutmaßungen frei. Wie fleißig war das Skriptorium der Abtei? Hier ist schließlich neben den Notizen der Kölner Königschronik, die wohl in St. Pantaleon entstanden sein kann, auch Buchmalerei betrieben worden.

Die Reformen

Bei dem Eifer, mit dem Kölner Erzbischöfe immer wieder auf den Lebenswandel ihres Klosters achteten, kann man aber eigentlich erwarten, daß neben dem Beten für das Seelenheil auch das Arbeiten nicht zu kurz kam. Schon Erzbischof Bruno hatte die Mönche für seine Gründung aus St. Maximin in Trier geholt, das sich zu einem Zentrum der Reform benediktinischen Mönchtums nach dem Vorbild des lothringischen Gorze entwickelt hatte. Reformiert wurde in St. Pantaleon in den folgenden Jahrhunderten mit konstanter Regelmäßigkeit. Ohne einschneidende Folgen scheint es gewesen zu sein, daß mit Abt Elias (1021–42), der zugleich Abt von Groß St. Martin war, iro-schottischer Einfluß spürbar wurde. Um so aufregender war der Eingriff Erzbischof Annos II. (1056–75), der ja auch die Reliquien des heiligen Reinold nach Dortmund weggab. Er zwang die Mönche gegen Ende seiner Herrschaft, die Regeln seines auf dem Siegburger Michaelsberg gegründeten Klosters zu übernehmen. In Siegburg folgte man den Regeln von Fruttuaria, einem oberitalienischen Kloster, dessen Lebensführung Anno begeistert hatte. Die Gewohnheiten von Fruttuaria wieder stammten aus Cluny, dem großen Zentrum benediktinischer Reform. Aber es gab natürlich einen ganz wesentlichen Unterschied: Im Gegensatz zum unabhängigen Cluny, dessen Einfluß, Macht und Reichtum zu dieser Zeit kaum zu überbieten waren, blieben Annos reformierte Klöster weiter dem Bischof untertan. In Pantaleon entschied er, daß die Mönche, die den Siegburger Gewohnheiten nicht folgen wollten, das Kloster verlassen müßten. Alle diese Gewohnheiten beriefen sich auf die benediktinische Ordensregel, aber sie füllten sie unterschiedlich aus. Nun waren es meist Söhne aus Kölner Familien, die daraufhin unter erbittertem Protest das Kloster verließen. Der Abt und manche andere blieben und paßten sich an. In Köln erregte das Geschehen Ärger und Aufsehen. Als dann 1074 ein Aufstand der Bürger gegen Anno ausbrach, hätte man fast die neueingesetzten Mönche erschlagen. Aber wie häufig in Köln blieb es beim lautstarken Ausbruch des Volkszorns ohne handgreifliche Folgen, und die Geschichte des Aufstands blieb ohne Märtyrer.

Danach herrschte erst einmal Ruhe. Sie war bald mit einem Nachlassen der Disziplin verbunden. Statt ein gemeinsames Leben zu führen, bezogen die Mönche eigene Einkünfte wie Kanoniker an Stiften. Um die Einkünfte auf gutem Niveau zu halten, wurde die Zahl der Mönche weiter auf 36 herabgesetzt. Mit dieser Entwicklung versiegte auch der Baueifer.

St. Pantaleon, Blick durchs nördliche Seitenschiff zum Westwerk

Die romanische Modernisierung

Von der Mitte des 12. Jh. bis zur Mitte des 13. Jh., während der großen Zeit der Kölner Architektur der Romanik, sah man dagegen manche Arbeiten durchgeführt. Für einen Neubau fehlten allerdings wohl Geld und Mut. Aber Mitte des 12. Jh. erweiterte man das **Langhaus** auf **drei Schiffe.** Die hohen Lisenen des stolzen Saalbaus wurden durchbrochen und Seitenschiffe angefügt, wie sie sich ähnlich

St. Pantaleon, Nordseite mit Kapitelsaal (Schatzkammer)

an St. Caecilien wiederfinden. Aus dem Jahre 1216 berichtet dann die Kölner Königschronik in einer wohl wieder in St. Pantaleon geschriebenen Fortsetzung von der Neuweihe des Hauptaltars und der Nebenaltäre in den Querhäusern. Auch die im Winkel zwischen Chor und südlichem Querhaus errichtete **Katharinenkapelle,** die Miniaturausgabe eines Trikonchos, wird damals geweiht. Anlaß war laut Königschronik die Beschädigung der Ecken der Altarplatte. Diese wiederum, aber das wird nicht gesagt, war wohl auf die Bauarbeiten zurückzuführen, denen wir die spätromanische Gestalt des **südlichen Querhauses** verdanken. Man entdeckt die zu dieser Zeit übliche zweigeschossige Gliederung der Wand und als Konsole der Südseite des Bogens zum Seitenschiff das Vorderteil eines römischen Löwen. Auch am Kreuzgang ist zu dieser Zeit gebaut worden. Erhalten ist dort der sogenannte **Kapitelsaal,** der heute als *Schatzkammer* genutzt wird. Mit seiner Fensteröffnung ins Seitenschiff hinein hat der Raum vielleicht schon früher als Reliquienkammer einem ähnlichen Zweck gedient. In der Unregelmäßigkeit der Rippen seiner Kuppel spürt man noch gut, wie mühsam und langsam gotische Ideen in die romanische Bautradition des Kölner Handwerks eindringen.

Die Ausstattung

Nach diesen romanischen Aktivitäten kommt es erst im frühen 16. Jh. wieder zu Bauarbeiten. Inzwischen war der weitere Niedergang von Moral und Wirtschaft aufgehalten worden. Seit 1469 war auch St. Pantaleon Mitglied der reformfreudigen Bursfelder Kongregation. Aus den sanierten Finanzen kann Abt Johannes Lünink (1502–14) den eleganten spätgotischen *Lettner* errichten lassen. Ein kleines Wappen über dem mittleren Korbbogen, inmitten des reichen spätgotischen Formen- und Figurenprogramms, zeigt einen Sperling als Wappentier des Abtes. Darunter weist die hl. Veronika das Schweißtuch mit dem Abbild des Gesichtes Christi vor. Darüber steht Maria mit dem Kind, dem sich Albinus und Pantaleon zuwenden. Wieder etwas tiefer, links und rechts davon, halten zwei Mönche mit ihren Kerzen Wache und gedenken sicher auch Theophanus und Brunos zu ihren Füßen. Dazwischen sind vier Evangelistenfigürchen aus Gips des 19. Jh. gesetzt. Weiter außen stehen Johannes und Quirinus unter ebenfalls reich gearbeiteten Baldachinen. Auch die erhaltenen Figuren des Apostels Paulus und des hl. Gereon, die jetzt nebenan an den Pfeilern stehen, gehörten zum Lettner. Versetzt ans Westende des Schiffs und nun wieder zurückversetzt, hat er einige Verluste hinnehmen müssen. Trotzdem bleibt er ein Spitzenwerk später Gotik in Köln. Darüber erhebt sich der barocke *Orgelprospekt.*

Ansprechend zurückhaltend ist die moderne Gestaltung mit dem *Kreuzaltar* von Elmar Hillebrand und der Bemalung der Rückwand

St. Pantaleon, Detail des Lettners

durch Clemens Fischer. Über dem Kreuzaltar ein *Kruzifixus* des späten 14. Jh., ein zurückhaltendes Beispiel aus der Reihe der sogenannten Pestkreuze, wie wir sie auch aus St. Georg oder St. Maria im Kapitol kennen.

Die große Verwandlung des Kirchenraums, die die Zerstörungen des letzten Krieges fast völlig rückgängig gemacht haben, folgte aber erst im 17. Jh. Abt Heinrich Spichernagel beauftragte 1618 Chri-

St. Pantaleon, Blick ins Westwerk mit dem Deckengemälde von Gerhard Kadow

stoph Wamser, der den Bau der Kölner Jesuitenkirche St. Mariae Himmelfahrt leitete, mit der Einwölbung von Mittelschiff und Chor. Es ergab sich, daß man Obergaden und Chor dafür erneuern mußte, aber schon 1622 waren die Arbeiten abgeschlossen. Das war sicher auch darauf zurückzuführen, daß Christoph Wamser auf Bauleute und Baumaterial aus dem heimatlichen Elsaß, aus Molsheim, zurückgriff. Von dort lieferte man die Steine für die Rippen des Gewölbes, und den besonderen Zorn der Kölner Handwerker erregte natürlich die süddeutsche Konkurrenz. Hier machte sich die Unabhängigkeit der Abtei von der Stadt bemerkbar; alle Versuche, die ›Fremdarbeiter‹ aus Köln loszuwerden, scheiterten. Die noch erhaltenen *Glasfenster* mit einer Kreuzigung in der Mitte, links die Heiligen Maurinus, Pantaleon, Quirinus und rechts Bruno, Benedikt und Engelbert, darunter jeweils die Wappen der Stifter, lieferte der Kölner Glasmaler Heinrich Bruin. Der Glanz des Klosters war nun so weit wieder hergestellt, daß der Kölner Erzbischof Maximilian Heinrich sich von 1673 bis 1684 mit seinem Hofstaat hier niederließ. Hier fühlte er sich sicherer als in seiner Bonner Residenz, und die Kölner scheinen keine großen Befürchtungen mehr gegenüber einem Erzbischof in ihren Mauern gehabt zu haben.

Abt Konrad Kochem (1687–1717) reichte die Ausstattung noch nicht aus. Er ließ die Kryptagewölbe zerschlagen, um den Boden des Chors tiefer legen zu können, das Gewölbe im bis dahin fast unveränderten nördlichen Querhaus einziehen und im südlichen Querhaus die Grabfiguren der Grafen von Moers aus dem 15. Jh. in die Wand einmauern. Auch Kaiserin Theophanu, die jetzt im Sarkophag Sepp Hürtens wieder im Südquerhaus ruht, mußte weichen und Stellung im Chor beziehen. Der jetzige *Hochaltar* allerdings stammt erst aus der Mitte des 18. Jh. Er entstand unter Abt Eberhard Schallenberg in den Jahren 1747–49.

Schon 1757 stürzte der südliche Seitenturm des Westwerks ein. 1766–68 mußte wegen Baufälligkeit der Mittelturm erneuert werden. Der nördliche Seitenturm wurde auf die gleiche Höhe wie der südliche abgetragen. In diesen Jahren muß auch der Westflügel des Westwerks, wohl beim Einsturz des Südturms, so beschädigt worden sein, daß man ihn abtrug. Der Leidensweg der Kirche setzte sich dann mit dem Einmarsch französischer Truppen in Köln im Jahre 1794 fort: Man nutzte den Raum als Pferdestall, dann wieder als Pfarrkirche, evangelische Garnisonskirche und seit 1922 als katholische Pfarrkirche.

So ist das **heutige Westwerk** mit seinem verkürzten westlichen Flügel, der fast doppelt so tief war, erst ein Ergebnis der Restaurierungen 1890–92. Auch die barocken Rettungsversuche waren im 19. Jh. der Technik zum Opfer gefallen. Die Haube des Mittelturms hatte einer Plattform für den optischen Telegrafen weichen müssen, militärische Sicherheit an der Westgrenze Preußens war wichtiger. Aber da man sich für die Rekonstruktion der oberen Teile des Westwerks an die Zeichnungen des 16. und 17. Jh. und an das Modell in Münstereifel halten konnte, bleibt St. Pantaleon als die erste Blüte nachrömischer Architektur in Köln erkennbar.

Mit dem Deckengemälde des Himmlischen Jerusalem im Westwerk von Gerhard Kadow (1966), dem Portal von Theo Heiermann (1964), dem Fußboden von Elmar Hillebrand (1965) und dem siebenarmigen Leuchter von Rolf Bendgens (1967) wurde eine zurückhaltende Ausstattung im Westwerk begonnen. Als Kontrapunkt entstand 1984 der dreiteilige Fensterzyklus der Empore von Dieter Hartmann. Ihm folgten 1986 die Fenster desselben Künstlers für die Seitenkapellen, die Johannes dem Täufer und St. Martin geweiht sind. Seine Ausmalung der Nachkriegskassettendecke schließt dezent den Raumeindruck mit Szenen der Heilsgeschichte und Symbolen der Himmelswelt.

St. Severin

Die Legende des hl. Severinus

Vom dritten Kölner Bischof Severin ist nichts Genaues bekannt. Ausgedehnte Grabungen unter seiner Kirche, die einen faszinierenden Blick in die Frühgeschichte der Kirche darüber ermöglichen, haben die Probleme nur vermehrt. Severins Grab hat man nicht gefunden. Statt dessen hat Fritz Fremersdorf vielleicht die Gräber zweier Märtyrer, Asclinus und Pampilus, entdeckt, von denen das Martyrologium Hieronymianum berichtet: »In Agripina Asclini et Pampili.« Die Skelette, die inmitten der Apsis des ersten Baus unter St. Severin entdeckt wurden, wiesen keinerlei Verletzungen auf. Aber es gibt genügend Todesarten, die das Skelett unversehrt lassen. Außer diesem Fund und der Notiz im Martyrologium, die auf Köln und nicht auf eine bestimmte Kirche verweist, ist von ihnen nichts bekannt. Besser stehen wir mit Severin auch nicht da. Als Erzbischof Wichfried (924–53) wohl im Jahre 948 die Gebeine des heiligen Vorgängers aus dem alten verfaulten Sarg in einen neuen legt, verwundert er sich, daß bisher noch kein Teil der Kirche dem heiligen Severin geweiht ist.

St. Severin
Ausgrabungen *
Chor
Kreuzgang

Grundriß S. 216

Heute, da Wilhelm Levison das Wachstum der Legende Severins untersucht hat, wundert man sich weniger darüber. Seine Untersuchung schließt mit dem Satz: »Unser Wissen über den Kölner Bischof beruht allein auf der Erzählung Gregors von Tours, die selbst schon den Charakter der Legende aufweist.«

*»Dann geh' ich in die Severinstraße bis zur Severinskirche, die für mich persönlich sehr wichtig war.
Wir haben da in der Nähe gewohnt, fast immer; und ich hab' da meinen Kirchgang absolviert, mehr oder weniger freiwillig.«
Heinrich Böll*

Gregor von Tours erzählt Ende des 6. Jh. in seinem Sammelwerk über die Wundertaten seines heiligen Vorgängers Martin von Tours, daß der Kölner Bischof Severin am Tage des Todes des heiligen Martin den Chor der Engel zu dessen Empfang habe singen hören. Das führt in die Jahre um 400, aber gibt weiter keine Sicherheit; denn in Köln besinnt man sich erst zu Beginn des 9. Jh. auf Severin. Ende des 9. oder zu Beginn des 10. Jh. wird seine Legende nach dem Vorbild des heiligen Severinus von Bordeaux geformt. War die Überlieferung von der Existenz Severins in Köln untergegangen? Lernte man ihn erst durch Gregor von Tours wieder kennen? Hatte man die Märtyrer, wenn es welche waren, ebenso vergessen?

Diese offenen Fragen ärgern ein wenig, wenn man im Ausgrabungsgelände unter der Kirche sieht, daß das Gebiet von St. Severin fast kontinuierlich für Begräbnisse genutzt wurde. Trotzdem haben die jeweils Überlebenden nicht für eine ausreichende historische Überlieferung gesorgt. St. Severin war als Grabkirche so beliebt, daß um 700 selbst zwei Bischöfe, Giso und Anno I., sich hier begraben ließen. Aber ihre Grabstätten kennt man ebensowenig wie die erste Severins. Wohl bei Gelegenheit der Sargerneuerung, von der die recht zweifelhaft überlieferte Urkunde von 948 berichtet, ist Severin in die Confessio im westlichen Teil der heutigen Krypta übertragen worden. Zwei tonnengewölbte Stollen sind parallel zu seiner ebenso überwölbten Grabstelle gezogen, ein weiterer Gang verbindet die beiden. Ursprünglich war es wohl eine Art Ringstollenkrypta, ähn-

◁ *St. Severin, Gemälde von Gereon Pape, um 1865, Kölnisches Stadtmuseum*

lich wie im Alten Dom oder in St. Pantaleon. Der östliche Teil ist durch jüngere Bauten ersetzt.

Die Ausgrabungen

Aber bevor wir uns diesen zuwenden, sollte man einen Blick in die Ausgrabungen westlich davon werfen. Abgesehen vom Prätorium unter dem Spanischen Bau des Rathauses ist dies die spannendste Fundstätte Kölns. Die ungelösten Rätsel liegen weitgehend offen zutage, von einer Betondecke überspannt.

Der wichtigste Bauteil ist die kleine, 9,20 m lange und 7,60 m breite **Kapelle** mit einer gut erhaltenen 3,40 m breiten *Apsis*. Hier hat bis auf die genau westöstlich ausgerichteten *Gräber* der beiden eventuellen Märtyrer Asclinus und Pampilus eine Gruft der Stiftsherren im 17. Jh. alle Spuren beseitigt. Die Gräber sind wieder zugedeckt. Das Kirchlein selbst ist nicht exakt nach Westen mit seiner Apsis ausgerichtet. Für seinen Bau, wohl Ende des 4. Jh. erbaut, nach dem reichen Anteil wiederverwendeten Materials im Mauerwerk, hat man sich nach der nahe gelegenen römischen Straße gerichtet. Mit dieser Datierung könnte das eine Friedhofskapelle oder vielleicht doch eine cella memoriae für die beiden Märtyrer sein, die Bischof Severin errichtete. Spätere Gräber richten sich nach der Kapelle aus, die bald um Seitenschiffe erweitert wird. Und wohl im 6. Jh. folgte eine Erweiterung nach Osten. Das scheint eine Art Vorhof der Vorhalle gewesen zu sein, deren Eingang genau im Bereich der heutigen Confessio lag. Hier vermutet man das ursprüngliche Grab Severins. Dieser Bau – vielleicht nur noch Ruine – wird etwa Mitte des 6. Jh. weit nach Westen verlängert, über schmalen Fundamenten eine einfache Fachwerkkonstruktion. Diese Grundform wird im 8. Jh. in Steinmauerwerk ersetzt. Hier entsteht, vielleicht von Bischof Anno I. begründet, die erste Stiftskirche im 8. Jh.

Danach, etwa im 10. Jh., folgte der für den heutigen Bau entscheidende Schritt. War die Kirche bisher immer noch nach Westen ausgerichtet, was nicht ungewöhnlich ist, wurde sie nun nach Osten orientiert. Die Vorform der *Confessio* entstand. Sie wurde wieder aufgenommen in den nächsten Bau, den im Jahre 1043 Erzbischof

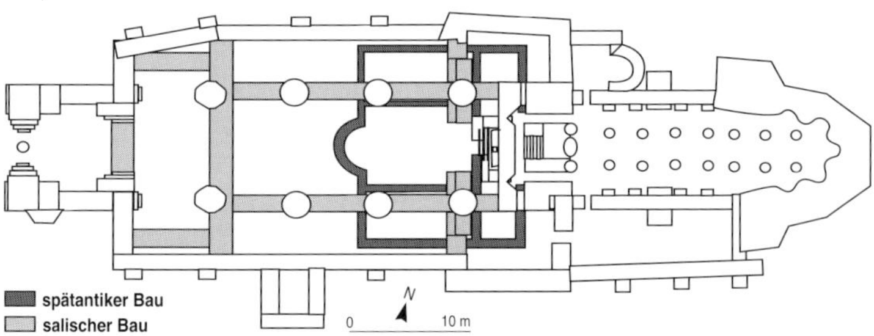

St. Severin, Grundriß, die Grabungen mit dem spätantiken Bau und dem salischen Bau

St. Severin, Ausgrabungen

Hermann II. weihen konnte. Nach dessen eigener Beurkundung hatte Propst Sigeboldus den Bau, oratorium cum kripta, mit Unterstützung durch seinen Vorgänger Erzbischof Pilgrim begonnen.

Der salische Bau

Die massiven Fundamente und Mauern des 10./11. Jh. bestimmen noch die Gestalt die heutigen Baus. Seine Querhäuser sind durch eingestellte Säulen und niedrige Doppelarkaden abgetrennt. Die Breite des Schiffs und der Seitenschiffe ist geblieben. Das Schiff war kürzer, und der heutige spätgotische Turm hat einen 1393 abgebrochenen, östlich gelegenen Vorgänger gehabt. Die Mauern des Langchors des 11. Jh. sind noch in den Wänden des spätromanischen Chors enthalten. Von diesem salischen Chor aus hatte man durch zwei Fenestellae, schachtartige schmale Öffnungen, eine Verbindung zum Grab Severins darunter. Aus derselben Zeit stammt der westliche Teil der Krypta und der nördliche Nebenchor mit seiner Krypta. Das südliche Gegenstück ist um 1400 durch die Margarethenkapelle oben, die heute als Sakristei dient, und eine Krypta in den gleichen Maßen darunter ersetzt worden. Die Altäre der Südkrypta sind 1411 geweiht worden. Dieses Datum hat Aegidius Gelenius auf kaum verständliche Weise mit der Vollendung des spätgotischen Westturms in Verbindung gebracht und damit für einige Verwirrung in der Baugeschichte gesorgt, die jetzt von Gerta Wolff geklärt wurde. Aber dazu später mehr; mit der Margarethenkapelle haben wir in der Baugeschichte schon vorgegriffen.

Mit dem **salischen Bau**, 1043 geweiht, scheint man lange zufrieden gewesen zu sein. Erst Ende des Jahres 1237 hören wir durch eine

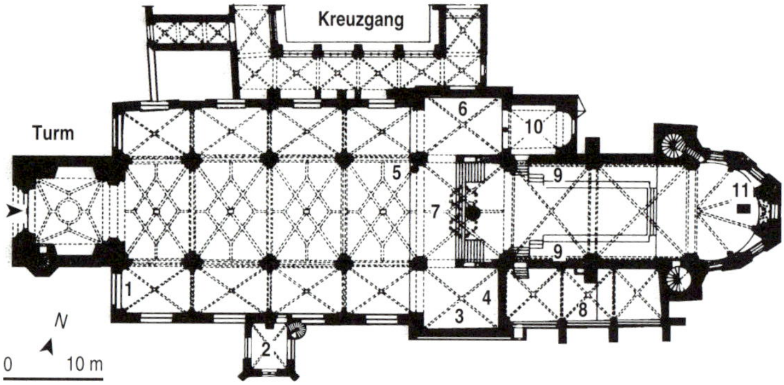

St. Severin, Grundriß
1 Kreuzigungsfenster, Anfang 16. Jh.
2 Marienkapelle mit Pietà, Bamberg um 1410
3 Bruno-Zyklus
4 Abendmahlsaltar von Barthel Bruyn, um 1550
5 Marienfigur, um 1280
6 Bruno-Zyklus, Mitte 18. Jh., aus der Kartause
7 Pestkruzifixus, um 1340
8 Sakristei
9 Severinslegende
10 Ausmalung von H. Zepter, 1935/36
11 Severinusschrein

Urkunde des Bischofs Balderich von Semgallen, daß er im Auftrag des Erzbischofs Heinrich von Molenark die Severinskirche geweiht habe. Außerdem habe er den inmitten der Kirche stehenden Kreuzaltar auch zu Ehren der Märtyrer Cornelius und Cyprian geweiht und den Altar hinter dem Hochaltar zu Ehren des heiligen Aegidius und der heiligen Katharina. Das hört sich nach ziemlich umfangreichen Arbeiten an, die der Weihe vorausgegangen sein müßten. Für uns ist das nur in Krypta und Chor erkennbar. Die **Krypta**, im Westen, im Anschluß an die Confessio, mit Kreuzgratgewölben über quadratischen Pfeilern geschlossen, erhält nach Osten achtseitige Pfeiler und Kreuzrippengewölbe. Der Ostteil mit Fenstern und bewegter Wandgestaltung, Resten von Malerei und hängendem Schlußstein in der Ostapsis läßt fast vergessen, daß man sich in einer Krypta befindet.

St. Severin, Krypta

St. Severin, Ansicht von Südosten

Der Chor wird außen, nach alter Kölner Tradition, von zwei hier besonders schlanken **Chorflankentürmen** mit sehr spitzen Helmen begleitet. Sie rahmen die **Apsis**, die nicht gerundet ist, sondern fünf Flächen in unterschiedlichen Winkeln aneinanderstellt. Der Sockel ist bewußt grob gehalten, aus Basaltsäulen gesetzt, von den Fenstern der Krypta durchbrochen. Erst über dem Kryptengeschoß setzt die gegliederte Wand ein. Lisenen, durch Rundbogenfriese verbunden, grenzen die Flächen ab. Hoch in der Wand werden Rundfenster mit eingesetzten Sechspässen geöffnet. Im Obergeschoß umfängt jeweils nur ein flacher Bogen, weit gespannt, die Fenster, die inzwischen mit

St. Severin, Blick in den Chor

den farbigen Scheiben nach Entwürfen Paul Weigmanns ausgestattet wurden. Ein Gesims und eine fast nur noch angedeutete Zwerggalerie unter dem mächtigen Traufgesims schließen das Bild. Wie an St. Kunibert hat man auf den Plattenfries verzichtet.

Der polygonale Schluß der Apsis, wie er ähnlich an den Querhäusern des Bonner Münsters oder in Boppard erscheint, verleitet leicht, nach zeitgenössischen gotischen Vorbildern zu suchen. Aber im konservativen Köln lohnt eher der Hinweis auf St. Georg oder auf die ottonischen Querhäuser und den frühromanischen Chor von St. Andreas. Die Chorflankentürme erhielten in der 2. Hälfte des 14. Jh. ihre heutige Form. Waren sie ursprünglich in den oberen beiden Geschossen, wie gewohnt, ins Achteck und dann ins Rund überführt worden? Jetzt setzen sie das Kantige, Kristallene der Apsis fort und ergänzen es mit den Helmen. Der Westturm gibt ihnen die gewichtige Antwort.

Das Innere des spätromanischen **Chors** bietet einen *Fußboden* in Opus alexandrinum, geometrisch aus gelblichem und schwarzem Marmor zusammengesetzt. Eine Kostbarkeit, wie man sie auch in St. Kunibert findet und aus St. Pantaleon kennt. Das reich geschnitzte *Chorgestühl* entstand Ende des 13. Jh. Mit 62 Sitzen ist es großzügig bemessen. Man rechnet für St. Severin mit dreißig Kanonikern und meist zehn Vikaren. Zwei große *Rundfenster* im östlichen Joch des Langchors hat man im 14. Jh. zugemauert. Sie waren mit weiten Achtpässen geöffnet, jetzt sind sie mit Wandgemälden des 19. Jh. gefüllt. Gerahmt werden sie von *Wandmalereien*, bei denen sich die Posaunen der Engel tief in die Wand hinein öffnen. Hier wurden Krüge eingelassen, die bei ihrer geringen Anzahl kaum als Schalltöpfe gewirkt haben können. Solche hat man dann auch eher unter dem Bodenbelag angebracht, um die Resonanz zu verstärken. Aber eine Erinnerung an diese von Vitruv geschilderte Technik mag sich dahinter verbergen, zur Spielerei reduziert. Blickfang des Chors ist die Aufstellung des *Severinusschreins*. Zwar ist vom Schrein des 11. Jh. nur eine Scheibe in Goldemail erhalten, die als Leihgabe im Diözesanmuseum zu sehen ist. Sie zeigt Severin als Erzbischof thronend in feinstem Zellenschmelz nach byzantinischem Vorbild. Der Rest des Schmuckes fiel den französischen Kontributionen zum Opfer. 1819 wurde der Schrein neugotisch – ein sehr frühes Beispiel – erneuert und 1936 umgearbeitet. Aber das sieht man hinter dem Gitter des schützenden Gehäuses kaum. Dieses steht auf vier spätromanischen Säulen, so daß man bei Prozessionen frei unter dem Schrein hindurchgehen konnte. Dahinter verbirgt sich mit dem *Aegidius-Chörlein* eine Kostbarkeit. In die Wandfläche des Ostabschlusses der Apsis ist eine zierliche Nische eingelassen. Mit Rippen und hängendem Schlußstein ausgestattet ist das die Nische für den Altar, von dessen Weihe Bischof Balderich von Semgallen in seiner Urkunde berichtet. In Zusammenklang mit der Mahnung der *Deesis-Darstellung* im *Gewölbe* weit darüber, Christus als Richter des Jüngsten Gerichts mit Maria und Johannes dem Täufer fürbittend, ist hier im Chor die Stimmung einer Stiftskirche noch am deutlichsten zu spüren, die sonst durch die Verwandlung in Pfarrkirchen meist verlorengegangen ist.

Im *Glasfensterzyklus* des *Chors*, 1989 nach Entwürfen Paul Weigmanns vollendet, steht mit Johannes dem Täufer, Christus und Maria wieder das Jüngste Gericht im Zentrum. Beistand leisten die Heiligen wie Cyprian oder Cornelius, Adolf Kolping oder Edith Stein. Paul Weigmann schuf danach 1991 auch das *Westfenster* des **Westturms** mit der Darstellung musizierender Engel.

Baunachrichten haben wir für die nächsten Jahrhunderte in reicher Fülle. Nur lassen sie sich nicht immer mit erkennbaren Baumaßnahmen verbinden. Ende des 13. Jh. hören wir vom Stifter Rutger Raitze, der als Bürgermeister und Gesandter am päpstlichen Hofe in Avignon für Köln tätig war. Sein Sohn wird als Dank für die Verdienste des Vaters um das Stift St. Severin 1322 als Kanoniker aufgenommen. Auf Rutgers Bruder Johannes erscheint als Stifter. Aus der noch bekannteren Familie Hardefust erscheint Bürgermeister Gobelin als Stifter, dessen Bruder Hildeger als Kanoniker zu St. Severin gehört. Schon 1286 hatte Papst Honorius IV. allen Gläubi-

St. Severin, Langhaus nach Osten

gen, die zum Bau von St. Severin beitrugen, einen Ablaß von vierzig Tagen verliehen. Im Jahre 1300 genehmigt Erzbischof Wikbold endlich die Veröffentlichung des Ablasses.

Gotische Neugestaltung: Schiff und Westturm

Die unausgeglichenen gotischen Formen im westlichen Joch des Schiffs werden in den Bereich dieser Stiftungsaktivitäten gehören. Ende des 14. Jh. beginnt dann das Großunternehmen der Neugestaltung von Schiff und **Westturm**, das sich bis ins 16. Jh. hinziehen sollte. Die Finanzierung dieses größten Bauunterfangens im Köln dieser Zeit, wo der Dombau schon fast eingeschlafen ist, zeugt von großen Schwierigkeiten. 1393 stellt man fest, daß der alte, wohl noch romanische Westturm baufällig geworden ist. Niemand ahnte wohl damals, daß sich die Bauarbeiten, wie Gerta Wolff nachgewiesen hat, anderthalb Jahrhunderte hinziehen würden. Aber der ursprünglich willige Stifter, Herzog Wilhelm von Berg, geriet in Gefangenschaft und finanzielle Schwierigkeiten. Sein Sohn Adolf muß später ein wenig Ersatz geleistet haben. Trotzdem finden wir auf Gemälden mit Darstellungen aus der Ursulalegende noch Mitte des 15. Jh. den Westturm von St. Severin als Holzkonstruktion. Zwei Beispiele im Wallraf-Richartz-Museum dokumentieren das recht gut (WRM 715 und 721). Der Glockenstuhl stand, außen mit Brettern verkleidet, aber die Fassung in Stein fehlte. Noch 1506 verlieh Papst Julius II., der sonst mehr an seine eigenen Baupläne dachte, dafür einen Ablaß, und sein Nachfolger Leo X. wiederholte diese Großzügigkeit 1518. Die Kleine Kölner Chronik von 1528 vermerkt die Bauarbeiten für den »schoin herlich nuwe clock thoirn«, und im selben Jahr bitten Dekan und Stiftskapitel den Rat, seine Schulden zu bezahlen, damit sie den angefangenen Bau vollenden könnten. Auf dem Riesenholzschnitt mit dem Stadtpanorama von Köln, den Anton Woensam 1531 fertigte, und auf seinem Altarbild in St. Severin, wo der hl. Bartholomäus, Maria und St. Severin erscheinen, wird der Turm noch mit einem niedrigen Notdach gezeigt. Das Altarbild, auf dem der Gründer seine Kirche trägt, dokumentiert rote Ziegel. Erst in der zweiten Auflage des Holzschnitts von 1557 erscheint der hohe schiefergedeckte Helm. Ihn hat man nach dem Kriege annähernd wiederhergestellt, aber auf die zierlichen Zutaten des 19. Jh. verzichtet.

St. Severin, Kreuzgang

Der hohe Westturm ist der späte und südliche Vertreter eines Typs, der in der weiten Landschaft des Niederrheins entstanden ist. Ein Gegenstück ist der Turm des 14. Jh. der Salvatorkirche in Duisburg. Zwei Geschosse nur bilden den Turm. Die Pforte wird in den hohen Bogen des Fensters darüber einbezogen. Eine zierliche Balustrade setzt die Grenze zum nächsten, mit vorgeblendetem Maßwerk gezierten Geschoß, in der Mitte jeweils des oberen Drittels für die Schallarkaden durchbrochen. Weithin sichtbar, ist der Turm seit dem 16. Jh. die südliche Dominante des Stadtpanoramas.

In der Zwischenzeit hat man auch das **Schiff** erneuert. Im November 1479 hatte man den Kanoniker Johann Stall zum magister fabricae gewählt. Er beaufsichtigte nun als Vertreter des Bauherrn, des Kapitels, die Bauarbeiten. *Pfeiler* und *Netzgewölbe* entstammen den folgenden Jahren. Die Beschaffung der Finanzen blieb nicht ohne interne Schwierigkeiten. Für den Baufonds wollte man einen Opferstock aufstellen. Dem widersprach wieder der Stiftspfarrer, der wohl um ihm zustehende Einkünfte fürchtete.

Zwischendurch hatte man zu Beginn des 15. Jh. den **Kreuzgang** erneuert. Zwar ist nur noch die Hälfte, kräftig restauriert, auf der Nordseite der Kirche zu sehen, aber der Bereich bleibt eine der beschaulichsten Stellen, die Köln noch zu bieten hat.

Die Ausstattung

Neben den kostspieligen Bauarbeiten wurde für die Ausstattung gestiftet. Beim ›Meister von St. Severin‹ wurde eine Bildfassung der Legende des Titelheiligen in Auftrag gegeben, die in den Jahren um 1500 entstand. Sie schildert in *zwanzig Tafeln*, die im *westlichen Joch des Chors* aufgehängt sind, die Legende des Titelheiligen. Es beginnt damit, daß 1. Severins Vorgänger Euphrates abgesetzt wird. Er gilt als Häretiker. 2. Severin wird zum Bischof geweiht. 3. Seine Predigt. 4. Tod des hl. Martin von Tours. 5. Die bekannte Vision des hl. Severin bei dieser Gelegenheit. 6. Ein junger Edelmann verläßt auf Mahnung eines Engels alles während der Hochzeit. 7. Ihm wird nach langer Buße offenbart, daß er mit Severin in den Himmel einziehen werde, und er wird zu einem zu Severins Ehren veranstalteten Gastmahl geführt. 8. Severins Wundertaten. 9. Severin wird im Traum aufgefordert, in seine Heimat Bordeaux zu reisen. 10. Er wird dort empfangen. 11. Er erweckt den Sohn eines Ehepaars vom Tode. 12. Severin stirbt in Bordeaux. 13. Er wird dort beerdigt. 14. Fürbitte Severins befreit Bordeaux von der Belagerung durch die Goten. 15. Unter Bischof Evergislus von Köln herrscht bereits seit drei Jahren Dürre. 16. Einem Geistlichen wird offenbart, daß erst mit der Rückkehr der Gebeine des heiligen Severins die Dürre ein Ende finden werde. 17. Die Kölner bitten in Bordeaux um die Reliquien. 18. Sie erhalten (einen Teil) in einem Schrein. 19. Ankunft in Köln. 20. Verehrung der Reliquien im Chor von St. Severin. Unter den einzelnen

St. Severin, Kreuzigung, Glasfenster im südlichen Seitenschiff

Szenen wird jeweils der zugehörige Text gegeben und der Stifter mit seinem Wappen abgebildet.

Vom selben Meister von St. Severin stammen noch zwei *Altarflügel* mit den Heiligen Agatha, Cornelius, Stephan und Helena. Am Ende des südlichen Seitenschiffs, ganz im Westen, ist auch ein *Glasfenster* erhalten, das im Umkreis des Meisters von St. Severin entstanden ist. Bis zum Abbruch der barocken Ausstattung 1825 war es vom Baldachin des barocken Hochaltars verdeckt worden. So war das kostbare *Kreuzigungsbild* dem zerstörerischen barocken Lichtbedürfnis 1768/69 entgangen. Hans Lünenborg hat vor einer Generation kongenial die moderne Füllung der oberen Hälfte des Fensters, des von Maßwerk gebildeten Couronnements, in farbigem Glas entworfen. Das apokalyptische Lamm antwortet als Hinweis auf das Jüngste Gericht der Kreuzigung darunter.

Ringsum entdeckt man eine Fülle von *Grabdenkmälern* der Stiftsherren, von teils hervorragender Qualität. Sie bilden den Hintergrund für einen Reichtum an Ausstattung, der ungewöhnlich ist. Im Chor findet man einen *Reliquienschrank* des späten 14. Jh. und ein *Wandtabernakel* des frühen 17. Jh. Am nordwestlichen Vierungspfeiler eine *Madonna* des späten 13. Jh., die einst vielleicht zum Marienaltar der Krypta gehörte. In der Vierung ein weiteres *Pestkreuz* aus der Mitte des 14. Jh., zurückhaltend gegenüber anderen in Köln. Ein *schmiedeeiserner Leuchter* auf Steinsockel ist 1664 datiert. Er trug die von der Bauernbank, der Genossenschaft der Bauern im Bereich von St. Severin, gestiftete Kerze. Eine der größten ehemaligen Kostbarkeiten kann man nur in München besichtigen. Über die Sammlung der Gebrüder Boisserée gelangte das *Tafelbild der heiligen Veronika* mit der Darstellung Christi auf ihrem Schweißtuch in die Alte Pinakothek. Das kleine Bild hat dem ›Meister der heiligen Veronika‹ den Namen gegeben, von dem ein Wandbild mit einer Kreuzigungsszene in der Sakristei erhalten ist.

St. Severin, Madonna, spätes 13. Jh., am nordwestlichen Vierungspfeiler

Ein anderer Schatz ist inzwischen zurückgekehrt. Ein *Triptychon* mit expressiv bewegter Abendmahlsszene des Malers Barthel Bruyn kehrte nach seit dem Zweiten Weltkrieg verlängerter Auslagerung 1987 nach Köln und nun auch nach St. Severin zurück.

Bis auf die zentrale Platte ist ein *Labyrinth* untergegangen, das noch im frühen 19. Jh. inmitten des Kirchenschiffs zu sehen war. Rund, in kleinen Steinen ausgelegt, bewegte sich der Weg durch das Labyrinth auf eine Marmorplatte mit zwei inkrustierten Gestalten zu. Sie befinden sich heute im Erzbischöflichen Diözesan-Museum. Mit farbigem Marmor werden Theseus und der Minotaurus im Kampf geschildert. Den gehörnten Minotaurus sah man als antike Vorprägung der Gestalt des Bösen und Theseus als Beispiel des Erlösers. Vorbilder scheinen italienische Labyrinthe gewesen zu sein, als man Mitte des 12. Jh. hier das einzige aus deutschen Kirchen bekannte Labyrinth anlegte, mit dessen Interpretation schon der gelehrte Aegidius Gelenius nichts mehr anzufangen wußte.

Zum Schatz der Kirche gehören neben anderen Kostbarkeiten ein silbernes *Stabreliquiar* für den Bischofsstab des heiligen Severin und ein *Horn* mit Reliquien der Märtyrer Cyprian und Cornelius. Sie gelten als die Patrone der Kirche, die von Severin begründet wurde. – Einmal in der Woche, montags zur ›Hörnchensmesse‹, werden diese Reliquiare ausgestellt. So bleibt noch nach Jahrhunderten inmitten des ›Vringsveedel‹, reich an Kölner Atmosphäre, die frühchristliche Vergangenheit lebendig.

St. Ursula

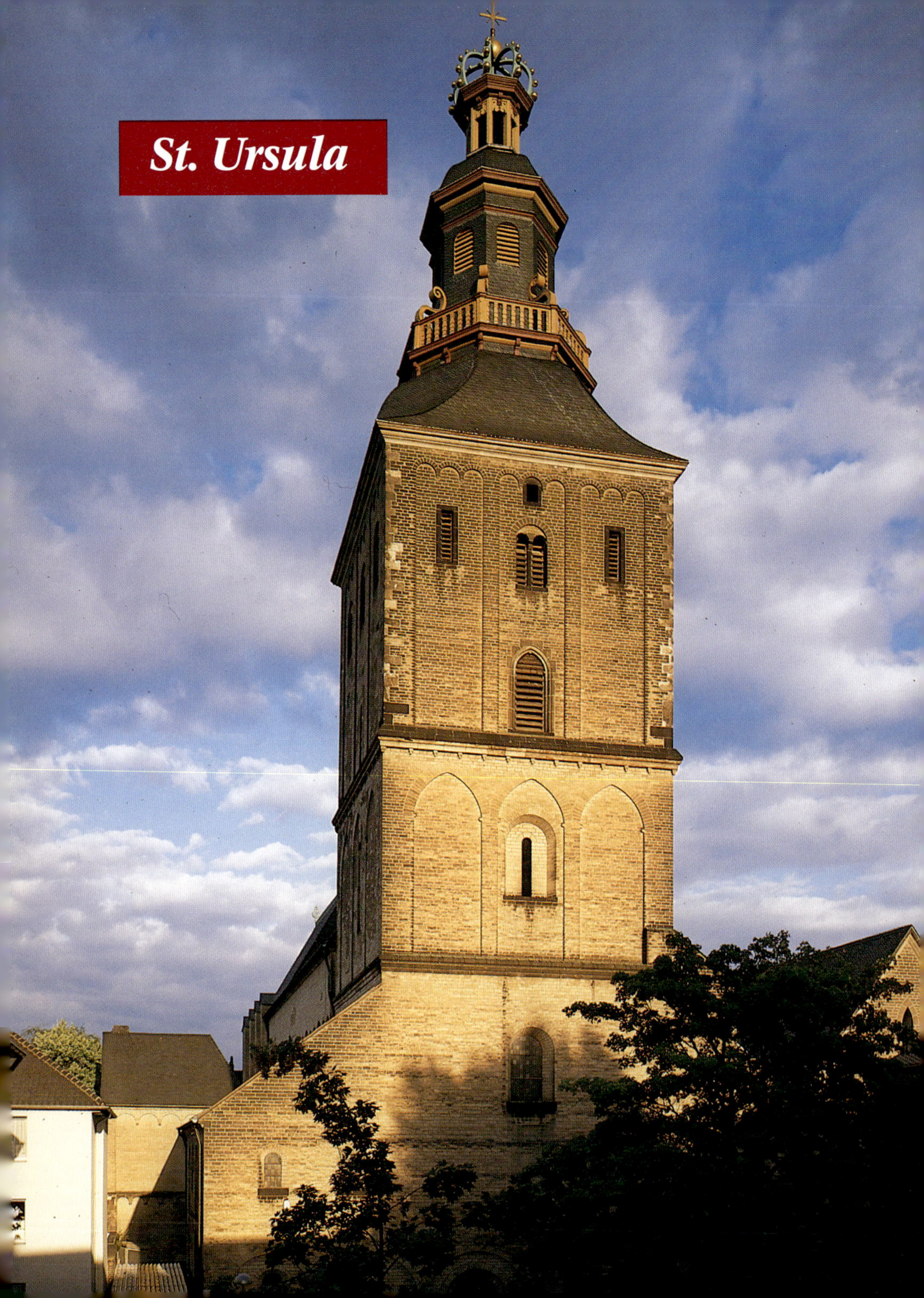

Die Ursulalegende

St. Ursula
Gotischer Chor
Clematius-Inschrift
Goldene Kammer **
Grabmal der hl. Ursula

Grundriß S. 231

Gerade acht Jahre, zwei Monate und vier Tage war die unschuldige Jungfer Ursula alt, deren Grabstein des 4./5. Jh. der Anführerin der elftausend Jungfrauen den Namen gab. Joseph Klinkenberg hat den abgearbeiteten Grabstein 1893 als Teil des dritten Pfeilers des südlichen Seitenschiffs unter der Tünche entdeckt. Wie eine Reliquie hatte man ihn im 12. Jh. dort eingemauert. Man hat den Stein herausgelöst. Heute steht er im Obergeschoß des Römisch-Germanischen Museums. – Grab und Grabstein der kleinen Ursula waren Teil des großen Gräberfeldes nördlich der römischen Stadtmauer, entlang der Straße nach Neuss. Hier ist auch der Grabstein des jungen Mannes Aetherius gefunden worden, den die Legende mit seinen fünfundzwanzig Jahren zum Bräutigam der heiligen Ursula gemacht hat. Wie viele andere in Köln war er Christ. Ein Christogramm unter der Grabinschrift gibt dem deutlich Ausdruck.

Das Christentum in Köln war schon zur Zeit Kaiser Konstantins im frühen 4. Jh. wohlorganisiert, und der Kölner Bischof Maternus nahm im Jahre 313 an einer Synode in Rom und 314 zusammen mit dem Kölner Diakon Macrinus an einer gallischen Synode in Arles teil. Dieses Christentum muß man vor Augen haben, wenn man sich mit der Frage von Märtyrern in Köln beschäftigt. Solche Geschehnisse sind von den zeitgenössischen Kirchenhistorikern des konstantinischen Zeitalters bewußt nicht erwähnt worden. Köln gehörte in der letzten großen Christenverfolgung zum Herrschaftsbereich des Constantius Chlorus, des Vaters Konstantins des Großen. Weder auf ihn noch auf seinen Sohn durfte der Makel eines Martyriums fallen. Sehr viele Märtyrer werden es trotzdem nicht gewesen sein. Nur im östlichen Mittelmeerraum, in Rom und im Süden Frankreichs hatten die Christen einen so großen Anteil der Bevölkerung gewonnen, daß sie als Bedrohung des traditionellen Glaubens empfunden wurden. Hier arbeiteten Volkszorn und Obrigkeit Hand in Hand. In unseren nördlichen Gebieten wird man die Christen mehr als Kuriosum empfunden haben, das man meist mit Nichtachtung strafte.

Diese Überlegungen helfen bei der Einordnung der letzten und wichtigsten Inschrift für St. Ursula. Die *Clematius-Inschrift*, die am Ursprung der Legendenbildung steht, hat nämlich bereits eine Fülle von Diskussionen und Überlegungen ausgelöst. Sie ist seit 1886 an der heutigen Stelle in der Südwand des gotischen Chors der Kirche eingemauert. Vorher saß sie, wie Wilhelm Levison berichtet, der sich am eindringlichsten mit der Inschrift beschäftigt hat, ein wenig tiefer, den Stab des vorgeblendeten Maßwerks unterbrechend, auch in das links benachbarte Feld reichend. Das wird nicht die erste Unterbringung gewesen sein. Aber offensichtlich hatte man beim Bau des gotischen Chors die genaue Stelle wahren wollen, die die Inschrift schon im romanischen Chor einnahm. Auch hier ist nicht ihre erste Verwendung zu sehen. Ein »monasterium beatarum virginum« wird erstmals 866 in der Bestätigung der Güterumschreibung Erzbischof

◁ St. Ursula, Ansicht der Turmfront

Gunthars erwähnt. Es ist noch mit Kanonikern, noch nicht mit Stiftsdamen besetzt. Weiter zurück läßt sich die Existenz des Stifts nicht verfolgen. Die Inschrift aber muß bereits einige Jahrzehnte vorher bekanntgewesen sein. In den verschiedenen Versionen des Martyrologium Hieronymianum werden die Kölner Jungfrauen nicht erwähnt. Erst Wandalbert von Prüm 848 und Usuard 875 nehmen sie in ihre Heiligenkalender auf. Während der ersten Blüte Kölns nach oder unter Erzbischof Hildebold zu Beginn des 9. Jh. ist die Clematius-Inschrift mit ihrer Erwähnung jungfräulicher Märtyrerinnen bekanntgeworden. Wenn sie damals als Fälschung entstanden sein sollte, was immer noch für möglich gehalten wird, ist den Kölnern eine wissenschaftlich glänzende Leistung gelungen, die mehr als Hochachtung abverlangt. Mir erscheint wahrscheinlicher, daß man die Inschrift im Mauerwerk des nur noch als Ruine erhaltenen Kirchenbaus entdeckte, den die Ausgrabungen während des Zweiten Weltkrieges nachgewiesen haben. Nach ihrer Entdeckung muß die Inschrift anscheinend einige Zeit im Fußboden der neuen Kirche eingelassen gewesen sein. Jüngste Untersuchungen haben gezeigt, daß die Buchstaben im unteren Teil in romanischer Zeit nachgearbeitet worden sind, um die abgelaufenen Stellen wieder besser lesbar zu machen.

Die Inschrift lautet:

»DIVINIS FLAMMEIS VISIONIB(us) FREQUENTER
ADMONIT(us) ET VIRTUTIS MAGNAE MAI-
ESTATIS MARTYRII CAELESTIUM VIRGIN(um)
IMMINENTIUM EX PARTIB(us) ORIENTIS
EXSIBITUS PRO VOTO CLEMATIUS V(ir) C(larissimus) DE
PROPRIO IN LOCO SUO HANC BASILICAM
VOTO QUOD DEBEBAT A FUNDAMENTIS
RESTITUIT SI QUIS AUTEM SUPER TANTAM
MAIIESTATEM HUIIUS BASILICAE UNI SANC-
TAE VIRGINES PRO NOMINE $\overline{\text{XRI}}$ SAN-
GUINEM SUUM FUDERUNT CORPUS ALICUIIUS
DEPOSUERIT EXCEPTIS VIRGINIB(us) SCIAT SE
SEMPITERNIS TARTARI IGNIB(us) PUNIENDUM«

Durch göttliche flammende Visionen mehrfach
ermahnt und durch die Tugend der großen Ma-
jestät des Martyriums der himmlischen Jungfrauen,
die erschienen, aus dem Osten des Reiches
herbeigeholt, (hat), gemäß Gelübde, Clematius, senatorischen Ranges, auf
eigene Kosten, auf seinem Boden, diese Basilika,
wie er es nach Gelübde schuldete, von den Grundmauern auf
erneuert. Wenn jemand aber gegen die so große
Majestät dieser Basilika, wo die hei-

St. Ursula, Clematius-Inschrift an der Südwand des Chors (Abguß in der Goldenen Kammer)

ligen Jungfrauen für den Namen Christi ihr Blut vergossen haben, (hier) irgend jemandes Leichnam bestattet, mit Ausnahme der Jungfrauen, so wisse er, daß er mit ewigen Höllenfeuern bestraft wird.

Manche Teile der Inschrift lassen sich nicht eindeutig in Sinn klären und übersetzen. So könnte die Bestattungsausnahme, die Clematius zuläßt, sich durchaus auch auf andere Jungfrauen als die Märtyrerinnen beziehen. Man müßte dann übersetzen »mit Ausnahme von Jungfrauen« und könnte einen spätantiken Jungfrauenkonvent postulieren.

Die Anfänge des Stifts

Aber diese und andere Überlegungen führen zu weit ab. Uns interessiert vordringlich der **romanische Bau**. Er umfängt mit seinen Mauern den spätantiken Bau, den die Grabungen nachgewiesen haben. P. A. Tholen hat einen dreischiffigen Bau aufgedeckt, dessen Westabschluß bei einer Länge von 22 m noch nicht erreicht war. Von 18 m Breite wurden 8,20 m für das Mittelschiff und 9,20 m für die Apsis in Anspruch genommen. Die unpublizierten Grabungsergebnisse sind bis in die jüngste Zeit mehrfach diskutiert worden, ohne daß über die Veränderungen des spätantiken Baus in den folgenden Jahrhunderten eine einheitliche Meinung erreicht worden wäre. Hier setzt aber auch schon der Eifer der mittelalterlichen Archäologen eine

Grenze. Sie haben besonders im 12. Jh. den Boden in der Kirche so durchwühlt, daß sie ihren Kollegen im 20. Jh. die Arbeit fast unmöglich gemacht haben. Erkennbar ist jedenfalls der nachträgliche Einbau eines *Ambos*, einer Kanzel, wie man sie auch unter dem Dom, in Trier oder in Boppard, gefunden hat. Auf der Südseite sind Erweiterungsmaßnahmen sichtbar geworden. Der Ambo ist durch einen mächtigen *Altar* ersetzt worden und dieser schließlich durch ein aufwendiges *Reliquiengehäuse*. Es wird im Boden der Kirche nachgezeichnet. Das ist wohl die ottonische Wiederherstellung, der Vorgängerbau der romanischen Kirche. Der mächtige Mauerblock barg in seinem westlichen Teil fünf und im anschließenden östlichen Teil zweimal drei rechteckige Öffnungen, elf insgesamt. Die Grundlage für die späteren Elftausend ist gelegt, wobei schon im 9. Jh. Lesefehler und ständig neue Entdeckungen von Reliquien Hand in Hand arbeiteten.

Trotz des meist in das späte 4. Jh. datierten ersten Baus sind wir für die Grundlage von Geschichte und Legende auf die Clematius-Inschrift angewiesen. Sie ergänzen sich gegenseitig. Eine Basilika dieser Größe ist vor den Toren der Stadt nur als Märtyrergedächtniskirche zu verstehen – wie das auch für St. Gereon und St. Severin gilt. Bei diesen beiden Bauten wissen wir über die Märtyrer nichts. Für St. Ursula berichtet Clematius, der durch Visionen gemahnt aus dem Osten des Reiches herbeieilte, daß er den Bau über den Gräbern der Märtyrerjungfrauen wiederhergestellt habe. Christliche Jungfrauen hat es bereits in der Spätantike gegeben. Es sind Fälle aus den Verfolgungen bekannt, bei denen solche Jungfrauen das Martyrium erlitten. Hier in Köln scheint sich ein weiterer Fall abgespielt zu haben. Ihre Namen kennen wir nicht. Die Legendenbildung, die im 10. Jh. zu voller Blüte gedeiht, nennt eine Fülle von Namen. Mancher mag, wie der der heiligen Ursula, auf Funde von Grabsteinen zurückgehen. Für einige Jahrzehnte stand die heilige Pinnosa im Vordergrund. Neben ihr werden Martha und Saula erwähnt. Aber seit man im 10. Jh. die Reliquien der heiligen Pinnosa nach Essen abgab, steht die heilige Ursula an der Spitze der Heiligenschar.

Alles was wir bisher wissen, läßt darauf schließen, daß die Kirche über den Märtyrergräbern verfiel, ihre Geschichte in Vergessenheit geriet und erst mit der Wiederauffindung der Clematius-Inschrift zu Beginn des 9. Jh. ihre Verehrung neu einsetzte. Ein Märtyrerschicksal, das die Jungfrauen mit vielen anderen im Rheinland teilen, von Xanten bis Bonn. Ob der Ansatz kirchlichen Lebens, den das erste Wachstum der Legende und die Guntharsche Güterumschreibung bezeugen, im Normannensturm 881/82 unterging, ist fraglich. Bereits aus dem Jahre 911 wird eine Schenkung von Gütern in Boppard und Umgebung durch den Grafen und späteren König Konrad I. erwähnt. Waren es immer noch Kanoniker, die die Kirche der elftausend Jungfrauen betreuten?

Genaueres erfahren wir erst mit dem Jahre 922. Die Damen des Stifts Gerresheim waren vor einem Überfall der Ungarn nach Köln

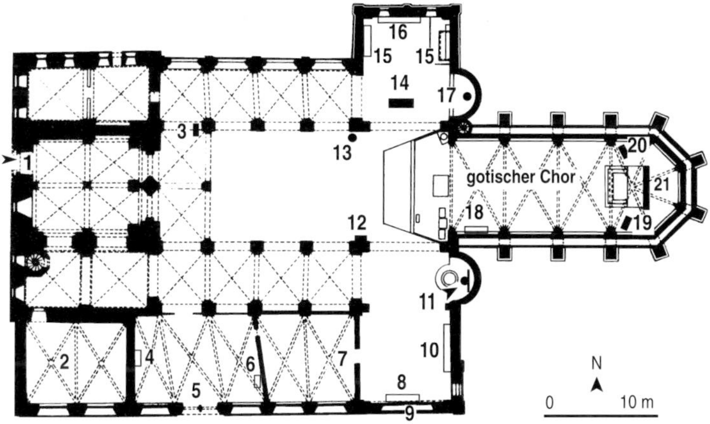

St. Ursula, Grundriß
1 Portal von T. Heiermann
2 Goldene Kammer
3 Sarkophag der Viventia und Kreuztragungsrelief (um 1500)
4 Maria (um 1470)
5 Marienkapelle mit Fenstern von H. Gottfried
6 Christus (um 1470)
7 Sakristei
8 Altarantependium (Ende 15. Jh.)
9 ›Lebensbaum‹-Fenster von W. Buschulte
10 Schieferplatten mit Aposteldarstellungen (um 1230)
11 Kruzifixus (2. Hälfte 14. Jh.) mit Maria und Johannes aus einer Triumphkreuzgruppe um 1500, Taufbecken (um 1500)
12 Engel (Anfang 16.Jh.)
13 Madonna
14 Ursulagrab
15 Ursulalegende (Gemälde)
16 Entdeckung des Ursulagrabes, Gemälde (Anfang 17. Jh.)
17 Schutzmantel-Ursula (um 1470)
18 Clematius-Inschrift
19 Aetherius-Schrein
20 Ursula-Schrein
21 Altar (Ende 13. Jh.)

geflüchtet. Gertrud Wegener hat die Übernahme von St. Ursula durch die Stiftsdamen aus Gerresheim gründlich untersucht. Der Ungarneinfall, bei dem die Damen gerade noch flüchten konnten, viele der Bauern getötet und die Gebäude des Stifts geplündert und niedergebrannt wurden, scheint ins Jahr 919 zu fallen. Erst mit der Schlacht auf dem Lechfeld im Jahre 955 hat die ständige Bedrohung durch Plünderungszüge ein Ende gefunden. Mit dem Einzug der Stiftsdamen in St. Ursula, dicht vor den sicheren Mauern Kölns, machte Erzbischof Hermann I. (889–924) ein gutes Geschäft. Das Stift Gerresheim unterstand bisher nicht seiner Verfügungsgewalt, es war adlige Eigenkirche. Die im Moment wertlosen Güter übergaben die Stiftsdamen seiner Verfügungsgewalt und wurden in St. Ursula ansässig, die schon erzbischöfliche Eigenkirche war. Hier konnte der Erzbischof frei über die Besitztümer verfügen, wie sich am Beispiel von St. Aposteln zeigen läßt. Erzbischof Warin (976–84) schenkte 980 die damals noch unbedeutende Kirche mit ihren Einkünften dem Damenstift. Und schon zu Beginn des nächsten Jahrhunderts macht Erzbischof Pilgrim wieder ein selbständiges Kanonikerstift daraus.

Aber in den Anfängen hatten die Damen keinen Grund zu klagen. Erzbischof Hermann scheint auch baulich Kirche und Stiftsgebäude erneuert zu haben. Hierzu paßt der erwähnte große Altarblock mit den elf Öffnungen für Reliquien der Jungfrauen. Seine Nachfolger Wichfried (924–53) und Bruno (953–65) statteten das Stift zwar reich mit Gütern für den Unterhalt und mit Geschenken aus, aber von Baumaßnahmen wird nicht gesprochen. Das ist erst im Jahre 980 wieder der Fall. In diesem Jahr erhielt St. Ursula eine umfangreiche Schenkung Erzbischof Warins (976–85), bestimmt für die Beleuchtung der Kirche und die Reparatur der Dächer. Neben zahlreichen Gütern rings um Köln gehört auch die Kirche St. Aposteln zu dieser Schenkung. Einkünfte, die das Stift ja nicht lange genießen sollte.

Aber die Reparatur der Dächer scheint die Bauprobleme für einige Zeit gelöst zu haben.

Die Entscheidung der ersten Kölner Äbtissin des Stifts Lantswind, von Gerresheim nach Köln in die Hut des Kölner Erzbischofs zu ziehen, hatte sich als richtig erwiesen. Die Kanoniker, die zuvor hier ihren Dienst versahen, werden ihre Arbeit weiter getan haben. Im Gottesdienstleben des Stifts bedurfte man ihrer Hilfe. In den ersten Jahrhunderten waren 40 Präbenden, Pfründen, für Kanonissen vorgesehen. Ihre Zahl nahm im 13. Jh. rasch ab. Die Einkünfte, die bis dahin für das standesgemäße Leben von 40 adligen Damen ausgereicht hatten, verloren an Wert. Bald sind es neben der Äbtissin nur noch fünf Stiftsdamen, von denen wir hören. In solchen trockenen Zahlen zeichnet sich die wirtschaftliche Revolution des Mittelalters ab. Der Reichtum hat sich vom Land und der Landwirtschaft, von deren Erträgen das Stift lebte, in die Stadt und in die städtischen Wirtschaftsformen verlagert. Die allgemeine Erhöhung des Lebensstandards ist erstaunlich, verringert aber die wirtschaftliche Kraft der Stifte. Doch das kann zu einem guten Teil durch die Stiftungen der reich werdenden Bürger ausgeglichen werden.

Besonders reichlich werden sie seit 1106 geflossen sein. Beim Bau der neuen Verteidigungsanlagen, Wall und Graben, gegen Kaiser Heinrich V., wurden die ersten neuen Reliquien gefunden. Trotz des Widerspruchs der Stiftsdamen gelangen die ersten Funde in den Besitz des Stifts St. Kunibert. Eine Vision weist sie zum Trost auf einen anderen Sarkophag hin. Eine andere Vision klärt, warum man nun im römischen Gräberfeld auch die Gebeine von Männern und Kindern neben den elftausend Jungfrauen entdeckt, von denen die Legende bisher nur wußte. Bischöfe, Erzbischöfe, Könige, Prinzen, Ritter, ein Papst Cyriakus und andere Personen werden so gefunden. Die Legende von der englischen Prinzessin Ursula, ihrem Bräutigam Aetherius, der Fahrt nach Rom und der Rückkehr nach Köln mit Papst Cyriakus zum Martyrium durch die Hunnen wird nun ausgestaltet und abgeschlossen.

Der heilige Norbert, Gründer des Prämonstratenserordens, der uns schon bei Grabungen in St. Gereon begegnete, tritt auch hier als christlicher Archäologe auf. Eine nächtliche Vision gibt ihm den erfolgreichen Hinweis für seine Grabungen. Aber eine der ganz großen Grabungskampagnen spielt sich zwischen 1155 und 1164 ab. Unter den Äbten Gerlach und Hartbern des Benediktinerklosters Deutz werden zahlreiche Gebeine erhoben und nach Deutz gebracht. Hier versieht man sie mit Tituli, Grabschriften, die möglichst ihren Namen und einen Hinweis auf ihre Tätigkeit verzeichnen. Als sehr fromm kann man diese Fälschungen, die der Deutzer Küster Theoderich verzeichnet, schon nicht mehr bezeichnen. Aber Reliquien verlangten nach Namen, nach persönlicher Geschichte. Und die Benediktinerin Elisabeth von Schönau hat manche zusätzliche Nachricht in ihren Visionen erhalten. Zahlreich sind auch aus den nächsten Jahrhunderten die Berichte über Reliquienfunde. Caesarius von Heisterbach berichtet sogar von einem Arbeiter Ulrich, der sich gewohnheitsmäßig mit Grabungen nach Reliquien beschäftigt, der erste hauptberufliche Archäologe Kölns. Teils beschränkte man sich beim Reichtum, den der Boden des ager Ursulanus barg, nur noch auf die Häupter der Heiligen. Zu Hunderten sind sie exportiert worden, und hölzerne Reliquienbüsten, in denen man die Schädel unterbrachte, sind seit dem späten 13. Jh. in Fülle in Köln produziert worden. Bis in die Zeit des Barock hinein kann man den Wandel der Formen in der Goldenen Kammer in St. Ursula selbst verfolgen.

Der romanische Bau

Im Gefolge der reichen Funde und dann wohl auch Spenden scheint der Gedanke an einen Neubau der Kirche entstanden zu sein. Die einzige Nachricht, die auf Bauarbeiten hinweisen kann, ist die Notiz der Weihe eines Altars zu Ehren der heiligen Cordula im Südflügel des Westbaus im Jahre 1135. Auf Grund dieser Nachricht und der Formen des Baus datiert man die noch gut erkennbare **Emporenbasilika** in das zweite Viertel des 12. Jh. Fast zur selben Zeit entsteht, etwas kleiner und bescheidener, St. Mauritius. Mit diesen Bauten beginnt das große Jahrhundert kölnischer Kirchenbaukunst. St. Mauritius, im 19. Jh. wegen Baufälligkeit, die großzügigen Neubauplänen sehr entgegenkam, abgerissen, bietet einen ähnlichen Grundriß, verzichtet allerdings auf Emporen und Langchor. Aber für das Benediktinerinnenkloster hat der Stifter, der Kölner Bürger Hermann, einen ähnlichen Westbau wie für St. Ursula errichten lassen. Auch dort verlängerte eine Bühne den nach Osten geöffneten Turmraum ins Schiff hinein.

St. Ursula, Empore auf der Nordseite des Schiffs mit Reliquienbüsten

Auch dort traten die östlichen Flügelbauten nicht, wie heute in St. Ursula, als Querhäuser in Erscheinung. Auf den Brüstungen der Emporen stehen doppelseitige *Reliquiare* – meist Jungfrauen, aber auch Papst Cyriakus darunter. Sie repräsentieren die himmlischen Bewohner des himmlischen Jerusalem, das die Kirche ja wiederum selbst repräsentiert. Man befindet sich also in bester Gesellschaft. Die Flügelbauten waren vom Schiff aus nicht zu erkennen. Die Längsrichtung des Baus war durch den romanischen Langchor fortgesetzt, der fast die Länge des gotischen erreichte. Das ist, nachdem die gotischen Gewölbe des 14. Jh. im Zweiten Weltkrieg untergegangen sind, die einschneidendste Änderung des Raumbildes. Im Laufe der Veränderungen des 17. Jh. hat man hier die durchlaufenden Emporen im Bereich der Flügelbauten ausgebrochen und so die heutigen Querhäuser freigelegt. Das südliche ist dabei auch noch auf die Tiefe des inzwischen angefügten Seitenschiffs verlängert worden und erhielt sein gotisierendes Fenster. Der ursprüngliche Zustand war ein schmaler, hoher langgestreckter Raum, dem die Emporen eine reiche Wandgliederung gaben.

Ein Langchor fehlte an St. Mauritius, wie auch die Emporen und die flache Decke. Das ist das große Wagnis in St. Mauritius. In St. Mauritius hat man erstmals in Köln die Einwölbung eines Schiffs durchgeführt. St. Ursula ist als Emporenbasilika zum Vorbild für eine große Zahl von Pfarrkirchen geworden. In Köln ist dafür St. Maria Lyskirchen als Beispiel erhalten. Am Mittelrhein und Niederrhein begegnet man ihnen immer wieder.

Mit dem Bau der Kirche und der westlich vorgelagerten Stiftsgebäude waren offensichtlich erst einmal die finanziellen Mittel erschöpft. Aber die Ausstattung der Architektur konnte sich sehen lassen. Am **Obergaden** der Nordseite des **Schiffs** ist außer der alten Gliederung mit Rundbogenfries, den jeweils neben den Fenstern Säulen und dazwischen ein Pilaster tragen, noch der ursprüngliche Reichtum erhalten. Im Farbwechsel des Materials, Kalksinter für die Säulen und roter Sandstein für die Pilaster, setzt sich die Schmuckfreude fort. Dagegen sind die **Fächerfenster** des Seitenschiffs eine Erfindung der Restaurierungen des späten 19. Jh. Für einige Jahrzehnte konnte man die **Westempore** noch nicht in Benutzung nehmen. Erst aus der Zeit um 1230 ist die Dotierung des Altars überliefert, damit der **Turm** zumindest fast vollendet. Dieser Zeit entsprechen auch seine Bauformen. Gründliche Erneuerungsarbeiten in der Mitte des 15. Jh. kennen wir aus den Urkunden, die geradezu von einem Neubau sprechen. Danach trug der Turm einen spätgotischen hohen Knickhelm, wie man ihn auf den Darstellungen des 16. Jh. wiedergegeben findet. Erst einem Blitzschlag am 9. März 1680 verdanken wir die heutige *barocke Turmhaube*, deren *Krone* als Abschluß die königliche englische Herkunft der heiligen Ursula in Erinnerung ruft.

St. Ursula, der neue Helm. Kupferstich, 1682

Bevor wir uns dem Chor zuwenden, seien noch zwei wesentliche Änderungen am **Westbau** nachgetragen, die erst im 19. Jh. durchgeführt wurden. Außen hat man nach Abbruch des westlich vorgelagerten Kreuzgangs bei der Restaurierung Ende des 19. Jh. die Schildbögen des Kreuzgangs an der Westfassade markiert. Das alte Foto dokumentiert diesen Zustand, den man nach den Zerstörungen des Zweiten Weltkrieges nicht erneuert hat. Innen hat man im Laufe dieser durchgreifenden Arbeiten im 19. Jh. den weiten Bogen, der den Turm nach Osten öffnet, mit einer Bogenbrücke im Emporenbereich und zusätzlichen Granitsäulen im Untergeschoß verstärkt. Der Charakter der Stiftsempore mit ihrem Äbtissinnensitz in der Westwand des Turms ist damit verloren.

So wie die Reste eines Plattenfrieses mit fein polierten Kalksinterplatten aus den römischen Wasserleitungen in der Empore noch an die Bauarbeiten des frühen 13. Jh. erinnern, so finden sich andere Reste im südlichen Seitenschiff. Hier hängen noch *zehn Schieferplatten* mit Resten von Malerei. Sie zeigen im Stil der Mitte des 13. Jh. die Gestalten von zehn Aposteln. Einige der Platten sind zu Beginn des 19. Jh. übermalt worden. Aber schon ein Blick auf die gebrochenen Linien der Gewandfalten zeigt, daß die Malereien erst nach dem Datum entstanden sein können, das die Rückseite der Philippusplatte nennt. Hier ist vermerkt, daß Bischof Walter von Carlisle, der auch in St. Aposteln weihend tätig war, am 14. Mai 1224 den Kreuzaltar weihte. Er wird vor den Chorschranken gestanden haben, zu denen unsere Platten gehörten. Aber auch die Inschrift scheint erst später angebracht worden zu sein. Zumindest kam Bischof Walter von Carlisle erst im Februar 1225 nach Köln. Zwei Apostelplatten fehlen, vielleicht auch eine dritte mit der Darstellung Christi, und eine genauere Vorstellung von der spätromanischen Anlage können wir auch nicht mehr gewinnen.

Der gotische Chor

In den Jahren 1247 und 1267 reisen Dominikanerpatres mit Reliquien des Stifts St. Ursula ins Bistum Paderborn, um dort, mit Ablaßbriefen versehen, Spenden für das Stift zu sammeln. Die Aufgabe, von der dabei gesprochen wird, könnte der Bau des **gotischen Chors** gewesen sein. Ende des 13. Jh. noch wird er vollendet. Vielleicht haben sich aber auch hier die Bauarbeiten länger hingezogen. Noch 1338 wird für das ewige Licht gestiftet, und erst 1379 wird bestimmt, daß Kanoniker und Stiftsdamen an den Festen der Heiligen Barbara und Katharina im neuen Chor singen sollen.

Offensichtlich bewußt hat man *elf Fenster* zum neuen Chor zusammengestellt. Sie prägen als gläserner Schrein das Erscheinungsbild. Englische Neugotik, um 1900 von der Firma Dixon geliefert, schmückt die drei zentralen Fenster. Die nach Westen folgenden Fenster zeigen Entwürfe von Wilhelm Buschulte. Von ihm stammt auch die Vorlage für das große Fenster im südlichen Querhaus, das 1984 eingesetzt wurde. Der in Bronze gegossene moderne First-

St. Ursula, gotischer Chor

kamm mit seinen zwei Knäufen, den Karl Matthäus Winter entwarf, betont den Schreincharakter. Die schlichten Grundformen erinnern an die etwas ältere Minoritenkirche. Auch dort reichen zwei Etagen für die Gliederung des Baus. Den Laufgang in Höhe der Fenstersohlbank, dessen Öffnungen durch die Strebepfeiler führen, finden wir dort ebenfalls, aber auch an der Elisabethkirche in Marburg. Innen sind die Stäbe des Fenstermaßwerks und die Dienstbündel der Rippen bis zum Sockel durchgezogen. Die Kapitellzone ist bereits reduziert, auf Schlußsteine hat man verzichtet. Mittelpunkt des gotischen Chors ist der gotische *Hochaltar*, den man unter der barocken Bebauung im 19. Jh. wiederentdeckte. Die elf Figürchen des Retabels sind allerdings Erneuerungen des Bildhauers Alexander Iven vom Ende des 19. Jh.

Im Anschluß an die Vollendung des Chors wurden Gewölbe im **Mittelschiff** eingezogen. Hiervon sind nach den Zerstörungen im Zweiten Weltkrieg nur noch die reizvollen Konsolen zu sehen. Sicher ein Verlust, den die kassettierte Holzdecke in Form einer flachen Tonne im Geschmack der fünfziger Jahre nicht ersetzen kann. Aber dafür ist die *Obergadengliederung* des romanischen Baus wieder freigelegt. Zusätzlich wurde die Kirche mit einem **südlichen Seitenschiff** erweitert. Was heute unter einem durchgehenden Dachstuhl vereint ist, ist allerdings erst im Laufe von Jahrhunderten gewachsen. Erst Ende des 15. Jh. hat das südliche Marienschiff durch die Stiftungen der Bürgermeisterfamilie Hirtze seine endgültige Gestalt erhalten. Ein weites, offenes, **viertes Schiff** schloß sich auf der Südseite an. Hier hat man nach dem Kriege gesündigt und einen Raum für die **Sakristei**

St. Ursula, 1948

abgetrennt. Damit ist die Weite des Raumes verloren, die auch noch das **südliche Querhaus** mit einbezog.

Für diesen Raum stiftete um 1465 Johann vom Hirtze den berühmten *Altar mit Szenen des Marienlebens*, ein Triptychon, dessen Teile sich heute, bis auf eine Tafel in London, in der Alten Pinakothek in München befinden. Nach diesem Prunkstück der spätgotischen Kölner Malerschule hat der ›Meister des Marienlebens‹ seinen Namen erhalten – auch wenn heute angenommen wird, daß er diesen Großauftrag nicht allein mit seiner Werkstatt ausgeführt hat. Johann vom Hirtze, der in Köln studierte, mehrfach Bürgermeister war, Mitglied eines Ritterordens wurde und auf den Titel ›ritter‹ durchaus auch

St. Ursula,
Schiff und Chor

Wert legte, ist ein typisches Beispiel für Frömmigkeit, Repräsentationsbedürfnis und Stifterfreude dieser Zeit. Auch zu den Baukosten hat er wesentlich beigetragen. Sein Wappen erscheint neben seinem Porträt im Altar ebenso wie auf einem der Schlußsteine des Seitenschiffs. 1812 erwarben die Gebrüder Boisserée die Bilder aus dem Besitz der Kirche für 36 Louisdor. Auf dem Tauschwege gelangte die *Darstellung Christi im Tempel* nach London und die anderen schließlich 1827 durch den Ankauf durch König Ludwig I. von Bayern nach München. Das ist nur ein Beispiel unter vielen dafür, wie in Armut und Unkenntnis die Kölner Kirchen ihrer Schätze zu Beginn des 19. Jh. beraubt wurden.

Die Ausstattung

Wenden wir uns lieber wieder einem Stifter, Johann von Crane, zu, dessen Gaben der Kirche erhalten blieben. Er ist der kaiserliche Gesandte für die Friedensverhandlungen in Osnabrück, die schließlich zum Friedensschluß des Jahres 1648 zusammengefaßt wurden. Schon 1642, als kaiserlicher Gesandter in Köln, hatte der Herr Reichshofrat die Ausstattung des nördlichen Querhauses als **Nikolauskapelle** finanziert. Von der Ausstattung der Nikolauskapelle sind keine Spuren erhalten. Weder die Sterngewölbe noch die Veränderung der Apsis sind geblieben. Restaurierung des 19. Jh. und Zerstörungen des Zweiten Weltkriegs haben aufgeräumt.

St. Ursula, Goldene Kammer, Wanddetail

Erhalten blieb dagegen und sorgfältig restauriert ist die **Goldene Kammer**. Diese Fortsetzung des südlichen Marienschiffs nach Westen, in Anlehnung an den Westbau als tresorartig abgesicherte Kammer, ist eines der eindringlichsten Beispiele barocker Reliquienverehrung. Obwohl der Reichshofrat seit 1643 in Osnabrück eingesetzt war, blieb er der Verehrung der Heiligen Ursula treu. Das entspricht auch der Schilderung, die der Venezianer Contarini von unserem kaiserlichen Gesandten hinterlassen hat. Er bezeichnet ihn als in jeder Hinsicht mittelmäßig, hebt aber seine außergewöhnliche Frömmigkeit hervor. Venezianische Relationen, für die Lektüre des Rates in der Heimat bestimmt, sind selten höflich. Johann von Crane und seine Ehefrau Maria Verena haben sich aber hier ein Denkmal gesetzt, das man nicht mehr vergißt, wenn man es einmal gesehen hat. Die alte, schwere Eisentür, die vielleicht schon dem im 16. Jh. erwähnten Vorgänger der Goldenen Kammer diente, verbirgt heute einen moderneren Nachfolger. Dann tritt man nicht mehr vor eine Reliquie, man geht mitten in das Reliquiar hinein, steht inmitten der Heiligen. Dekorativ, faszinierend und erschreckend, teils in Schriftform, sind Knochen hoch oben kunstvoll und flächendeckend an den Wänden angeordnet. In barock rankendem Gehäuse schimmern Schädel hinter altem Glas, in kleinen Nischen darunter steht eine Sammlung von hölzernen *Reliquiaren* vom späten 13. bis ins 18. Jh. Der Altar geht in diesem Schimmer fast unter. Es ist ein Ende und

St. Ursula, Goldene Kammer

Höhepunkt von Reliquienverehrung, ein gebautes Reliquiar, in dem man hier steht.

Johann von Crane und seine Gemahlin sind auch später noch häufig in kaiserlichem Auftrag unterwegs. Wohl auf dem Wege zum Deputationstag in Regensburg, wo er 1663 auch der Eröffnung des ewigen Reichstags beiwohnt, stiftet er im Jahre 1659 eine neue Hülle für das *Grabdenkmal der heiligen Ursula*. Der Legende nach hatte während einer Messe in der Kirche eine weiße Taube dem heiligen

Kunibert den Ort des Ursulagrabes gewiesen. Dort hatte man ein Denkmal in *Sarkophagform* im 14. Jh. errichtet. Dieses wurde nun mit schwarzem Marmor umgeben – durch die Öffnungen bleibt das gotische Denkmal sichtbar –, und obenauf liegt in hellem Marmor die Heilige mit der Taube zu ihren Füßen.

Neben diesen für Köln ja seltenen Zeugen des Barocks besitzt St. Ursula noch eine Fülle von Kunstwerken vom Mittelalter bis in die Gegenwart. Einen erstaunlichen Schatz von Kostbarkeiten verwahrt die **Schatzkammer** im Nordwesten der Vorhalle im Westbau. Der Reichtum an Reliquienbüsten, den man schon in der Goldenen Kammer bestaunt, setzt sich in der Kirche fort. Der *Ursula-Schrein* vor dem Hauptaltar ist zwar bis auf wenige mittelalterliche Teile eine Arbeit Gabriel Hermelings aus dem späten 19. Jh., aber dafür ist der *Aetherius-Schrein*, um 1170, ihm gegenüber mit seinen gerundeten Dachformen ein bemerkenswerter Einzelgänger unter den Schreinen des Rhein-Maas-Gebietes, reich an hervorragenden Emails. Spätromanisch ist auch der *Sarkophag der heiligen Viventia*. Die Tochter Pipins und Schwester der heiligen Gertrud von Nivelles hatte man in St. Ursula zu begraben versucht. Das widersprach den Vorschriften der Clematius-Inschrift, und so fand man jeden Morgen den Sarkophag wieder über der Erde vor. Als Kompromiß steht er nun auf zierlichen Säulchen. Am nordwestlichen Vierungspfeiler findet sich eine reizvolle *Muttergottes* aus Kalkstein aus den Jahren um 1330. Um 1456 entstanden die *Tafeln mit der Darstellung der Legende der heiligen Ursula*. Es ist der umfangreichste Zyklus, den wir kennen. Mit *31 Bildern* auf den 19 Tafeln im nördlichen Querhaus wird die Legende in der Fassung erzählt, die sie im hohen Mittelalter empfangen hat: vom Gebet der Eltern um Nachkommenschaft über Geburt, Taufe, Weihe der Jungfrau, Werbung der Gesandtschaft für Aethe-

St. Ursula, Grabdenkmal der hl. Ursula

St. Ursula, Aetherius-Schrein und Ursula-Schrein

rius, Bau der Schiffe und Übungsfahrten, Abschied von den Eltern, Ankunft in Tiel, ersten Besuch in Köln mit einem interessanten Blick auf Deutz, Weiterfahrt nach Basel, Rom, Rückkehr nach Basel, nach Mainz mit der Taufe des Aetherius, die Fahrt nach Köln und schließlich reicht der Bogen bis zum Martyrium unter den Pfeilen der Hunnen mit dem Tod der heiligen Ursula und ihres Bräutigams Aetherius vor den Mauern Kölns. Das belagerte Köln wird daraufhin durch eine Engelerscheinung von den Hunnen befreit. Man spürt in manchem das Vorbild Stefan Lochners, aber es kann keine Rede davon sein, daß hier seine Höhe der Kunst erreicht würde. Der Legendenbericht steht im Vordergrund.

Wenig später, um 1470, entstand die *Skulptur der heiligen Ursula als Schutzmantelheilige* in der kleinen nördlichen Apsis. Sie könnte aus der Werkstatt Tilmans van der Burch stammen. In der südlichen Nebenapsis – beide sind erst nach dem Zweiten Weltkrieg über den romanischen Fundamenten erneuert worden – hat man einen *Kruzifixus* etwa derselben Zeit mit den jüngeren Skulpturen, um 1500, von Johannes und Maria verbunden. Beide standen vor dem Krieg hoch oben am Eingang zum Chor.

Gelungen ist auch die moderne Ausstattung mit den Arbeiten Karl Matthäus Winters, Standkreuz, Leuchter und Kommunionbank, dem Tabernakel von Hanns Rheindorf, das bereits 1935 entstand, und den bewegt gestalteten Bronzetüren Theo Heiermanns von 1960 an der Westfront.

Erläuterung der Fachbegriffe

Ambo In frühchristlichen und frühmittelalterlichen **Basiliken** erhöhter Aufbau mit Lesepult; später im **Lettner** eingebaut oder durch Kanzel ersetzt

Anna selbdritt Darstellung der hl. Anna mit ihrer Tochter Maria und dem Jesusknaben

Antependium Bekleidung des Unterbaus eines Altars aus kostbaren Stoffen oder gestalteten Holz- oder Metalltafeln

Apokalypse Offenbarung Johannis, letztes Buch des Neuen Testaments

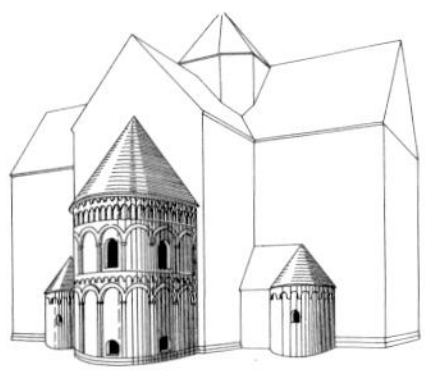

Apsis

Apsis/Apsiden Seit der römischen Antike halbkreisförmiger, mit Halbkuppel überwölbter Raum als Abschluß eines Hauptgebäudes. Von der christlichen Kirchenbaukunst übernommen; Aufstellungsort des Altars bzw. Abschluß des **Chors.**

Arkaden Auf Pfeilern oder Säulen ruhende Bogenreihe

Armreliquiar Behälter zur Aufbewahrung der Überreste eines Heiligen in Armform

Atrium Ungedeckter Vorhof (hier einer Kirche), mit Säulengängen umgeben

Aula regia Hauptbau einer Pfalz

Baldachin Dachartiger Aufbau über einer geweihten Stätte oder einem Kultgegenstand

Balustrade Aus einer Reihe untersetzter Stützglieder gebildetes durchbrochenes Geländer

Baptisterium Taufkapelle, meist **Zentralbau**

Basilika

Basilika In der Antike Bau für Handel und Gerichtsbarkeit. In die christliche Kirchenbaukunst übernommen. Das gegenüber niedrigeren Seitenschiffen überhöhte Mittelschiff, durch eine Fensterreihe im **Obergaden** beleuchtet, ruht auf **Pfeilern** oder **Säulen**, die meist durch **Bögen** miteinander verbunden sind.

Blendarkade, -triforium, -maßwerk Die genannten Bauteile stehen nicht vor einer Maueröffnung, sondern vor geschlossener Wand. Sie sind ihr nur vorgeblendet.

Bogen Überbrückung einer Maueröffnung. Je nach Form der meist aus dem Halbkreis entwickelten Bögen unterscheidet man z. B. **Rundbogen, Spitzbogen, Korbbogen u. v. a.**

Bogenfries s. **Fries**

Cella memoriae Im Frühchristentum kleiner Überbau über dem Grab eines Heiligen zur Erinnerung an den Toten

Chor Ein für den Chorgesang und das Gebet von Geistlichen und Mönchen bestimmter Raum, meist im Osten der Kirche. Vom Gemeinderaum durch eine **Chorschranke**, ein Chorgitter oder einen **Lettner** abgeschlossen.

Chorwinkelturm Zwischen den Querarmen des Kirchenschiffs und dem Chor eingestellter Turm

Christogramm = Christusmonogramm aus ineinandergestelltem X und P, den griechischen Anfangsbuchstaben des Namens Christi.

Ciborium Von Säulen gestützter Überbau über Altar oder Grab

Confessio Vorkammer eines Märtyrer- oder Heiligengrabes unter dem Hauptaltar. Sie ermöglichte dem Gläubigen die Annäherung bzw. die Berührung der Reliquien

Dachformen Werden von der Anordnung der geneigten Dachflächen bestimmt. Z. B. **Pultdach** (einfachste Dachform aus nur einer schräg ansteigenden Fläche), **Rautendach** (von den Giebelspitzen steigen Grate zu einer gemeinsamen Spitze auf), **Faltdach** (die rautenförmigen Flächen sind nach innen gebrochen, wodurch eine Kehle entsteht), **Pyramidendach** (gebildet aus vier oder acht gleichen Dreieckflächen), **Kegeldach** (gleichmäßig aufsteigendes Dach über rundem Grundriß) u. v. a.
Dachreiter Kleiner, schlanker Turm, der auf dem Dachfirst zu reiten scheint
Deësis Darstellung des thronenden Christus als Richter des Jüngsten Gerichts zwischen Maria und Johannes als Fürbittenden
Dekagon Zehneckiger (Zentral-) Bau
Dienste In der Gotik lange, dünne Säulchen oder Halbsäulchen, die die **Gurte** oder **Rippen** der **Kreuzgewölbe** oder die Profile der **Arkadenbögen** aufnehmen; einem Pfeiler angegliedert oder der Wand vorgelegt
Dienstebündel Mehrere zusammengefaßte Dienste
Doppelschaligkeit Durch Laufgänge wird die Wand in eine äußere und eine innere Schale zerlegt. Säulen, Pfeiler, breite Öffnungen machen dies sichtbar, geben der Wand plastische Gestalt
Dreipaß s. **Paß**
Drolerie Lustige, teils satirische Darstellung von Menschen, Tieren und Fabelwesen in Handschriften oder in geschnitzter Form an den Miserikordien des Chorgestühls

Eigenkirche In karolingischer Zeit und im Mittelalter eine von einem Grundherrn bzw. weltlichen Stifter auf seinem eigenen Boden errichtete Kirche; er ernannte auch die Geistlichen dafür
Empore Raum über den Seitenschiffen zum Mittelschiff geöffnet

Faltdach s. **Dachformen**
Firstkamm Kammartig gezähnte Verzierung entlang dem Dachfirst
Fischgrätmuster Art des Mauerverbandes, bei dem die Steine horizontal ährenartig angeordnet sind
Flügelaltar Vor allem in der Gotik viel verwandte Altarform, bestehend aus einem Mittelteil (Altarschrank) und beidseitig angebrachten beweglichen Flügeln, geschnitzt oder bemalt
Forum (lat.: = freier Platz) Marktplatz und Versammlungsort der altrömischen Stadt, an dem die öffentlichen Gebäude standen
Fresken Malereien, die auf dem frischen (ital.: al fresco) Kalkbewurf der Wand angebracht werden
Fries Streifenförmige Flächen zum Abschluß, zur Gliederung, zum Schmuck einer Wand. An Außenwänden meist plastisch **(Plattenfries, Rundbogenfries)**, innen auch gemalt

Gabelkruzifixus, auch **Pestkreuz** Darstellung Christi mit skelettartig magerem Körper und vom Tod gezeichneten Antlitz an einem Kreuz, dessen Seitenarme astartig nach oben führen
Galerie Langer, gedeckter, seitlich offener Gang, z. B. an einer Fassade
Gebundenes System Konstruktionsprinzip einer romanischen **Basilika**, dem als Maßeinheit das **Vierungs**quadrat zugrunde liegt. Einem Quadrat im Mittelschiff entsprechen je zwei Quadrate im ent-

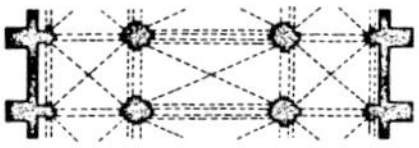

Joch

sprechenden Seitenschiffabschnitt.

Gesims Waagerechtes Bauelement, das eine Mauer in horizontale Abschnitte gliedert

Gestelzt ist z. B. ein Bogen dann, wenn seine Krümmung erst oberhalb eines senkrecht-geraden Anlaufs (Stelze) ansetzt. Der Bogen wird dadurch höher, ohne daß die Spannweite vergrößert werden muß.

Gewände Schräg geführte Mauerfläche **(Laibung)** seitlich eines Fensters oder eines Portals

Gewölbe Gemauerter, krummflächiger oberer Abschluß eines Raumes. Einfachste Form: **Tonnengewölbe** mit halbkreisförmigem Querschnitt. Durchdringt eine Längstonne eine gleichhohe Quertonne, entsteht ein **Kreuz** bzw. **Kreuzgratgewölbe**. (Grate sind scharfe Kanten, die beim Zusammentreffen zweier Flächen entstehen.) Werden die Grate durch **Rippen** verstärkt, entsteht ein Kreuzrippengewölbe. Bilden (meist nur untergeblendete) Rippen ein zusammenhängendes Netz auf dem Gewölbegrund, nennt man das ein **Netzgewölbe**. Ein **Sterngewölbe** wird aus symmetrisch angeordneten Dreistrahlgewölben oder Rauten gebildet. Das **Klostergewölbe** besteht aus gekrümmten Flächen (Wangen), die ähnlich einer Kuppel unmittelbar auf der Umfassungsmauer vieleckiger Bauten aufsitzen.

Gewölbezwickel Bauelemente, die vom quadratischen oder vieleckigen Grundriß des Unterbaues zum Fußkreis einer **Kuppel** oder eines **Klostergewölbes** überleiten. Dazu gehören auch Hängezwickel **(Pendentifs)** und **Trompen** (Trichternischen).

Gurt, Gurtbogen Quer zur Längsachse eines Gewölbes verlaufender Verstärkungsbogen

Joch Raumabschnitt, der einer Gewölbeeinheit entspricht. Er wird in der Längsrichtung des Kirchenschiffs gezählt.

Kämpfer Gestaltete Zone, in der die Krümmung eines Bogens oder eines Gewölbes beginnt

Kämpferblock Würfelähnlicher, oft sich trapezförmig nach oben erweiternder Aufsatz über einem **Kapitell**

Kapelle Kleine Kirche ohne Pfarrecht. Auch kleiner Sakralraum für bestimmte Zwecke (Taufe, Trauung, Beerdigung). Auch Ein- oder Anbau in Kirchen mit Altären

Kapitell Ausladendes Kopfstück einer Stütze (Säule, Pfeiler, Pilaster)

Kapitelsaal Im Kloster Raum, in dem den Mönchen Weisungen erteilt wurden; Versammlungsraum eines Domkapitels

Kegeldach s. **Dachformen**

Kleeblattchor s. **Trikonchos**

Klostergewölbe s. **Gewölbe**

Konche Halbrunde **Apsis**, auch die einer Muschel (lat.: concha) vergleichbare Halbkuppel

Konsole Vorspringendes Tragelement, Kragstein, auf dem z. B. Bogen, Gesims, Balken, Dienste oder Gewölbe ruhen

Korbbogen s. **Bogen**

Kreuzgang Mit der Kirche Kern eines Klosters oder eines Stifts; um einen Rechteckinnenhof angelegter Gang, in **Arkaden** geöffnet

Kreuzgratgewölbe s. **Gewölbe**

Krypta Raum, meist unter dem **Chor** der Kirche. Frühe Krypten waren mitunter stollenförmig angelegt **(Ringstollenkrypta).**

Krypta

Kuppa Schale eines Kelches
Kuppel Gewölbe- bzw. Dachform über rundem (seltener ovalem) oder quadratischem Grundriß. Ihre Mantelfläche ist in der Regel ein Kugelabschnitt. Zur Überhöhung des Raumes kann die Kuppel auf einen zylinderförmigen **Tambour** (meist mit Fenstern) gestellt werden. Licht kann auch durch eine über der Scheitelöffnung aufgesetzte **Laterne** in die Kuppel gelangen.

Labyrinth Aus der antiken Sagenwelt übernommene geometrische Figur. Nur ein Weg aus der Fülle miteinander verschlungener Bahnen führt ins Zentrum oder zum Ausgang.
Laibung s. **Gewände**
Lanzettfenster Langes, schmales, mit überhöhtem Spitzbogen abschließendes Fenster
Laterne s. **Kuppel**
Laufgang Von Säulen abgeschlossener Gang in den oberen Teilen eines Bauwerks; z. B. außen als **Galerie**, innen im **Triforium**
Lehrgerüst Hölzernes Hilfsgerüst beim Bau eines Bogens oder Gewölbes
Lettner s. **Ambo, Chor**
Lisene Schwach vortretende senkrechte Mauerverstärkung zur Gliederung von Fassaden, vor allem in der Romanik. Oben meist durch Bögen oder **Rundbogenfriese** verbunden

Mäander Rechtwinklig gebrochenes fortlaufendes Ornament, genannt nach dem kleinasiatischen Fluß Maiandros
Mosaik Geometrisches Muster oder Bilder aus kleinen, bunten, natürlichen oder künstlichen Steinen, die in ein Mörtelbett gesetzt werden. Als Wand-, Gewölbe- oder Fußbodenschmuck

Netzgewölbe s. **Gewölbe**
Nische Eintiefung in einer Mauer, halbrund, recht- oder vieleckig, oben geschlossen
Nodus Knauf eines Kelches

Obergaden, Lichtgaden Fensterzone in dem über die Seitenschiffdächer erhöhten Teil des Mittelschiffs einer **Basilika**
Okulus Kleines Rundfenster
Opus alexandrinum Aus der Antike übernommene Technik des Fußbodenmosaiks mit unterschiedlich großen Platten und Plättchen

Paß Aus Dreiviertelkreisen zusammengesetzte gotische Maßwerkfigur. Je nach Anzahl der Kreisteile wird unterschieden in **Dreipaß**, Vierpaß usw.
Patene Hostienteller
Pendentif s. **Gewölbe**
Pestkreuz s. **Gabelkruzifixus**
Pfeilerbasilika s. **Basilika**
Pfeil = Stich, Höhe des Scheitels eines Bogens oder Gewölbes vom Kämpfer an gemessen
Pilaster Wandpfeiler mit **Basis** und **Kapitell**
Plattenfries s. **Fries**
Polygonal vieleckig
Prätorium Haus des Kommandanten (praetor) eines befestigten römischen Lagers (castrum)
Pultdach s. **Dachformen**
Pyramidendach s. **Dachformen**

Querhaus Quer zum Langhaus einer Kirche verlaufender Bauteil. Die Durchdringung von Langhaus und Querhaus ergibt die **Vierung**.

Rautendach s. **Dachformen**

Dreipaß

Reliquiar Behältnis zur Aufbewahrung der Überreste vom Leichnam eines Heiligen in vielen Formen (Reliquienschrein, Kopf-, Arm-, Kuppelreliquiar)

Retabel Altaraufsatz aus Stein, Metall oder Holz

Ringanker Ringförmig einen Gebäudeteil umschließende konstruktive Vorrichtung zur Aufnahme von Zugspannungen, die durch Schubwirkung (z. B. eines Gewölbes) entstehen

Ringstollenkrypta s. **Krypta**

Rippen Vorstehende, verstärkende, gurtähnliche Bögen eines Gewölbes

Rundbogenfries s. **Bogen, Fries**

Säulenbasilika s. **Basilika**

Sakristei Nebenraum eines Chors, dient zum Ankleiden des Priesters und zur Aufbewahrung von Kultgeräten

Schaftring, Wirtel Ringförmige Verstärkung eines Säulenschaftes

Schallarkade Maueröffnung an Glockentürmen in Höhe des Glockenstuhes

Schalltopf Eingemauertes Keramikgefäß zur Verbesserung der Akustik

Schiff Bei Kirchen Innenraum von Langbauten; man unterscheidet Mittelschiff und Seitenschiffe.

Schildbogen Bogen an der Wand- bzw. Fensterseite eines Gewölbes

Schlußstein Scheitelstein eines Bogens; auch Schnittpunkt sich treffender oder kreuzender Gewölberippen

Schrein Behälter; kunstvoll verziert als Reliquienschrein

Schwarzlot Schmelzfarbe (opaktes schwarzes Email) in der Glasmalerei für Detailzeichnungen genutzt

Schlußstein

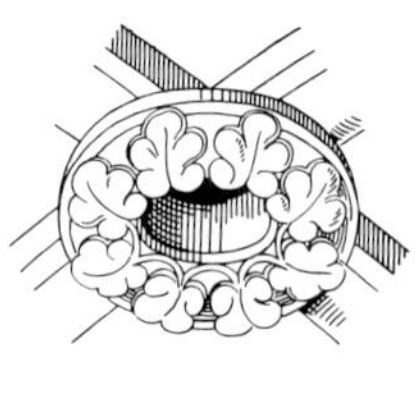

Sepulcrum Grabstätte, Grabmal, im Altar als kleines Gefäß für Reliquien

Sohlbank Fensterbank, unterer Abschluß eines Fensters

Spitzbogen s. **Bogen**

Spolien Wiederverwendete Bauteile eines älteren verfallenen oder abgerissenen Gebäudes

Sprengbogen (meist hölzerne) Konstruktion zur Aufnahme großer Lasten bzw. zur Überbrückung großer Spannweiten

Sterngewölbe s. **Gewölbe**

Strebebogen Schräg ansteigender Bogen, der den Gewölbeschub des Hochschiffs einer gotischen Basilika auf einen **Strebepfeiler** ableitet

Stütze Stützendes Bauglied, das je nach seinem Querschnitt als Säule oder Pfeiler bezeichnet wird

Substruktion Unterbau eines Bauwerks auf unebenem oder wenig tragfähigem Baugrund

Tabernakel Gehäuse zur Aufbewahrung der Hostien; auch von Stützen getragener Überbau eines Altars oder Grabes **(Ciborium)**

Tambour s. **Kuppel**

Tonnengewölbe s. **Gewölbe**

Traufgesims **Gesims** unter der Dachtraufe (waagerechte untere Begrenzung eines Daches)

Treppenspindel Durchlaufende senkrechte Stütze (Spindel), um die bei einer Wendeltreppe die Stufen spiralförmig ansteigen

Triforium **Laufgang** in einer Basilika zwischen **Arkaden** und Fensterzone oder zwischen **Empore** und Fensterzone

Trikonchos Dreikonchenbau, meist als **Chor** an einer **Basilika** (aber auch an **Zentralbauten**), bestehend aus drei halbrunden, **kleeblattförmig** angeordneten

Konchen **(Apsiden)**
Triptychon Dreiteiliges Bild, z. B. **Flügelaltar**
Triumphbogen Hier Bogen zwischen Mittelschiff eines Langhauses bzw. **Vierung** und Chor
Trompen s. **Gewölbezwickel**
Tumba Rechteckiges Grabmal mit Grabplatte
Tympanon Hier Bogenfeld über einem Kirchenportal, oft mit Relief geschmückt
Typar Siegelstempel

Vierung s. **Querhaus**

Weicher Stil Stilstufe der deutschen Plastik, ca. um 1400–1430
Westwerk Im Westen an eine Bischofs- oder Klosterkirche angebauter Raumteil mit Kaiserempore. Von außen wie monumentaler Turm wirkend
Wirtel s. **Schaftring**
Wurzel Jesse Darstellung des Stammbaumes Christi, nach Jesaias 11,1

Zentralbau Baukörper mit (annähernd) gleich langen Hauptachsen. Grundform ist ein Kreis, Quadrat, regelmäßiges Vieleck (z. B. **Dekagon**)
Zwerggalerie Zierform des romanischen Stils (verbreitet im Rheinland); meist an **Apsiden** in Höhe des Dachansatzes angebrachter **Laufgang**, mit kleinen Säulen gegliedert
Zwickel Dreiseitig begrenzte Fläche, z. B. zwischen Bogen und Rahmung oder bei **Gewölben**. S. auch **Gewölbezwickel, Pendentif**

Tympanon

Literaturverzeichnis

Die wesentliche Literatur zu den romanischen Kirchen Kölns ist im Laufe der vergangenen Jahre immer wieder zusammengestellt worden: die Kunstdenkmäler der Rheinprovinz, die Paul Clemen initiierte, die vier Bände von H. E. Kubach und A. Verbeek zur romanischen Baukunst an Rhein und Maas und schließlich die von H. Kier und U. Krings herausgegebenen Bände, die aus Anlaß des Jahres der romanischen Kirchen in Köln erschienen sind. Zu diesen Bänden wird man ohnehin immer wieder greifen müssen. Die nachfolgende Auswahl kann nur ein erster Blick in das weite Forschungsgebiet der romanischen Kirchen Kölns sein, auf dem immer noch Neues zu finden ist. Seit 1986 erschienen die Bände des Jahrbuchs des Fördervereins der Romanischen Kirchen Köln e. V., ›Colonia Romanica‹, die neben wichtigen eigenen Beiträgen auch Literatur zu den Romanischen Kirchen verzeichnen.

Die Kunstdenkmäler der Rheinprovinz, hg. von Paul Clemen. Bd. VI und Bd. VII in je vier Abteilungen. Düsseldorf 1906–38

Kubach, Hans Erich, und Albert Verbeek: *Romanische Baukunst an Rhein und Maas.* Bd. 1–3, Berlin 1976, Bd. 4, Berlin 1988

Kier, Hiltrud, und Ulrich Krings (Hg.): *Köln. Die romanischen Kirchen.* Bd. 1, Köln 1984, Bd. 3, Köln 1984. Bd. 4. Die romanischen Kirchen in der Diskussion 1946/47 und 1985. Köln 1986

Bandmann, Günter: *Mittelalterliche Architektur als Bedeutungsträger.* Berlin 1951

Bandmann, Günter: ›Die vorgotische Kirche als Himmelsstadt‹, in: *Frühmittelalterliche Studien,* Bd. 6. Berlin 1972, S. 67–93

Bentchev, Ivan: ›Zu den Befunden romanischer Außenfassaden in Köln‹, in: *Deutsche Kunst und Denkmalpflege* 44 (1986) S. 60–71

Binding, Günther, u. a.: ›Das spätrömische Atrium und mittelalterliche Stift von St. Gereon in Köln‹, in: *Kölner Jahrbuch für Vor- und Frühgeschichte* 13 (1972/73) 140-171

Binding, Günther: *St. Pantaleon zu Köln.* Jahrbuch des Kölnischen Geschichtsvereins 48 (1977), S. 265–278

Binding, Günther, u. Barbara Kahle: *2000 Jahre Baukunst in Köln.* Köln 1983

Binding, Günther: ›Baumeister und Handwerker im Baubetrieb‹, in: *Katalog Ornamenta Ecclesiae,* Bd. 1, Köln 1985, S. 171–186

Binding, Günther: *Städtebau und Heilsordnung.* Düsseldorf 1986

Binding, Günther: Baubetrieb im Mittelalter. Darmstadt 1993

Bony, Jean: *French Gothic Architecture of the 12th and 13th Centuries.* Berkeley 1983

Borger, Hugo: *Die Abbilder des Himmels in Köln.* Bd. 1. Köln 1979

Borger, Hugo, und Frank Günter Zehnder: *Köln. Die Stadt als*

Kunstwerk. Stadtansichten vom 15. bis 20. Jh. Köln 1982

Brinken, Anna Dorothee von den: *Die Totenbücher der stadtkölnischen Stifte, Klöster und Pfarreien.* Jahrbuch des Kölnischen Geschichtsvereins 42 (1968), S. 137–175

Büttner, Richard: *Die Säkularisation der Kölner Geistlichen Institutionen.* Köln 1971

Clemen, Paul: *Die romanische Monumentalmalerei in den Rheinlanden.* Düsseldorf 1916

Deckers, Johannes: *St. Gereon in Köln. Ausgrabungen 1978/79.* Jahrbuch für Antike und Christentum 25 (1982), S. 102–131

Esser, Karl-Heinz: ›Zur Baugeschichte der Kirche Groß St. Martin in Köln‹, in: Wilhelm Neuss (Hg.), *Rheinische Kirchen im Wiederaufbau.* Mönchengladbach 1951, S. 77–80

Ewig, Eugen: *Das Bistum Köln im Frühmittelalter.* Annalen des Historischen Vereins für den Niederrhein 155/56 (1954), S. 205–243

Ewig, Eugen: *Frühes Mittelalter. Rheinische Geschichte.* Bd. 1, 2. Düsseldorf 1980

Freise, Eckhard: ›Roger von Helmarshausen in seiner monastischen Umwelt‹, in: *Frühmittelalterliche Studien* 15 (1981), S. 180–287

Führer zu vor- und frühgeschichtlichen Denkmälern. Bd. 37–39. Mainz 1980

Fußbroich, Helmut: *Die Ausgrabungen in St. Pantaleon zu Köln.* Mainz 1983

Fußbroich, Helmut: ›St. Pantaleon‹, in: H. Kier u. U. Krings, Bd. 1, S. 447–473

Fußbroich, Helmut: *St. Ursula in Köln.* Neuss 1991

Gelenius, Aegidius: *De admiranda, sacra, et civili magnitudine Coloniae ...* Köln 1645

Goettert, Klaus: *Zur Stadtbaukunst in Köln.* Düsseldorf 1960

Graf, Mechthild: *Der Ostchorbau der Stiftskirche St. Kunibert zu Köln.* Diss. Köln, Düsseldorf 1984

Greven, Joseph: ›Die Kölnfahrt Bernhards von Clairvaux‹, in: *Annalen des Historischen Vereins für den Niederrhein* 120 (1932), S. 1–48

Groten, Manfred: *Köln im 13. Jh. Gesellschaftlicher Wandel und Verfassungsentwicklung.* Köln, Weimar, Wien 1995

Hlawitschka, Eduard: ›Zu den klösterlichen Anfängen von St. Maria im Kapitol‹, in: *Rheinische Vierteljahresblätter* 31 (1966/67), S. 1–16

Hellenkemper, Hansgerd: ›Köln – Ausgrabungen im Albansviertel‹, in: *Katalog: Das neue Bild der alten Welt.* Köln 1975, S. 266–268

Hirner, Roswitha: *Der Makkabäerschrein in St. Andreas zu Köln.* Diss. Bonn 1970

Herzog, Erich: *Die ottonische Stadt.* Berlin 1964

Hoffmann, Godehard: *Rheinische Romanik im 19. Jh.* Köln 1995

Johag, Helga: *Die Beziehungen zwischen Klerus und Bürgerschaft in Köln zwischen 1250 und 1350.* Bonn 1977

Kahle, Barbara u. Ulrich: ›St. Andreas‹, in: H. Kier u. U. Krings, Bd. 1, S. 154–182

Katalog: *Die Sammlungen des Baron von Hüpsch. Ein Köl-*

ner Kunstkabinett um 1800. Köln 1964
Katalog: *Monumenta Annonis. Köln und Siegburg. Weltbild und Kunst im Hohen Mittelalter.* Köln 1975
Katalog: *Lust und Verlust. Kölner Sammler zwischen Trikolore und Preußenadler,* hrsg. von Hiltrud Kier und Frank Günther Zehnder. Köln 1995
Kern, Hermann: *Labyrinthe. Erscheinungsformen und Deutungen.* München 1982
Kier, Hiltrud: *Der mittelalterliche Schmuckfußboden unter besonderer Berücksichtigung des Rheinlandes.* Düsseldorf 1970
Kier, Hiltrud: ›Das Labyrinth von St. Severin‹, in: *Beiträge zur rheinischen Kunstgeschichte und Denkmalpflege.* Düsseldorf 1970, S. 123–128
Kier, Hiltrud: *Die großen romanischen Kirchen.* Köln 1983
Kirchen in Trümmern. Zwölf Vorträge zum Thema ›Was wird aus den Kölner Kirchen?‹. Köln 1948
Kitschenberg, Matthias: *Die Kleeblattanlage v. St. Maria im Kapitol.* Diss. Köln 1990
Krings, Ulrich: ›Köln, St. Maria im Kapitol‹, in: *Deutsche Kunst und Denkmalpflege,* 1980, S. 25–40
Krings, Ulrich: *Der Wiederaufbau der Kirche St. Maria im Kapitol zu Köln.* Rheinische Heimatpflege 20 (1983), S. 97–107
Krings, Ulrich: ›St. Cäcilien‹, in: H. Kier und U. Krings, Bd. 1, S. 235-255
Krings, Ulrich: ›St. Maria im Kapitol‹, in: H. Kier u. U. Krings, Bd. 1, S. 345–380
Krombholz, Ralf: *Köln: St. Maria Lyskirchen.* Köln 1992
Kubach, Hans-Erich: *Rheinische Baukunst der Stauferzeit. Das Triforium und seine Parallelen in Frankreich.* Köln 1934
Kubach, Hans-Erich: ›Zur Entstehung der Zwerggalerie‹, in: *Kunst und Kultur am Mittelrhein.* F. f. F. Arens. Worms 1982, S. 21–26
Kubach, Hans-Erich: ›Zum Problem der Westchorhallen an Rhein und Maas‹, in: *Forma et Subtilitas.* F. f. W. Schöne. Berlin 1986, S. 26–32
Künstler, Karen: ›St. Ursula‹, in: H. Kier u. U. Krings, Bd. 1, S. 518–545
Lauer, Rolf: ›Groß St. Martin‹, in: H. Kier u. U. Krings, Bd. 1, S. 410–446
Levison, Wilhelm: *Aus rheinischer und fränkischer Frühzeit.* Düsseldorf 1948
Lewald, Ursula: *Die Ezzonen. Das Schicksal eines rheinischen Fürstengeschlechtes.* Rheinische Vierteljahresblätter 43 (1979), S. 120–168
Machat, Christoph: ›St. Kunibert‹, in: H. Kier u. U. Krings, Bd. 1, S. 306–330
Machat, Christoph: *Der Wiederaufbau der Kölner Kirchen.* Köln 1987
Masser, Achim: *Die Bezeichnungen für das christliche Gotteshaus in der deutschen Sprache des Mittelalters.* Berlin 1966
Mainzer, Udo: *Stadttore im Rheinland.* Köln 1973
Mann, Albrecht: *Kölns ottonische Kirchen.* Jahrbuch des Kölnischen Geschichtsvereins 29/30 (1957), S. 99–130

Messerer, Wilhelm: ›Kölner romanische Kunst inter genera‹, in: *Baukunst des Mittelalters in Europa*. F. f. H.-E. Kubach. Stuttgart 1988, S. 81–96

Meyer-Barkhauses, W.: *Das große Jahrhundert kölnischer Kirchenbaukunst 1150-1250*. Köln 1952

Michel, Nicolaus: *Das alte freiherrliche Stift St. Caecilien in Köln*. Saarlouis 1914

Mühlberg, Fred: *Köln: St. Pantaleon und sein Ort in der karolingischen und ottonischen Baukunst*. Köln 1989

Müller, Heribert: *Studien zu Erzbischof Everger von Köln (985–999)*. Jahrbuch des Kölnischen Geschichtsvereins 49 (1978), S. 1–18

Müller, Heribert: *Heribert, Kanzler Ottos III. und Erzbischof von Köln*. Köln 1977

Neu, Stefan: ›St. Maria im Kapitol. Die Ausgrabungen‹, in: H. Kier u. U. Krings, Bd. 1, S. 331–344

Oediger, Friedrich Wilhelm: *Geschichte des Erzbistums Köln*. Köln ^{2}1972

Osten, Gert von der: *Hans Baldung Grien. Gemälde und Dokumente*. Berlin 1983

Paas, Th.: *Die Pfarre St. Maria Lyskirchen in Köln*. Köln 1932

Päffgen, Bernd: *Die Ausgrabungen in St. Severin*, 3 Bde. Mainz 1992

Peters, Wolfgang: *Die Gründung des Benediktinerinnenklosters St. Mauritius*. Jahrbuch des Kölnischen Geschichtsvereins 54 (1983), S. 135–166

Rahtgens, Hugo: *Die Kirche St. Maria im Kapitol zu Köln*. Düsseldorf 1913

Rode, Herbert: *Kunstführer Köln. Führer zum alten und neuen Köln*. Köln 1966

Rosenwick, Bruno: *Die Säkularisation von Benediktinerklöstern in der alten Erzdiözese Köln*. Diss. Bonn 1980

Royer, Katharina: *Verfassungsgeschichte des Stiftes St. Aposteln in Köln*. Diss. Bonn 1921

Schäfke, Werner (Hrsg.): *Johann Peter Weyer – Kölner Alterthümer*, 2 Bde., Köln 1993/1994

Scheuffelen, Gertrud Maria: *Die Glasfenster der Kirche St. Kunibert in Köln*. Diss. München 1951

Schmidt-Bleibtreu, Wilhelm: *Das Stift St. Severin in Köln*. Siegburg 1982

Schorn, Wilhelm, und Albert Verbeek: *Die Kirche St. Georg in Köln*. Berlin 1940

Spiegel, Elisabeth Maria: ›St. Cäcilien. Die Ausgrabungen. Ein Beitrag zur Baugeschichte‹, in: H. Kier u. U. Krings, Bd. 1, S. 209–234

Steuer, Heiko: *Die Franken in Köln*. Köln 1980

Stracke, Gottfried: ›St. Aposteln. Von den Anfängen bis zum spätstaufischen Ausbau um 1200‹, in: H. Kier u. U. Krings, Bd. 1, S. 183–193

Stracke, Gottfried: *Köln: St. Aposteln*. Köln 1992

Strait, Paul: *Cologne in the 12th Century*. Gainesville 1974

Strange, Joseph (Hg.): *Caesarius von Heisterbach: Dialogus miraculorum*. Köln 1851

Tholen, Peter Anton: *Neue baugeschichtliche Ergebnisse in den frühen Kirchen Kölns*. Wallraf-Richartz-Jahrbuch 12/13 (1943), S. 7–30

Untermann, Matthias: *Die ottonischen Skulpturenfragmente von St. Pantaleon.* Jahrbuch des Kölnischen Geschichtsvereins 48 (1977), S. 279–290

Verbeek, Albert: ›Romanische Chorformen in Köln‹, in: *Baukunst des Mittelalters in Europa.* F. f. H.-E. Kubach. Stuttgart 1988, S. 199–212

Vogts, Hans: *Köln im Spiegel seiner Kunst.* Köln 1950

Vogts, Hans: *Die Kölner Patriziergeschlechter des Mittelalters als Bauherren und Förderer der Kunst.* Annalen des Historischen Vereins für den Niederrhein. 155/156 (1954), S. 501–525

Wegener, Gertrud: *Geschichte des Stiftes St. Ursula.* Köln 1971

Wegner, Eckhard: ›Die ehemalige Benediktinerabteikirche Groß St. Martin in Köln‹ in: *Kölner Jahrbuch für Vor- und Frühgeschichte,* 25 (1992), S. 143–349

Wesenberg, Rudolf: *Frühe mittelalterliche Bildwerke. Die Schulen rheinischer Skulptur und ihre Ausstrahlung.* Düsseldorf 1972

Wesenberg, Rudolf: ›Das Herimannkreuz‹, in: *Katalog Rhein und Maas.* Bd. 2. Köln 1973, S. 167–176

Westfehling, Uwe: ›St. Maria Lyskirchen‹, in: H. Kier u. U. Krings, Bd. 1, S. 392–409

Wiedenau, Anita: *Romanischer Wohnbau im Rheinland.* Köln 1979

Wiedenau, Anita: *Form, Funktion und Bedeutung romanischer Wohnhäuser in Köln und im Rheinland.* Wallraf-Richartz-Jahrbuch 41 (1980), S. 7–26

Wolff, Gerta: *Das Römisch-Germanische Köln.* Köln ^{3}1989

Wolff, Gerta: ›St. Severin‹, in: H. Kier und U. Krings, Bd. 1, S. 474–517

Woodman, Francis: *The Architectural History of Canterbury Cathedral.* London 1981

Zimmermann, Walther: ›Neue Beobachtungen zur Baugeschichte von Groß St. Martin‹. in: W. Zimmermann (Hrsg.): *Untersuchungen zur frühen Kölner Stadt-, Kunst- und Kirchengeschichte.* Essen 1950, S. 107–140

Abbildungsnachweis

Alle nicht eigens aufgeführten Abbildungen sind Aufnahmen von Florian Monheim und Roman von Götz.

Paul Clemen, Die romanische Monumentalmalerei in den Rheinlanden Abb. S. 31, 168, 169, 170
Paul Clemen, Kunstdenkmäler der Rheinpovinz Abb. S. 180
Wolfgang F. Meier, Köln Abb. S.78, 123, 125, 126, 132 u., 204
Rheinisches Bildarchiv, Köln Abb. S. 8, 10, 12, 13, 14/15, 17, 20, 23, 24, 25, 26, 28, 29, 35, 36/37, 40, 41, 45, 53, 54o., 56/57, 59, 61, 65, 74, 76, 80, 82, 84, 94, 99, 103, 107, 108, 115, 117, 118, 129, 130 u., 137, 143, 145, 153, 154, 159o., 160, 162, 163, 175, 179, 181, 190, 197, 199, 201, 212, 214, 216 o., 231, 234, 237
Otmar Schwab, Köln Abb. S. 148
Peter Anton Tholen, Neue baugeschichtliche Ergebnisse in den frühen Kirchen Kölns Abb. S. 196
Hans Vogts, Die Kölner Patriziergeschlechter des Mittelalters als Bauherren und Förderer der Kunst Abb. S. 177
Francis Woodman, The Architectural History of Canterbury Cathedral Abb. S. 149 u.

Quellenhinweis
>Heinrich Böll und Köln<, hrsg. von Viktor Böll, (c) 1994 by Verlag Kiepenheuer & Witsch, Köln Zitat S. 213

Alle in diesem Buch enthaltenen Angaben wurden vom Autor nach bestem Wissen erstellt und von ihm und dem Verlag mit größtmöglicher Sorgfalt überprüft. Gleichwohl sind – wie wir im Sinne des Produkthaftungsrechts betonen müssen – inhaltliche Fehler nicht vollständig auszuschließen. Daher erfolgen die Angaben ohne jegliche Verpflichtung oder Garantie des Verlags oder des Autors. Beide übernehmen **keinerlei Verantwortung und Haftung** für etwaige inhaltliche Unstimmigkeiten. Wir bitten dafür um Verständnis und werden Korrekturhinweise gern aufgreifen (DuMont Buchverlag, Postfach 10 10 45, 50450 Köln).

Praktische Reiseinformationen

Anreise und Übernachten

Alle Wege führen nach Köln: Eisenbahn, Autobahn, Flugverkehr, Straßen aller Art, Radwege und Fußwege. Und für reiche Gelegenheit an Schiffsverkehr sorgt der Rhein. In Köln selbst bieten zahlreiche Parkhäuser, gut über die Stadt verteilt, Möglichkeiten, das Auto abzustellen. Versuche, es für Besichtigungen zu verwenden, entwickeln sich durch die Parkplatzsuche sonst leicht zu einer Stadtrundfahrt.

Das *Parkleitsystem* zeigt dem Autofahrer innerhalb des Bereichs Dom, Neumarkt und Ringe, wo und wieviel Plätze in Parkhäusern und Tiefgaragen frei sind.

Für größere Strecken in der Stadt bieten die Kölner Verkehrsbetriebe ein dichtes Netz von Straßenbahnen, ober- und unterirdisch, und Buslinien. Die Kartenverkaufsstelle am Hauptbahnhof und das Fahrgast-Center der KVB, Neumarkt 25, geben über Verbindungen und Fahrkartenregelungen Auskunft (Übersichtsplan für Straßenbahn/U-Bahn).
✆ 0221/5 47 46 46, mo–fr 7–19 Uhr, sa 8.30–14 Uhr, außerhalb der Geschäftszeiten ✆ 54 73 33

Das **Übernachten** wird in Köln in einem breiten Spektrum von Möglichkeiten angeboten. Das reicht von den *Jugendherbergen* über *einfache Hotels und Privatzimmer* bis zu den großen *Luxushotels.* Trotzdem sollte man sich rechtzeitig um seine Unterkunft kümmern. Durch die Fülle von Messen wird oft langfristig fast die ganze Hotelkapazität ausgelastet. Hier ist die Zimmervermittlung des Verkehrsamtes der beste Ansprechpartner.

Auskünfte

Das *Verkehrsamt der Stadt Köln*, Unter Fettenhennen 19, 50667 Köln, ✆ 02 21/2 21-33 45, gegenüber der Westfassade des Doms hilft bei der Zimmervermittlung und mit Auskünften aller Art, veranstaltet Stadtrundfahrten und gibt manche informative Broschüre heraus, u. a. über Parkhäuser, zu Fuß durch Köln, Einkaufen, Karneval sowie den Veranstaltungskalender ›Köln-Monatsvorschau‹.

Zusätzlich kann jeder, der eine Computerausrüstung mit Modem und Telefonleitung für das Internet hat, unter der *Internet-Adresse http://www.bkm.net/cologne* Informationen zur Stadt abrufen, die vom Verkehrsamt eingegeben werden.

Umfassende Informationen und reiches Adressenmaterial enthält auch die Broschüre ›Zu Hause in Köln‹ (hrsg. vom *Presse- und Informationsamt der Stadt Köln,* Laurenzplatz 4, 50667 Köln, ✆ 02 21/2 21-64 84).

Vorschläge für Kurzaufenthalte

Kölns romanische Kirchen, ein rundes Dutzend, sind eine Reise wert. Leicht läßt sich eine Woche damit verbringen. Für den, der weniger Zeit hat, sind die Highlights wichtig.

St. Pantaleon bietet den Beginn romanischen Bauens in ottonischer Zeit. **St. Georg** erzählt von der Säulenbasilika des 11. Jh. **St. Maria im Kapitol** entfaltet seine architektonische Pracht nach den Vorbildern Aachens und Bethlehems, bewahrt die einzigartigen Holztüren des gleichen Jahrhunderts. **St. Gereon** umfaßt mit frühgotisch beeinflußter Architektur die Mauern des spätantiken Baus wie eine Reliquie, verehrungswürdig bis heute. **St. Maria Lyskirchen** und **St. Kunibert** legen mit den Fresken der Gewölbe und den Glasfenstern des Chors noch Zeugnis ab vom einstigen Reichtum sonst verlorener Ausstattung. **St. Aposteln** bietet – außen – die geradezu klassische Formulierung des Trikonchos, des Kleeblattchors. **St. Ursula** besitzt mit der Goldenen Kammer den barocken Höhepunkt der Reliquienverehrung in der Sancta Colonia. Dieses Programm läßt sich in ein, zwei Tagen bewältigen – so überwältigend es auch ist.

Kirchenschätze in Museen

Hat man mehr Zeit, bieten Museumsbesuche wichtige Ergänzungen zur Kenntnis der romanischen Kirchen. Das **Wallraf-Richartz-Museum** bewahrt in seiner mittelalterlichen Abteilung manchen Altar aus unseren Kirchen, der durch die Säkularisation in die Sammlung des Kanonikus Wallraf gelangte. Das **Schnütgen-Museum** in *St. Cäcilien* zeigt manches Objekt aus ihrem liturgischen Schatz, ebenso das **Diözesanmuseum.** Aber auch die **Domschatzkammer** oder das **Kölnische Stadtmuseum** bereichern unsere Kenntnisse zu den Kirchen des romanischen Köln.

Ausflüge

Ausflüge in die nähere und weitere Umgebung vertiefen das Verständnis rheinischer Romanik. *Aachen* bietet das karolingische Vorspiel und einen gotischen Chor mit interessanten Vergleichsmöglichkeiten zu St. Ursula und St. Andreas. Erzbischof Anno weihte 1061 die *Kirche* des *Klosters Brauweiler,* gestiftet von der Ezzonentochter Richeza, Königin von Polen, Schwester Idas, der Bauherrin von St. Maria im Kapitol. 1130 stiftete Domdekan Hugo von Sponheim das *Prämonstratenserkloster Knechtsteden,* dessen *Kirche* im Westen begonnen und noch vor dem Ende des Jahrhunderts im Osten vollendet wird. In Köln selbst dokumentiert *St. Stephanus,* das ›Krieler Dömchen‹, die Landkirche romanischer Zeit wie auch *St. Amandus* in *Rheinkassel.*

Weiter ausgreifende Ausflüge sollten nach *Gerresheim,* Vorort von Düsseldorf, zu *St. Quirinus* in *Neuss,* nach *Siegburg* zur *Klostergründung Annos,* zum *Münster* in *Bonn,* zur Doppelkapelle *St. Klemens* in *Schwarzrheindorf,* zur frühen Gotik der Ruine der *Klosterkirche* von *Heisterbach,* zum *Münster* nach *Essen* und den Bauten in *Essen-Werden,* zum *Xantener Dom,* nach *Mönchengladbach* und zur *Liebfrauenkirche* in *Maastricht* führen.

Essen und Trinken

Manche finden ihn hinreißend, andere finden ihn umwerfend, und zwischen beiden Parteien des öffentlich und privat heftig ausgetragenen Streits ist es noch immer nicht zu einer friedlichen Einigung gekommen. Wir reden vom Duft der ›*Rievkooche*‹, der Reibekuchen, der Puffer, Kartoffelpuffer ..., von jener köstlichen Zwischenmahlzeit, die den täglichen Kalorienbedarf problemlos abdeckt, dem Duft, den der Edelpavillon vor dem Haupteingang des Hauptbahnhofs bzw. vor dem Nordportal des Domes den Besuchern und Bewohnern Kölns um die mehr oder weniger entzückte Nase streichen läßt.

Als Einstieg in die Deftigkeit und kulinarische Qualität der Kölner Küche sind die ›Rievkooche‹ vorzüglich geeignet. Auch die Lokale, in denen man sie finden kann, sind in gleicher Weise umstritten. Für die Anhänger einer Kochkunst, die die schlanke Linie ihrer Kunden durch möglichst kleine Portionen und hohe Preise unterstützt, gibt es kaum etwas Erschreckenderes. Für die Fans herzhafter Gemütlichkeit und schmackhafter Hausmannskost gibt es kaum etwas, das sie mehr begeistert. Deftigkeit – für die Gestalt des Kölner Bauern im Dreigestirn des Kölner Karnevals sogar zum Ehrentitel erhoben – ist für diese Seite der kulinarischen Qualitäten Kölns das richtige Wort. Wie bei manchen Bauten Kölns im 16. und 17. Jh. mit deutlichen Anklängen an niederländische Architektur ist hier auch in der Küche zu spüren, daß man Köln als die südlichste Stadt der Niederlande (unter Einschluß Belgiens) bezeichnen könnte. Dabei kommt ebenso Traditions- wie Kalorienreiches auf den blankgescheuerten Buchenholztisch. Eisbein mit Sauerkraut oder der rheinische Sauerbraten bewahrten Techniken der Haltbarmachung von Fleisch, Pökeln und Einlegen, die erst Kühlhaus und Kühlschrank aus dem alltäglichen Gebrauch des Haushalts verdrängt haben. Und das gilt auch für das Sauerkraut selbst, das seinen eigenständigen Geschmack der natürlichen bakteriellen Milchsäureproduktion verdankt, die den Weißkohl im kühlen Keller haltbar werden ließ – längst bevor man an Einkochen und andere Methoden dachte.

Man kann den *Sauerbraten* wie folgt auch zu Hause vor- und

zubereiten: Das Kilo Fleisch vom Rind (seltener, aber traditionsreich und gut vom Pferd) wird mit einer Marinade übergossen. Diese wird zuvor aus einem halben Liter Wasser und einem viertel Liter rotem Weinessig, aufgekocht mit etwas Salz, Zwiebelringen, ein paar Nelken, Wacholderbeeren, Pfefferkörnern, ein, zwei Lorbeerblättern, wenig Koriander und Majoran zubereitet und abgekühlt. Mehrfach gewendet, wird das Fleisch nach drei Tagen herausgenommen, gut abgetrocknet und von allen Seiten im Eisentopf scharf angebraten. Dazu gehören einige kleingeschnittene Zwiebeln. Dann wird mit etwas Marinade gelöscht und je nach Geschmack mit Wasser ergänzt. Ein halbes Pfund Rosinen wird abgebrüht, um die Beläge zu entfernen, und kocht dann mit. Die Soße, die man zum Schluß etwas andicken kann, wird mit Salz und Pfeffer abgeschmeckt und ausreichend mit Zucker oder Honig gesüßt. Dazu gehören Kartoffelklöße und Apfelmus.

Modernen Transportmitteln verdanken die Kölner dagegen eine andere Lieblingsspeise, die *Miesmuscheln,* die ganz im Gegensatz zu ihrem etwas irritierenden Namen in oft etwas unterschiedlicher Zubereitung vorzüglich schmecken und heutzutage auch in Köln frisch am Fangtag auf den Teller gelangen. Damit sind wir schon bei einer der kleineren Mahlzeiten, die in Köln zum Kölsch geboten werden. *Kölsch* ist das helle obergärige Bier, das nach allgemeiner Überzeugung leicht und gut bekömmlich ist; in den entsprechenden Brauereiwirtschaften wird es dem Gast ohne langes Fragen serviert, eine schlichte Selbstverständlichkeit. Getrunken wird das Erzeugnis zahlreicher unterschiedlicher Braurezepturen – schließlich zählt man im Großraum Köln etwa zwei Dutzend Brauereien, die nur hier Kölsch produzieren dürfen – aus der Stange, einem schlanken zylindrischen Glas. Der Kölner Brauereiverband wirbt zwar mit einer Tradition von 1111 Jahren Kölsch, und Bier wird sicher noch viel länger in Köln gebraut und getrunken, das obergärige Kölsch setzte sich aber erst in unserem Jahrhundert durch, und es ist auch gelungen, es für den Flaschenverkauf haltbar zu machen.

Wie die ›Stange‹ als Glas zum Kölsch gehört, so gehört auch der *Köbes* zum Verteilen der guten Gabe, die er aufgereiht im Kranz, der ein Tablett sinnvoll ersetzt, mit sich führt. ›Köbes‹ ist die Koseform für Jakob. Dieser einst – in Erinnerung an die Wallfahrt nach Santiago de Compostela – auch in Köln häufige Name ist an dieser eigenen Art des Kellnerns haftengeblieben. Der Köbes trägt auch seine eigene Tracht: eine blaue Strickjacke, eine Leinenschürze in der gleichen Farbe und davor geschnallt die lederne Geldtasche. Darüber wölbt sich meist das bestechende Zeugnis dafür, daß man die zu Markte getragene Ware des Unternehmens, das man vertritt, auch selbst zu schätzen weiß.

Weitere kleinere Mahlzeiten zum Kölsch sind das *Krüßche*

wärm, das keine Gulaschsuppe sein sollte, sondern aufgewärmten und kleingeschnittenen Braten bietet. Dazu gehört dann bereits ein *Röggelchen,* das paarweise aus einer Mischung von Weizen- und Roggenmehl hergestellt wird. Man kann sie auch mit Blutwurst belegt erhalten, zu der Zwiebelringe eine nicht nur dekorative Ergänzung sind. Mit kölnischem Gespür für Ironie wird diese Komposition auch als *Kölscher Kaviar* mit Musik bezeichnet. Die Blutwurst – als *Flönz* oder im Rahmen einer kurzfristigen Sprachführung für Neubürger Kölns als ›Blootwoosch‹ auszusprechen – dient auch in der Pfanne gebraten mit Kartoffeln und Apfelmus zusammengestellt zu ›*Himmel und Ääd*‹ als beliebtes Gericht.

Weder warm noch gar heiß wird der ›*Halve Hahn*‹ serviert. Diese Kölner Variante ist meist auch preiswerter als das halbe Hähnchen, für das er ausgegeben wird. Die Fopperei, die der Eingeweihte mit Fremden mit Hilfe des Halven Hahn auch heute noch gerne betreibt – der Reingefallene darf es ja beim nächsten wiederholen –, hat Tradition, inzwischen seit mehr als einem Jahrhundert. Der ›Halve Hahn‹ wurde geboren, als Wilhelm Vierkötter am 18. April 1878 seinen 80. Geburtstag feierte. Seiner ahnungslosen Runde von Freunden bestellte er zur Feier des Tages je einen halben Hahn, hatte aber das, was heute als Halver Hahn serviert wird, bereits mit Köbes und Wirt abgesprochen: ein Röggelchen mit kräftigem mittelaltem Holländer Käse. Dazu etwas Butter, etwas Senf und vielleicht Zwiebeln, so bleibt der Halve Hahn eine kräftige Ergänzung zum Kölsch. Der gelungene Scherz mit der gefoppten Geburtstagsgesellschaft sprach sich rasch herum, eine neue Bezeichnung erschien von nun an auf den Speisenkarten.

Wirtschaften und **Brauhäuser,** in denen diese Genüsse geboten werden, gibt es in Köln noch eine ganze Reihe. Neben Köbes und blankgescheuerten Buchenholztischen gehörte früher auch der *Beichtstuhl* zum Erscheinungsbild, ein Gehäuse in strategisch günstiger Lage, das Wirt oder Wirtin einen Überblick ermöglichte und von manchem Gast auch für ein persönliches Wort oder für persönlichen Kredit genutzt wurde.

An vielen Stellen des Stadtzentrums kann man so eine geruhsame Pause einlegen:

Alt Köln am Dom, Trankgasse 7–9, ✆ 13 74 71
Bei d'r Tant, Cäcilienstraße 28, ✆ 2 57 73 60
Bieresel, Breite Straße 114, ✆ 2 57 60 90
Brauerei zur Malzmühle, Heumarkt 6, ✆ 21 01 17
Brauhaus Päffgen, Friesenstraße 64–66, ✆ 13 54 61
Brauhaus Sion, Unter Taschenmacher 5–7, ✆ 2 57 85 40
Früh am Dom, Am Hof 12–14, ✆ 2 58 03 89
Gaffel Haus, Alter Markt 2, ✆ 2 57 76 92
Haus Töller, Weyerstraße 96, ✆ 21 40 86
Küppers Brauhaus, Alteburger Straße 157, ✆ 37 32 42
Schreckenskammer, Ursulagartenstraße 11–15, ✆ 13 25 810

Restaurants

Gepflegte *deutsche und internationale Küche* wird ebenfalls an vielen Stellen in der Stadt angeboten:
Ambiance, Domplatz
Börsen-Restaurant, Unter Sachsenhausen 10–26, ✆ 13 30 21
Chin's, Im Ferkulum 18–22, ✆ 32 81 96
Dom-Hotel, Domkloster 2a, ✆ 20 24-0
Der Messeturm, Kennedyufer, ✆ 88 10 08
Excelsior Hotel Ernst, Domplatz, ✆ 27 01
Jan von Werth, Christophstraße 44, ✆ 13 35 13
La Lavallier, Am Hof 20–26, ✆ 2 57 85 41
Örgelchen, Drususgasse 7–11, ✆ 49 22 66
Ratskeller, Alter Markt, ✆ 2 57 69 29
Symphonie, Kurt-Hackenberg-Platz 1, ✆ 20 63-0
Weinhaus im Walfisch, Salzgasse 13, ✆ 2 57 78 09

Die Nähe Frankreichs, die lange französische Besetzung Kölns oder auch nur die Freude der Kölner an gutem Essen mag zur starken Vertretung der *französischen Küche* in Köln geführt haben. Hier muß auch eine Adresse außerhalb des Stadtzentrums erwähnt werden: Der ›*Goldene Pflug*‹ in Köln-Merheim, Olpener Straße 421, ✆ 89 55 09
Im Stadtzentrum
Bado, Komödienstraße 50–52, ✆ 13 41 00
Bistrot B, Komödienstraße 52, ✆ 13 47 04
D'r Wackes, Benesisstraße 59, ✆ 2 57 34 56
Die Bastei, Konrad-Adenauer-Ufer 80, ✆ 12 28 25
Le Moissonnier, Krefelder Str. 25, ✆ 72 94 79

Natürlich geht die Spezialisierung in nationalen Kochkünsten noch erheblich weiter. Argentinische Steakhäuser, spanische Bodegas, ungarische, böhmische, serbisch-kroatische und griechische Küche findet man ebenso wie japanische und chinesische Lokale. Aber überraschend, oder eigentlich auch wieder nicht, ist die Fülle *italienischer Restaurants.* Ob sich hier die römische Vergangenheit rührt oder die vielen Zuwanderer aus Italien seit Jahrhunderten hierfür den Boden bereiteten, kann man vergnüglich in einem der vielen Restaurants diskutieren, die Köln einen Grund mehr dafür geben, sich als nördlichste Stadt Italiens zu fühlen:
Alfredo, Tunisstraße 3, ✆ 2 57 73 80
Bei Bepi, Breite Straße 85
Bella Italia, Schildergasse 104, ✆ 2 57 65 58
Chez Mario, Eigelstein 36, ✆ 12 15 08
Osteria Pasta e Vino, Marzellenstr. 66, ✆ 12 36 62
Rino Casati, Ebertplatz 3–5, ✆ 72 11 08
Sansone, Komödienstraße 58, ✆ 12 44 44

Und wer es ganz schnell hinter sich bringen möchte, für den wird in zentralen Geschäftslagen auch amerikanische Eßware bereitgehalten.

Cafés

Für ein zweites Frühstück am späten Vormittag oder für ein

nachmittägliches Stück Kuchen bietet Köln ebenfalls einige reizvolle Gelegenheiten. Und das ist nicht nur die teils überdachte Terrasse des *Café Reichard,* Unter Fettenhennen 11, mit ihrem unvergleichlichen Blick auf die Westfassade des Doms, auch das *Café am Berlich* (Konditorei Lemm, Auf dem Berlich 8) bietet mit seiner zusätzlichen Bevölkerung an Vögeln und Affen eine ungewöhnliche Atmosphäre.
Andere Cafés brillieren mit Pralinen, Printen oder Kuchen:
Cremer, Breite Straße 54
Eigel, Brückenstraße 1–3
Fassbender, Bazaar de Cologne, Mittelstraße 12–14
Franck, Rudolfplatz 12
Fromme, Breite Straße 122–124 und Neumarktpassage
Füllenbach, Ebertplatz 14–16
Jansen, Obenmarspforten 7
Printen Schmitz, Breite Straße 87
Riese, Schildergasse 103
Scholl, Komödienstraße 17
Steudter, Kaiser-Wilhelm-Ring 44
Wahlen, Hohenstaufenring 64
Zimmermann, Herzogstraße 11

Kunst, Antiquitäten und Antiquariate

Die Vermittlung von Kunst vergangener Zeiten beginnt meist direkt vor dem Dom. Pflastermaler sind dort zu fast jeder Jahreszeit aktiv und legen den Passanten ihre Leidenschaft für die Großen der Vergangenheit im Raster der Platten vergrößert zu Füßen. Ein Blick kostet den Neugierigen auch nur Kleingeld. Das kann an anderen Stellen in der Stadt leicht anders aussehen. Natürlich nicht im Wallraf-Richartz-Museum, auch dort ist der Blick auf alte Meister mehr als preiswert.

Die regelmäßigen Auktionen des *Hauses Lempertz* könnten da schon zu anderen Geldausgaben verführen. Alte Meister und klassische Moderne kommen hier vor internationalem Publikum auf den Markt. Andere Auktionshäuser ergänzen das Bild. Und bei einigen der Händler findet man auch zwischen den Auktionen ein Angebot von Bildern des Mittelalters bis zur klassischen Moderne. Und abwechselnd mit Düsseldorf bietet die *Westdeutsche Kunst- und Antiquitätenmesse* dazu jedes Jahr für ein Publikum weit über das Rheinland hinaus ein reiches Angebot.

Dazu gehören dann allerdings nicht nur Bilder. Das Angebot reicht wie bei den Auktionen und abseits der wenigen darauf spezialisierten Händler von Möbeln und Teppichen über Kunstgewerbe jeder Art bis in die archäologischen Tiefen der Vergangenheit und in den fernen Orient. Und eigentlich trifft jede denkbare Sammelleidenschaft in Köln auf Händler mit interessantem Angebot. Für die Leidenschaft der Bücherliebhaber sind die Auktionen *Rolf Venators,* an dessen Unternehmen sich inzwischen das Haus Lempertz, an die eigene Vergangenheit anknüpfend, beteiligt hat, jedes Jahr ein herbstlicher Treffpunkt. Er wird durch eine eigene *Antiquariatsmesse* zur gleichen Zeit ergänzt. Neben Sammellust, Liebhaberei und den notwendigen Kenntnissen braucht man also nur noch etwas Geld, um eine Sammlung aufzubauen. Aber auch jetzt rechnet man auf dem Kunst- und Antiquitätenmarkt mit jährlichen Umsätzen von 150–200 Millionen DM. Eine Schlagader dieses Marktes ist die *St.-Apern-Straße* mit ihrer Vielzahl von Geschäften und Galerien.

Und schließlich sollte man auch die regelmäß stattfindenden *Flohmärkte* auf dem Neumarkt, in der ›Kölner Ladenstadt‹ und in der Altstadt nicht vergessen.

Auktionshäuser

Hüll Auktionshaus
Berrenrather Str. 138
✆ 44 40 26

Kunsthaus am Museum Carola van Ham
Drususgasse 1–5
✆ 2 57 20 57

Kunsthaus Lempertz Contempora
Neumarkt 3
✆ 2 57 53 60

Sotheby's
St.-Apern-Str. 17
✆ 2 57 49 56

Venator und Hanstein KG
Cäcilienstr. 48
✆ 2 57 54 19

Auction Team Köln
Bonner Str. 528–530
✆ 38 70 49

Antiquitäten und Gemälde
(Auswahl)

Kunsthandlung Boisserée
Drususgasse 7–11
✆ 2 57 85 19

H. W. Baum
Kupfergasse 14
✆ 2 57 73 20

›blaue Galerie‹ U. Theisen
Auf dem Berlich 13
✆ 2 57 80 10

Brockmann-Lemke KG
Neven-DuMont-Str. 17
✆ 2 57 42 33

Galerie Klaus Edel
Neumarkt 1 c
✆ 21 67 12

Georg Fahrbach
Pfeilstraße 28–30
✆ 2 57 54 25

Aloys Faust
Am Hof 34–36
✆ 2 58 20 38

Hans Jürgen Gordon
Zeughausstraße 10
(Eingang Mohrenstraße)
✆ 12 46 06
Helenenstr. 6
✆ 2 57 50 67

Goyert
Hahnenstraße 18
✆ 2 57 03 30

Bernhard von Hünerbein
Lintgasse 22
✆ 2 57 79 78

Hans Günther Klein
St.-Apern-Straße 2
✆ 2 57 61 33

Antonio Krings
Richmodstraße 27
✆ 2 57 72 86

Osper Galerie
Pfeilstr. 29
✆ 92 57 10-0

Karl-H. Pohl
Lintgasse 5
✆ 2 57 76 05

Axel Weber
Gertrudenstraße 29
✆ 2 57 60 87

Antiquariate
(Auswahl)

Buchholz
Neven-DuMont-Str. 17
✆ 2 57 62 51

Gundel Gelbert
St.-Apern-Straße 4
✆ 2 57 61 31

Roman Heuberger
Düppelstraße 20
✆ 88 49 14

Werner Heybutzki
Pfeilstraße 8
✆ 25 65 31

Dorothea Lehmann
Weyertal 30
✆ 41 96 74

Jörg Mewes
Auf dem Berlich 26
✆ 2 57 62 26

Sasserath & Winges
Hahnenstr. 2
✆ 25 59 79

Siegfried Unverzagt
Limburger Str. 10
✆ 25 15 15

Venator und Hanstein KG
Cäcilienstraße 48
✆ 2 57 54 19

Kunstszene Köln

Kunst gehört in Köln zum Alltag. Waren es in römischer Zeit Mosaikfußböden und Wandmalereien, Weihesteine und Skulpturen im privaten und öffentlichen Raum, im Mittelalter Darstellungen und Skulpturen an den Häusern, in der Neuzeit prunkvolle Inneneinrichtungen und ein bereits reich bestückter Gemäldemarkt im Kreuzgang des Minoritenklosters – Vorspiel zum späteren Wallraf-Richartz-Museum an dieser Stelle –, so sind es nun Brunnen und Denkmäler, Kunst am Bau, illusionistische und manchmal auch agitatorische Wandmalereien.

Eine Kunstfigur ist auch mancher Passant, mancher Bürger dieser Stadt, der möglichst unbürgerlich auftritt. Darunter begegnet man Selbstinszenierungen, die den Bürgersteig in eine Starbühne verwandeln. Und man muß noch nicht einmal Eintritt dafür bezahlen.

Solche Gestalten sind eine der Ausstrahlungen der Kölner Kunstszene ins Straßenbild. Jeweils lebendige Werbung und lebender Hinweis auf den flott formulierten Anspruch ›Kunstmetropole Köln‹ oder den Anspruch ›Europas Antwort auf New York‹ im Bereich der modernen Kunst zu sein. Ohne Anlaß ist das nicht. Die Sonderbund-Ausstellung des Jahres 1912, die Werkbund-Ausstellung des Jahres 1914, die Aktivitäten der Dada Zentrale W/5 in den ersten Jahren nach dem Ersten Weltkrieg, danach die ›Gruppe der Progressiven, Köln‹, die sich selbst als ›neue Kölner Malerschule auf proletarischem Goldgrund‹ ironisierte, mit Franz Seiwert und Heinrich Hoerle als den zentralen Gestalten, August Sander als Fotograf ... und viele andere und vieles andere mehr, das in der indifferenten Toleranz der Kölner Bürger sein meist kleines Publikum fand, sind nachwirkendes Vorspiel zur Entwicklung des letzten Vierteljahrhunderts.

Mit dem ersten **Kunstmarkt** des Jahres 1967 im Gürzenich – der zweite fand nach dem großen Erfolg des ersten bereits in der noch jungen Kunsthalle statt – und der Dauerleihgabe und späteren Schenkung der Sammlung Ludwig 1968 an das Wallraf-Richartz-Museum gelang der Moderne in Köln der Durchbruch. Die Wogen der öffentlichen Meinung schlugen hoch, Begeisterung und Abwehrreaktionen hielten sich die Waage, was erfolgreich für breite Publizität und Werbung sorgte. Die vom elitären Kunstmarkt Ausgeschlossenen fanden Raum zur Darstellung und Selbstdarstellung auf dem Neumarkt. Die Zahl der Galerien wuchs, und der Kunstmarkt wanderte in die Obhut der Messe, bekam Konkurrenten und hat sich nun als Art Cologne etabliert (jeweils im November).

Das 1986 eröffnete *Museum Ludwig* hält den Namen des stiftenden Ehepaares fest, dessen Schenkungen wesentliche Akzente für diese Entwicklung bedeuteten. Kulturdezernent *Kurt Hackenberg*, der 1965 bis 1979 Initiativen aufnahm und ergriff, ohne die diese Entwicklung Kölns nicht denkbar ist, erhielt einen Platz für seinen Namen. *Josef Haubrich*, dessen großzügige Schenkung an Werken des Expressionismus 1946 am Anfang dieser Entwicklung stand, bekam die Kunsthalle gewidmet.

Galerien

Der lebendigste, abwechslungsreichste, geschäftigste und geschäftlichste Bereich moderner Kunst sind die Galerien. Zwei der Galeristen, Rudolf Zwirner und Hein Stünke waren es, die Kurt Hackenberg von der Idee des Kunstmarktes überzeugten. Die etwa hundert Galerien Kölns, neben all den Ausstellungsräumen in Hinterhöfen, Wirtschaften und alternativen Kunststätten auch in der Peripherie, zeigen zu den gemeinsamen Premierentagen im Frühjahr und zur Art Cologne, welche Spannbreite an moderner Kunst sie aufbieten können.

Einen Rundgang durch alle Galerien wird man wohl kaum auf sich nehmen wollen, aber viele lassen sich zu Fuß erreichen. Im *Belgischen Viertel*, das westlich des Ringes nach seinen Straßennamen zusammengefaßt worden ist, und spiegelsymmetrisch dazu rings um die *St.-Apern-Straße,* die eigentlich das Zentrum des Antiquitätenhandels ist, sind die meisten der Kölner Galerien zu finden.

Die Öffnungszeiten der Galerien sind dem Publikum und dem Lebensrhythmus der Künstler angepaßt. Kaum eine öffnet vor 10 Uhr, eine Mittagspause zwischen 13 und 15 Uhr ist selbstverständlich, und um 18 Uhr wendet man sich wieder anderen Dingen zu. Samstags ist der Vormittag genehm.

Daneben gibt es einige erstaunlich private Aktivitäten, wie z. B. die *Kunststation St. Peter* des Pfarrers Friedhelm Mennekes im Anschluß an die von den Jesuiten betreute Pfarre St. Peter neben dem Schnütgen-Museum.

Und schließlich noch eine städtische Aktivität im Bereich der Kunstvermittlung, deren Wirken eine erfolgreiche Alternative und Ergänzung zu den Galerien darstellt: die *Artothek* des Kölnischen Stadtmuseums. Hier, gegenüber der Südfassade des Doms, werden nicht nur kleine Ausstellungen in rascher Folge veranstaltet, sondern es werden auch Kunstwerke an die Bürger der Stadt ausgeliehen. So wird intensive Auseinandersetzung möglich gemacht (*Haus Saaleck,* Am Hof 50, ✆ 2 21-23 32, mo–do 13–19 Uhr, fr 10–17 Uhr).

Museen (Auswahl)

Agfa Foto-Historama
Bischofsgartenstraße 1
50667 Köln
✆ 2 21-23 72
Di–fr 10–18, sa u. so 11–18 Uhr.
Diese einzigartige Sammlung zur Geschichte der Fotografie ist zur Zeit als Dauerleihgabe der Afga-Gevaert AG im Wallraf-Richartz-Museum, Museum Ludwig untergebracht.
Köln, das mit der *Photokina* die größte Messe zu diesem Thema beheimatet, hat mit dieser Sammlung von Originalen vieler wichtiger und früher Fotografen und einer großen Kollektion von Geräten den historischen Hintergrund zur Flut der Bilder erhalten, die unsere Zeit prägen.

EL-DE-Haus
Zellentrakt des ehemaligen Kölner Gestapo-Gebäudes
Appellhofplatz 23–25
50667 Köln, ✆ 2 21-63 31
Di–so 10–17 Uhr

Erzbischöfliches Diözesanmuseum
Roncalliplatz 2
50667 Köln
✆ 2 57 76 72
Mo–so 10–17 Uhr, do geschl. (Also eine gute Alternative für den Montag, an dem sonst fast alle Museen geschlossen sind!)

Goldene Kammer von 1643 in St. Ursula
Ursulaplatz
✆ 13 34 00

Heimatmuseum im Haus des Kölner Karnevals
Festkomitee des Kölner Karnevals von 1823
Antwerpener Straße 55
50672 Köln
✆ 57 40 00
Öffnungszeiten: nach Voranmeldung.
Zur reichen Tradition des Kölner Karnevals ist hier eine gut präsentierte Sammlung zusammengetragen worden.

Imhoff-Stollwerck-Museum
(Schokoladenmuseum)
Rheinauhafen 1 a
50678 Köln
✆ 93 18 88-0
Mo–fr 9–19 Uhr (do bis 20.30), sa, so und feiertags 10–19 Uhr.
Museum für Geschichte und Gegenwart der Schokolade

Josef-Haubrich-Kunsthalle
Josef-Haubrich-Hof 1
50676 Köln
✆ 2 21-23 35
Wechselausstellungen alter und neuer Kunst und Kultur, Fotografie. Öffnungszeiten wechselnd.

Käthe Kollwitz Museum
Kreissparkasse Köln
Neumarkt 18–24
Neumarkt-Passage, zweiter Lichthof
50667 Köln
✆ 2 27-23 63/28 99
Di–so 10–17 Uhr, und do 10–20 Uhr, öffentliche Führung so 11 Uhr

Kölnischer Kunstverein
Cäcilienstr. 27
50667 Köln
✆ 21 70 21 und 2 21-37 40
Di–so 10–17 Uhr während der Ausstellungen
Der traditionsreiche Nachbar der Josef-Haubrich-Kunsthalle für wechselnde Ausstellungen feierte 1989 sein 150jähriges Jubiläum. Neben wichtigen Ausstellungen zur Geschichte der Kunst in Köln haben die Ausstellungen des Kunstvereins entscheidend zur Stellung Kölns als moderne Kunstmetropole beigetragen.

Kölnisches Stadtmuseum
Zeughausstraße 1–3
50667 Köln
✆ 2 21-23 98 und 57 90
Di–fr 10–16, sa und so 11–16 Uhr.

Museum Ludwig
Bischofsgartenstraße 1
50667 Köln
✆ 2 21-23 72
Öffnungszeiten s. Wallraf-Richartz-Mueum

Museum für Angewandte Kunst
An der Rechtschule
50667 Köln
✆ 2 21-67 14
Di–fr 11–17 Uhr, sa und so 12–17 Uhr

Museum für Ostasiatische Kunst
Universitätsstraße 100
50674 Köln
✆ 94 05 18-0
Di–fr 10–16 Uhr, sa und so 11–16 Uhr (Führungen so 11 Uhr)
Bei seiner Gründung im Jahre 1909 war es das erste seiner Art in Europa. 1977 konnte es sein neues Gebäude am Aachener Weiher beziehen, das der japa-

nische Architekt Kunio Mayekawa entworfen hatte. Es besitzt heute die umfangreichste Sammlung zur Kunst Chinas, Koreas und Japans auf deutschem Boden.

Rautenstrauch-Joest-Museum für Völkerkunde
Ubierring 45
50768 Köln
✆ 3 36 94-13
Di–fr 10–16 Uhr, sa und so 11–16 Uhr (Führungen so 14.30 Uhr)

Römisch-Germanisches Museum
Roncalliplatz 4
50667 Köln
✆ 2 21-23 04, 44 38 und 45 90
Di–fr 10–16 Uhr, sa und so 11–16 Uhr (Führungen so 11.30 Uhr außerhalb der Ferienzeit)

Prätorium (unter dem Rathaus)
Kleine Budengasse
50667 Köln
✆ 2 21-23 94
Di–fr 10–16 Uhr, sa und so 11–16 Uhr

Mikwe
Kultbad der mittelalterlichen Judengemeinde
Rathausplatz
50667 Köln
✆ 2 21-23 94
Schlüssel während der Bürozeiten beim Pförtner des Rathauses. Führung jeden ersten Sonntag im Monat 10.30 Uhr.

Schatzkammer des Kölner Doms
Eingang im nördlichen Querhaus
✆ 24 45 46
Mo–sa 9–17 Uhr (November bis März nur bis 16 Uhr), so und feiertags 12.30–16 Uhr

Schnütgen-Museum
Cäcilienstraße 29 (in der Kirche St. Cäcilien)
50667 Köln
✆ 2 21-36 20
Di–fr 10–16 Uhr, sa und so 11–16 Uhr (Führungen so 11 Uhr und mi 15 Uhr)

Schokoladenmuseum s. Imhoff-Stollwerck-Museum

Wallraf-Richartz-Museum/ Museum Ludwig
Bischofsgartenstraße 1
50667 Köln
✆ 2 21-23 72
Di–fr 10–18 Uhr, sa u. so 11–18 Uhr (Führungen sa und so jeweils 11.30 Uhr)

Kurzinformationen von A bis Z

Archive

Deutsches Tanzarchiv Köln
Subbelrather Straße 247
50825 Köln
✆ 5 48 84 13
Di–do 10–16 Uhr

Historisches Archiv des Erzbistums Köln
Gereonstr. 2–4
50670 Köln
✆ 1 60 03-50
Mo–fr 9–13 Uhr, 14–16 Uhr, mi nachm. und sa geschlossen

Historisches Archiv der Stadt Köln
Severinstraße 222–228
50676 Köln
✆ 2 21-23 26
Mo–fr 9–16.30 Uhr, sa 9–13 Uhr
Auskünfte und Beratung: 2 21-23 29

Köln-Archiv
Maastrichter Str. 49
50672 Köln
✆ 51 81 51

Rheinisches Bildarchiv
(Kunstgeschichte und Architektur; Schwerpunkt: Rheinland)
Unter Sachsenhausen 37
✆ 2 21-23 54
50667 Köln
Di–do 10–12 Uhr, 13–16.30 Uhr, fr 10–12.30 Uhr

Universitätsarchiv Köln
Albertus-Magnus-Platz
50931 Köln
✆ 47 03 30/42
Mo–fr 9–12 Uhr, 13–16 Uhr

Aussichtspunkte

Südturm des Doms
Die Aussichtsplattform in 97 m Höhe ist über rund 500 Stufen (nicht ohne Anstrengung) zu erreichen; von diesem zentralen Punkt unvergleichliche Rundsicht über die Stadt.

Messeturm
Messeanlagen am Kennedyufer. Nur mit Restaurantbesuch möglich (Lift); bester Blick über den Rhein auf das Stadtpanorama mit Dom und Altstadt, besonders auch abends. Höhe 70 m.

Bastei
Konrad-Adenauer-Ufer, Höhe Theodor-Heuss-Ring. Restaurant; Blick von Norden Richtung Hohenzollernbrücke und Dom.

Colonius
Fernmeldeturm an der Inneren Kanalstraße zwischen Venloer und Subbelrather Straße. Gesamthöhe 266 m; Lift; Aussichtsetage (Cafeteria) auf 170 m Höhe; bei guter Sicht Siebengebirge und Eifel erkennbar. Zur Zeit ist der Turm geschlossen.

Auch von den Kölner *Brücken* bieten sich dem Fußgänger bzw. Radfahrer wechselnde Perspektiven auf beide Ufer des Rheins.

Auto-Clubs

ADAC
Allgemeiner Deutscher Automobilclub

Luxemburger Straße 169
50939 Köln (Klettenberg)
✆ 47 27 47
Mo–fr 9–18 Uhr, sa 9–12.30 Uhr

ACE
Auto-Club Europa
Geschäftsstelle und Pannenleitstelle
Hans-Böckler-Platz 1
50672 Köln
✆ 52 72 00

Bibliotheken

Diözesan-Bibliothek
Kardinal-Frings-Str. 1–3
(Maternus-Haus)
50668 Köln
✆ 16 42-7 21
Mo–fr 9–17 Uhr, do bis 19 Uhr

Germania Judaica
Josef-Haubrich-Hof 1
50676 Köln
✆ 23 23 49
Di und do 11.30–20 Uhr, mi und fr 9–18 Uhr, sa 10–15 Uhr

Kunst- und Museumsbibliothek
Lesesaal I: Wallraf-Richartz-Museum/Museum Ludwig,
Bischofsgartenstraße 1
50667 Köln
✆ 2 21-23 80
Di–fr 10–16 Uhr
Lesesaal II: Museum für Angewandte Kunst, A.d. Rechtschule
50667 Köln
✆ 2 21-67 13
Di–fr 11–16 Uhr

Universitäts- und Stadtbibliothek
Hauptabteilung
Universitätsstr. 33
50923 Köln
✆ 4 70-23 74, 4 70-33 50

Zentralbibliothek
Josef-Haubrich-Hof 1
50676 Köln
✆ 2 21-38 28
Di und do 11.30–20 Uhr, mi und fr 9–18 Uhr, sa 10–15 Uhr, mo geschlossen

Campingplätze

Bootshaus Berger
Uferstraße 53a
50996 Köln (Rodenkirchen)
✆ 39 24 21
geöffnet 1. 3.–31. 10.

Campingplatz Waldbad
Peter-Baum-Weg
51069 Köln (Dünnwald)
✆ 60 33 15
ganzjährig geöffnet

Städtischer Familienzeltplatz
Weidenweg 100
51105 Köln (Poll)
✆ 83 64 27
geöffnet 1. 5.–30. 9.

Diplomatische Vertretungen

Belgien
Botschaft
Cäcilienstraße 46
50667 Köln
✆ 2 57 55 11

Griechenland
Generalkonsulat
Tunisstraße 19
50667 Köln
✆ 13 20 08

Italien
Generalkonsulat
Universitätsstr. 81
50931 Köln (Lindenthal)
✆ 4 00 87-0

Niederlande
Honorarkonsulat
Richard-Strauss-Str. 2
50931 Köln (Bayenthal)
✆ 40 08 43 00

Österreich
Honorarkonsulat
Glockengasse 1
50667 Köln
✆ 8 99 84 15

Polen
Botschaft
Lindenallee 7
50968 Köln (Marienburg)
✆ 9 37 30-0

Konsularabteilung
Leyboldstraße 74
50968 Köln (Marienburg)
✆ 38 70 13

Flughafen

Köln/Bonn GmbH
Köln (Porz)
✆ 0 22 03/40-0

Omnibus-Linie 170 ab Busbahnhof Breslauer Platz, Bahnsteig 4 a (hinter dem Hbf.), tägl. von 6–7 Uhr alle 30 min, von 7.20–20 Uhr alle 20 min, von 20.30–22.30 Uhr alle 30 min.

Fundbüros

Herkulesstraße 42
50823 Köln (Ehrenfeld)
✆ 2 21-63 12/63 13
Mo–fr 7.30–12 Uhr

Bundesbahnfundbüro
(Deutsche Bahn AG Köln)
Döppersberg 37
42103 Wuppertal-Elberfeld
✆ 02 02/35 24 58

Fundbüro der Kölner Verkehrsbetriebe AG
Scheidtweilerstraße 38
50933 Köln (Braunsfeld)
✆ 5 47-36 72
Mo–do 7–13 Uhr u. 13.30–15.30 Uhr, fr 7–13.30 Uhr

Jugendherbergen

Siegesstraße 5a
50679 Köln (Deutz)
✆ 81 47 11

Jugendgästehaus Köln-Riehl
An der Schanz 14
50735 Köln
✆ 76 70 81

Konzerte

Klassik

Kölner Philharmonie
Bischofsgartenstraße 1
50667 Köln
U-Bahn-Haltestelle Dom/Hbf.
✆ 20 40 80 (Direktion), 28 01 (Köln-Ticket)

Oper/Schauspielhaus
Offenbachplatz 1
50667 Köln
U-Bahn-Haltestelle Appellhofplatz
✆ 2 21-84 00 (Oper/Schauspielhaus)

Rheinische Musikschule der Stadt Köln
Vogelsanger Straße 28
50823 Köln (Ehrenfeld)
Bus-Linie 151
✆ 52 70 31

Staatliche Hochschule für Musik
Dagobertstraße 38

50668 Köln
U-Bahn-Haltestelle Ebertplatz
✆ 9 12 81 80

Gürzenich
Martinstraße 29–37
U-Bahn-Haltestelle
Heumarkt
✆ 2 21 23 85

Deutschland Radio
Raderberggürtel 40
50968 Köln (Raderthal)
Bus-Linie 133
✆ 3 45-0

Deutsche Welle
Raderberggürtel 50
50968 Köln (Raderthal)
Bus-Linie 133
✆ 3 89-0

Westdeutscher Rundfunk WDR
Appellhofplatz 1
U-Bahn-Haltestelle Appellhofplatz
✆ 2 20-1

Rock/Jazz

Alter Wartesaal
Am Hauptbahnhof
U-Bahn-Haltestelle
Dom/Hbf.
✆ 9 12 88 50

Em Streckstrump
Buttermarkt 37
Straßenbahn-Haltestelle
Heumarkt
✆ 2 57 79 31

Luxor
Luxemburger Straße 40
Straßenbahn-Haltestelle
Barbarossaplatz
✆ 21 95 03-06

Sartory
Sartory-Betriebe KG
Friesenstraße 44
U-Bahn-Haltestelle Friesenplatz
✆ 13 69 13

Sporthalle
Messegelände
Deutz-Mülheimer Straße
50679 Köln (Deutz)
✆ 88 20 31

Stadtgarten
Venloer Straße 40
U-Bahn-Haltestelle Friesenplatz
✆ 51 60 39

Kartenverkauf

Kartenvorverkauf Köln-Ticket
Roncalliplatz
50667 Köln
✆ 28 01
Informationen rund um die Uhr
✆ 2 57 41 41

Vorverkaufskassen in der Kölner Innenstadt

Theater- und Konzertkasse
Buchhandlung Gonski,
Neumarkt
✆ 2 09 09 56
Neumarkt (U-Bahn)
✆ 2 57 38 42
Kaufhof, Schildergasse
✆ 2 57 88 11/2 57 88 14
Next am Rudolfplatz
✆ 2 58 29 57
Saturn, Hansaring 64
✆ 12 19 12/13 19 12
WOM im Hertie
✆ 9 25 77 30

Konzertkasse des WDR
Reichardhaus/Unter
Fettenhennen
Innenstadt

Mo–fr 11–13 Uhr und 15–17.30 Uhr

Kultur

Akademie för uns kölsche Sproch
Habsburgerring 2–12
Rudolfplatz
50674 Köln
✆ 2 26 24 30 und 21 24 29

BBK
Berufsverband Bildender Künstler NRW
Bezirksverband Köln e. V.
Stapelhaus
Frankenwerft 35
50667 Köln
✆ 21 41 22

Bundesverband deutscher Galerien
St.-Apern-Str. 17–21
50667 Köln
✆ 23 72 95

Cinemathek Köln e. V.
Wallraf-Richartz-Museum/
Museum Ludwig
50667 Köln
✆ 21 11 36
Filmhaus
(Filmwerkstatt)
Luxemburger Str. 72

Deutsche Gesellschaft für Photographie e. V.
Rheingasse 8–12
50676 Köln
✆ 2 40 20 37

Deutscher Bühnenverein (DBV)
Bundesverband Deutscher Theater
Quatermarkt 5
50667 Köln
✆ 23 37 71

Festkomitee des Kölner Karnevals von 1823 e. V.
Antwerpener Str. 55
50672 Köln
✆ 5 74 00-0
Kartenorganisation:
✆ 5 74 00-25

Förderverein Romanische Kirchen Köln e. V.
Habsburgerring 2
50674 Köln
✆ 2 26-29 88

GEDOK
Gemeinschaft der Künstlerinnen und Kunstfreunde e. V.
Volksgartenstr. 10
50677 Köln
✆ 3 31 83 20

Handwerkskammer zu Köln
Heumarkt 12 (Paradiesgasse/
Börsengäßchen)
50667 Köln
✆ 20 22-1 und 24 11 75

Kölnische Gesellschaft für Christlich-Jüdische Zusammenarbeit e. V.
Kämmergasse 1
50676 Köln
✆ 2 26 24 30 und 21 24 29

Kölner Gesellschaft für neue Musik e. V.
Postfach 190 268
50499 Köln
✆ 1 39 04 54

Kölnischer Kunstverein
Josef-Haubrich-Hof 1
50676 Köln
✆ 21 70 21
Di–so 10–17 Uhr

Kulturamt der Stadt Köln
Richartzstraße 2–4

50667 Köln
✆ 2 21-0

Landschaftsverband Rheinland
Verwaltung der Kulturpflege
50679 Köln (Deutz)
Kennedyufer 2
✆ 82 83-27 56

Literarische Gesellschaft Köln/ Freunde der Stadtbücherei e. V.
Zentralbibliothek
Josef-Haubrich-Hof 1
50676 Köln
✆ 2 21-39 03

Stiftung City-Treff
Habsburgerring 2–12
Rudolfplatz
50674 Köln
✆ 2 26 24 33/35
Öffnungszeiten des Cafés: täglich außer sa 10–23.30 Uhr

Universität zu Köln
Rektorat, Verwaltung und Pressestelle
Albertus-Magnus-Platz
50931 Köln (Lindenthal)
✆ 4 70-1

Volkshochschule der Stadt Köln
Zentrale, VHS-Studienhaus am Neumarkt
Josef-Haubrich-Hof 1
50676 Köln
✆ 2 21-36 01

Zentral-Dombau-Verein
Mohrenstr. 1
50670 Köln
✆ 13 53 00

Kulturinstitute

Amerika-Haus
Apostelnkloster 13–15
50672 Köln
✆ 2 09 01-0

Arabisches Kulturzentrum
Wolfstraße 16
50667 Köln
✆ 24 67 78

Belgisches Haus e. V.
Cäcilienstraße 46
50667 Köln
✆ 2 57 55 11

British Council (›Die Brücke‹)
Hahnenstraße 6
50667 Köln
✆ 2 06 44-0

Deutsch-Finnische Gesellschaft e. V.
c/o Finnische Abteilung des Instituts für Nordische Philologie der Universität Köln
Universitätsstraße 41
50931 Köln (Lindenthal)
✆ 4 70 41 15

Französisches Kulturinstitut (Institut Français)
Sachsenring 77
50677 Köln
✆ 93 18 77-0

Italienisches Kulturinstitut (Istituto Italiano di Cultura)
Universitätsstraße 81
50931 Köln (Lindenthal)
✆ 40 29 23 und 40 35 63

Japanisches Kulturinstitut
Universitätsstraße 98
50674 Köln (Lindenthal)
✆ 40 10 71

Osteuropäisches Kultur- und Bildungszentrum IGNIS
Elsa-Brandström-Straße 6

50668 Köln
✆ 72 51 05

Messen

Köln Messe
Messeplatz 1
50679 Köln (Deutz)
✆ 82 10

Notfälle

Apotheken (Nacht- und Sonntagsdienst) 01 15 00
Arztrufzentrale 72 07 72
Ärztlicher Bereitschaftsdienst (nur Tier- und Zahnärzte) 01 15 00
Feuerwehr 1 12
Rettungsdienste 1 12
Notarzt 1 12
Polizei/Notruf 1 10

Rheinschiffahrt

Köln-Düsseldorfer Deutsche Rheinschiffahrt AG
Frankenwerft 15
✆ 20 88-0
Schiffsanlegestelle Köln
Auskunft und Fahrscheine Ausflugsschiffe
✆ 20 88-3 18, 3 19 und 2 88

Weber-Schiff GmbH
Rheinauhafen, Halle 8
Fahrgastschiffahrt ✆ 31 30 21
Bootsbedarf ✆ 31 30 22

Rheinseilbahn

Station Zoo: Riehler Str. 180
Station Rheinpark: Auenweg
Sesselbahn im Rheinpark
Täglich ab 10 Uhr, von Ostern bis Ende Oktober
✆ 76 20 06

Romanische Kirchen

	Erreichbar ab Dom/Hbf.
St. Andreas Komödienstr. 4–8 50667 Köln ✆ 1 60 66-0	zu Fuß
St. Aposteln Neumarkt 30 50667 Köln ✆ 9 25 87 60	U-Bahn: 9, 11, 12, 16 Station: Neumarkt
St. Cäcilien (Schnütgen-Museum) Cäcilienstraße 29 50667 Köln ✆ 2 21 23 10	U-Bahn: 9, 11, 12, 16 Station: Neumarkt
St. Georg Georgsplatz 17 50676 Köln ✆ 21 08 01	Bus: 132, 133 Station: Waidmarkt
St. Gereon Gereons-driesch 2–4 50670 Köln ✆ 13 49 22	zu Fuß
St. Kunibert Kunibertskloster 2 50668 Köln ✆ 12 12 14	zu Fuß
St. Maria im Kapitol Marienplatz 19 50676 Köln ✆ 21 17 13	Bus: 132, 133 Station: Heumarkt
St. Maria Lyskirchen An Lyskirchen 12	Bus: 132, 133 Station:

50676 Köln ✆ 21 17 13	Heumarkt
Groß St. Martin An Groß St. Martin 9 50667 Köln ✆ 2 57 79 24	zu Fuß
St. Pantaleon Am Pantaleons- berg 2 50676 Köln ✆ 31 66 55	U-Bahn: 9, 12, 16, 18 Station: Poststraße
St. Severin Im Ferkulum 29 50678 Köln ✆ 31 68 70	Bus: 132, 133 Station: Chlodwig- platz
St. Ursula Ursulaplatz 24 50668 Köln ✆ 13 34 00	zu Fuß

Öffnungszeiten (Besichtigung)

Mo–sa 10–12 Uhr, 15–18 Uhr, so 15–18 Uhr.
Alle Kirchen sind samstagnachmittags, sonn- und feiertagsvormittags wegen Gottesdiensten nur beschränkt zugänglich!

Ausnahmen
St. Cäcilien (Schnütgen-Museum)
Di–fr 10–16, sa u. so 11–16 Uhr
Groß St. Martin
Mo–fr 10–18 Uhr, sa 10–12.30 und 13.30–18 Uhr, so und feiertags 14–16 Uhr
St. Ursula, *Goldene Kammer*
Mo 11–12 Uhr, mi 15–16 Uhr, do 11–12 Uhr, fr 15–16 Uhr, sa 16–17 Uhr

Es muß damit gerechnet werden, daß zeitweise Teile des Kircheninneren wegen Bau- oder Restaurierungsarbeiten oder anderer Sicherungsmaßnahmen nicht zugänglich bzw. Ausstattungsstücke ausgelagert sind oder sich an anderen Plätzen in den Kirchen befinden als in den Grundrissen angegeben.

Stadtbesichtigungen

Stadtrundfahrten

Bus-Abfahrt ab Verkehrsamt (ca. 2 Stunden)
April bis Oktober tägl. 10, 11, 13, 14 und 15 Uhr,
November bis März tägl. 11 und 14 Uhr

Schiffsausflüge

Rheinfahrten in den Sommermonaten. Die Anlegestellen befinden sich beiderseits der Hohenzollernbrücke.
Auskünfte: Verkehrsamt und Schiffahrtsgesellschaften

Köln-Düsseldorfer Deutsche Rheinschiffahrt AG
Frankenwerft 15
✆ 2 58 30 11

Dampfschiffahrt Colonia
Lintgasse 18
✆ 2 57 42 25

Stadtrundflüge

Flughafen Köln-Bonn
Auskunft: Flughafenverwaltung
51147 Köln (Porz)
✆ 0 22 03/40-1
Omnibuslinie 170 ab Busbahnhof Breslauer Platz

Theater

Bühnen der Stadt Köln

Opernhaus
Offenbachplatz
✆ 2 21-82 48 (Abendkasse)

Schauspielhaus/West-end-Theater im Schauspielhaus
Offenbachplatz
✆ 2 21-82 52 (Abendkasse)

Halle Kalk
Neuerburgstraße
✆ 87 57 41 (Abendkasse)

Schlosserei
Krebsgasse
✆ 2 21-83 21 (Abendkasse)

Kartenvorverkauf für die Bühnen der Stadt Köln
Offenbachplatz
50667 Köln
✆ 2 21-84 00

Weitere Aufführungsstätten
(Auswahl)

Kabarett ›Die Nachtwächter‹
Gertrudenstraße 24
✆ 2 57 83 60

Kabarett ›Senftöpfchen Theater‹
Brügelmannhaus in der Altstadt
Große Neugasse 2–4
✆ 2 58 10 58

KUMEDE
Theater des Heimatvereins Alt-Köln
Aula der Königin-Luise-Schule
Eingang Ecke Magnus-/Albertusstraße
✆ 32 17 38

Puppenspiele der Stadt Köln
Kölner Hänneschen-Theater
Eisenmarkt 2
✆ 2 58 12 01

Theater am Dom
Kölner Ladenstadt
Glockengasse 11
✆ 2 58 01 53

Theater am Sachsenring
Sachsenring 3
✆ 31 50 15

Theater ›Der Keller‹
Kleingedankstraße 6
✆ 31 80 59

Volkstheater Millowitsch
Aachener Straße 5
✆ 25 17 47

Wochenmärkte
(Auswahl)

Marktamt der Stadt Köln
Marktstr. 10
50968 Köln
✆ 2 21 44 75

Wochenmarkt Köln-Nippes
Wilhelmplatz
Mo–sa 7–13 Uhr

Altstadt-Mitte
Alter Markt
Fr 8–18.30 Uhr

Zoologischer Garten

Riehler Straße 173
50735 Köln (Riehl), ✆ 77 85-0
Zoo: Sommer 9–18 Uhr, Winter 9–17 Uhr.
Aquarium: ganzjährig, 9.30–18 Uhr.

Register

Personen

Orte

Umschlagvorderseite: St. Aposteln, Ostansicht
Umschlagklappe vorn: Groß St. Martin von Südosten
Umschlagklappe hinten: S. Maria Lyskirchen, Gewölbemalerei des Mittelschiffs
Umschlagrückseite: St. Maria im Kapitol, Blick auf den Dreikonchenchor; St. Pantaleon, Rekonstruktion; G. A. Berckheyde, St. Gereon von Südwesten, Gemälde, um 1670 (von oben nach unten)
Abb. Seite 1: St. Gereon, Detail der Ostansicht

Werner Schäfke, 1944 in Hildesheim geboren, studierte Geschichte, Kunstgeschichte, katholische Theologie und Geographie in Köln, Bonn und Mainz. Er ist Direktor des Kölnischen Stadtmuseums. Er veröffentlichte u. a. die DuMont Kunst-Reiseführer ›Köln‹, ›Der Rhein von Mainz bis Köln‹, ›Frankreichs gotische Kathedralen‹, ›Die Normandie‹ und ›Nordwestspanien‹ sowie den Band ›Mittelalterliche Backsteinarchitektur von Lübeck bis zur Marienburg‹.

Die Deutsche Bibliothek – CIP-Einheitsaufnahme

Schäfke, Werner:
Kölns romanische Kirchen: Architektur, Geschichte und Ausstattung/ Werner Schäfke. Mit Fotos von Florian Monheim und Roman von Götz. – Köln: DuMont, 1996
(Kunst-Reiseführer)
ISBN 3-7701-3693-4

Satz, Druck und buchbinderische Verarbeitung: Rasch, Bramsche
Graphisches Konzept: Ralf Groschwitz, Hamburg

Printed in Germany ISBN 3-7701-3693-4